ODUVALDO VIANNA
COMÉDIAS

Oduvaldo Vianna (1892-1972)

ODUVALDO VIANNA
COMÉDIAS

Edição preparada por
WAGNER MARTINS MADEIRA

SÃO PAULO 2008

Copyright © 2008, Livraria Martins Fontes Editora Ltda.,
São Paulo, para a presente edição.

1ª edição *2008*

Acompanhamento editorial
Helena Guimarães Bittencourt
Revisões gráficas
Daniela Lima Alvares
Ivani Aparecida Martins Cazarim
Dinarte Zorzanelli da Silva
Produção gráfica
Geraldo Alves
Paginação
Moacir Katsumi Matsusaki

Dados Internacionais de Catalogação na Publicação (CIP)
(Câmara Brasileira do Livro, SP, Brasil)

Vianna, Oduvaldo, 1892-1972.
    Comédias / Oduvaldo Vianna ; edição preparada por
Wagner Martins Madeira. – São Paulo : Editora WMF Martins Fontes, 2008. – (Coleção dramaturgos do Brasil)

    ISBN 978-85-7827-011-7

    1. Comédia brasileira 2. Dramaturgos – Brasil 3. Vianna,
Oduvaldo, 1892-1972 – Crítica e interpretação I. Madeira,
Wagner Martins. II. Título. III. Série.

07-10205   CDD-869.925

Índices para catálogo sistemático:
1. Comédias : Século 20 : Literatura brasileira   869.925

Todos os direitos desta edição reservados à
Livraria Martins Fontes Editora Ltda.
Rua Conselheiro Ramalho, 330 01325-000 São Paulo SP Brasil
Tel. (11) 3241.3677 Fax (11) 3101.1042
e-mail: info@martinsfontes.com.br http://www.wmfmartinsfontes.com.br

COLEÇÃO "DRAMATURGOS DO BRASIL"

Vol. XIX – Oduvaldo Vianna

Esta coleção tem como finalidade colocar ao alcance do leitor a produção dramática dos principais escritores e dramaturgos brasileiros. Os volumes têm por base as edições reconhecidas como as melhores por especialistas no assunto e são organizados por professores e pesquisadores no campo da literatura e dramaturgia brasileiras.

Coordenador da coleção: João Roberto Faria, professor titular de Literatura Brasileira da Universidade de São Paulo.

Wagner Martins Madeira, que preparou o presente volume, é professor de Literatura Brasileira no Centro de Comunicação e Letras da Universidade Presbiteriana Mackenzie. Sua dissertação de mestrado *Machado de Assis: homem-lúdico. Uma leitura de Esaú e Jacó* foi publicada em 2001, pela Annablume. Defendeu tese de doutorado – *Formas do teatro de comédia: a obra de Oduvaldo Vianna* – em 2003.

ÍNDICE

Introdução IX
Cronologia XXIX
Nota sobre a presente edição XXXV

COMÉDIAS

O clube dos pierrôs 3
Feitiço 121
Amor 297

INTRODUÇÃO

ODUVALDO VIANNA: RENOVADOR DO TEATRO BRASILEIRO DE COMÉDIA

O teatro brasileiro contemporâneo ao advento e primeiros anos do Modernismo foi estigmatizado pela crítica especializada como de baixa qualidade estética. Dramaturgos da estirpe de Oduvaldo Vianna caíram no ostracismo, em nome do hegemônico cânone crítico modernista, que desprezou as manifestações anteriores à exibição da clássica montagem de *Vestido de noiva*, de Nelson Rodrigues, em 1943, considerada o marco inaugural da modernidade teatral no Brasil. Criou-se um buraco negro, para onde foram tragados os dramaturgos, como se quisesse esquecer que houve teatro no período. Mas em que lugar ficam, então, Joraci Camargo, Gastão Tojeiro, Oduvaldo Vianna, entre outros de uma constelação de comediógrafos de sucesso?

Tudo começou com as iradas estocadas de Antônio Alcântara Machado contra o teatro brasileiro produzido na década de 20. O paladino modernista se irritava com "as comedinhas parisienses" por demais edificantes, tais como *A vida é um sonho*, de Oduvaldo. Dizia que, embora as personagens tivessem vida, eram "mal aproveitadas". As comédias foram classificadas pelo crítico em três tipos: "piegas, caricatural, costumes"[1]. Crédula, boa parte da crítica brasileira repete até hoje os mesmos julgamentos do passado.

Vozes isoladas, embora de peso, manifestaram-se por uma reparação. Em meados da década de 80, Sábato Magaldi augurava pela "reavaliação da obra de Oduvaldo Vianna, que tanto contribuiu para o desenvolvimento do palco brasileiro, sobretudo nas décadas de 20 e 30"[2]. O crítico reconhecia a necessidade de se examinar não apenas a dramaturgia, mas também o esforço de Oduvaldo no sentido de nacionalizar a prosódia dos elencos brasileiros, que adotavam o sotaque luso. Sábato lamentou o fato de o teatro ter ficado ausente da Semana de Arte Moderna. Segundo ele, a "exigência do trabalho coletivo, no espetáculo, com o concurso obrigatório de autor, intérprete e público, afastou o palco da inquietação e da pesquisa".

A principal exceção da crítica brasileira, na revalorização do teatro do período, vem de Décio de Almeida Prado, quando afirma que "há entre os dois (o teatro e o modernismo) mais vínculos profundos do que sonha a nossa habitual historiografia"[3]. A

---

1. A. A. Machado, *Cavaquinho e saxofone*, José Olympio, 1940, pp. 434-7.

2. S. Magaldi, "Uma peça de Oduvaldo Vianna. Com encenação amadora", *Jornal da Tarde*, 07/09/1984, p. 6.

3. Décio de A. Prado, *Peças, pessoas, personagens: o teatro brasileiro de Procópio Ferreira a Cacilda Becker*, Compa-

exemplo de Sábato, Décio reconhece que escritores como Gastão Tojeiro, Armando Gonzaga, Viriato Correia e Oduvaldo Vianna têm suas qualidades, não literárias propriamente, mas como homens de palco, no hábil uso da carpintaria teatral, na destreza em manter o interesse do público com a entrada e saída das personagens, no domínio do jogo de cena, na frase certa proferida por um ator competente. Contudo, faz um julgamento severo: "Lidas as suas peças perdem a razão de ser, revelando-se pelos ângulos menos favoráveis: convencionais como enredo, banais como psicologia, vulgares como comicidade." Ressalva, porém, que no palco ganhavam vida e louva a procura de uma língua brasileira, "expressiva sem deixar de ser familiar", no uso da gíria e do nacional "você" em substituição ao português "tu". O crítico elogia o frescor da linguagem coloquial de Oduvaldo, por abrir mão das influências de Portugal e da França, praticando "o senso de teatro como jogo, improvisação, palavra puxa palavra"[4].

Cumpre afirmar que o teatro de Oduvaldo é desigual, composto de bons e maus momentos. De obras-primas como *Amor* a realizações menores como *A casa de tio Pedro*, merece de qualquer forma uma revisão, pois renovou a linguagem do teatro nacio-

---

nhia das Letras, 1983, p. 15, e "A evolução da literatura dramática", in *A literatura no Brasil*, org. Afrânio Coutinho, Sul Americana, 1971, vol. VI, pp. 7-37.

4. Apud Deocélia Vianna, *Companheiros de viagem*, Brasiliense, 1984, pp. 186-7, sobre crítica de Décio de A. Prado, *O Estado de S. Paulo* [?], quando da montagem de *Manhãs de sol*, de Oduvaldo, no Teatro do SESI [09/1966].

nal. O que não parece admissível é se deixar levar pelo preconceito contra o cômico, em nome de pretensa seriedade. A realidade é que a produção cultural brasileira prefere os gêneros leves, carnavalizantes. Adora uma paródia, seja no teatro, seja no cinema, seja na literatura. Não é à toa que o teatro brasileiro há muito cultua gêneros como a farsa e a revista. Desde Martins Pena e Artur Azevedo, passando por autores como Oduvaldo e Tojeiro das primeiras décadas do século passado, até chegar ao besteirol contemporâneo, há interesse do público pelo cômico, uma necessidade atávica de humor. Se quase sempre as peças não primam pela qualidade literária, nem por isso deixam de representar o que é o brasileiro: suas aspirações e costumes, deficiências e qualidades; em suma, sua singularidade e humanidade. Espectador, nos sentidos lato e estrito do termo, o brasileiro ri historicamente de seu atraso, de seu subdesenvolvimento, macaqueando o estrangeiro, o que não deixa de ser saudavelmente crítico.

Peças de Oduvaldo como *O clube dos pierrôs* e *Feitiço* e *Amor*, objetos da presente edição, mostram de forma patente a habilidade no manejo da carpintaria teatral e na construção de diálogos ágeis e vigorosos, de irresistível comicidade. O comediógrafo é tributário de uma linhagem humorística brasileira, de característica leve, brejeira, mas não desprovida de espírito crítico, pois satírica e paródica, quando não irônica. Foi precursor da afirmação nos palcos de uma prosódia brasileira, expressa em linguagem coloquial, que se opunha à dominante prosódia portuguesa, o que se afigurou uma inequívoca manifestação de nacionalismo. Mais ainda, desmistificou a pecha de pas-

XII

sadismo imputada a seu teatro, revelando aspectos inovadores, como a utilização de recursos de subversão da ordem narrativa e a fragmentação e a simultaneidade de cenas – como se poderá constatar na leitura de *Amor* –, que contribuíram para a evolução formal do teatro brasileiro.

Quanto à organização e publicação da obra de Oduvaldo, uma questão se coloca em pauta – em que medida tal iniciativa faz justiça com os pontos de vista do autor, reconhecidamente despreocupado em vida com a edição da própria obra? A dúvida logo se dissipa quando se constata que uma simples peça, por mais limitada enquanto fatura estética que seja, traz de volta todo um universo cultural do Brasil das primeiras décadas do século XX. Este é o ponto: uma peça de teatro, de um autor injustamente relegado ao ostracismo como Oduvaldo, é um importante documento histórico. A possibilidade de os textos novamente virem à luz representa um ganho exponencial, pois se multiplicam de súbito os leitores. Abre-se, assim, um enorme leque: de alunos e professores universitários de teatro, bem como de estudantes em geral; de profissionais de teatro que pretendam fazer releituras das peças, com propósitos quem sabe de novas encenações; de amantes de teatro e literatura, que até então se viram privados de conhecer a obra de Oduvaldo Vianna, o pai.

O clube dos pierrôs

Oduvaldo Vianna sentia-se à vontade nos chamados espetáculos musicados. Apesar de nunca ter tocado um único instrumento, o comediógrafo possuía sólidos conhecimentos musicais, resultado de autodidatismo e de convivência com maestros, seus colaboradores em algumas produções. O gosto pessoal do autor claramente se inclinou para a música de extração erudita, que lhe serviu de moldura para escrever algumas operetas, peças leves, de intenções cômicas, não desprovidas de eventuais pitadas satíricas e políticas.

A *première* da opereta *O clube dos pierrôs* se deu no dia 6 de junho de 1919, no teatro São Pedro, do Rio de Janeiro. No mesmo ano, outras montagens foram levadas a cabo, inclusive a cargo de companhias estrangeiras. O crítico Mário Nunes classificou a peça como "fantasia-feérica", um "avanço em teatro ligeiro". Ficou impressionado com "o quadro do luar", segundo ele, de "estonteante poesia"[5]. Destacou a promissora habilidade teatral de Oduvaldo, notadamente nas cenas vaudevilescas.

Cumpre esclarecer que o ano de 1919 foi dos mais prolíficos da carreira de Oduvaldo Vianna. O sucesso da opereta *Amor de bandido* abriu-lhe as portas para novas produções, quebrando a desconfiança dos empresários em apostar no jovem talento dramatúrgico. Além da opereta de estreia, Oduvaldo emplacou outra obra no gênero, *Flor da noite*, e o vaudevile *O almofadinha*. Se em *Amor de bandido* se mostrou tímido, numa opereta curta de dois atos com situações e personagens pouco desenvolvidos, em *O clube dos pierrôs* aparece desenvolto, com en-

---

5. Mário Nunes, *40 anos de teatro*, 1º vol., SNT, 1956, p. 197.

redo e personagens mais bem definidos e explorados, numa peça de maior fôlego, em três atos.

O clube dos pierrôs vai representar, portanto, um momento de afirmação do teatro de Oduvaldo, em que a timidez de propósitos iniciais cede lugar a uma explosão criativa, daquela que, sem favor, pode ser considerada uma das melhores peças da sua carreira. A opereta casa de maneira magistral forma e conteúdo. A começar pela ambientação em Paris, lugar em que todas as liberdades se tornavam possíveis. Oduvaldo pôde assim exercitar uma porção hedonista que nunca mais viria reeditar, nem de longe. Respira-se na leitura da peça um viço criativo, verdadeira celebração do prazer, que honra as melhores tradições dionisíacas do teatro. Utilizar a forma da opereta permitiu ao autor trabalhar o cativante enredo, embalando-o com músicas que encantaram a plateia da época. Este um ponto a se lamentar. Recuperar o texto original da peça não significou resgatar a partitura, conduzida pelo maestro Roberto Soriano, tão elogiada à época da montagem. O público, ao que parece, se deliciou com o "meio-termo" musical proposto, nem tão popular nem tão erudito. A música e o "exuberante" guarda-roupa utilizado na montagem criaram uma atmosfera que suscitou a comparação a um "segundo carnaval", quando da temporada em junho de 1919.

Oduvaldo trouxe para a luxuriante atmosfera francesa o não menos excitante tema das relações entre pierrô, colombina e arlequim. O que poderia ter sido apenas uma evocação alegórica, de motivos batidos, já presentes desde a *commedia dell'arte*, ganha vida intensa no envolvimento entre Otávio, pierrô, e Edith, colombina. O enredo gira em torno do "Clube dos Pierrôs", que vem a ser uma "sociedade de excêntricos, fundada por um brasileiro. O sócio, quando dentro da fantasia de pierrô, tirando a máscara diante de uma dama, será obrigado, pelos estatutos, a casar-se com ela" (1º ato, cena II), o que se afigura no final uma oportunidade para o protagonista Otávio, fundador do tal clube, desfazer o mal-entendido que ele próprio suscitara a Edith em declaração feita no passado numa "praia de banhos".

Apoiado na troca de identidades dos "dominós negros" no baile "*masqué*", a partir dos enganos suscitados pela leitura de um bilhete que passa inadvertidamente de mão em mão, Oduvaldo cria engenhosas situações de vaudevile, que dinamizam o enredo. O que era para ser um arranjo entre o "estroina" Periscot e a bovarista Madame Renevé se transforma numa alucinante sucessão de mal-entendidos, "interferência de séries" cômicas que envolvem ainda Monsieur Renevé, o Conde e a Condessa de l'Oiseau, além de Armando e do Garçom. O contraponto para as inúmeras trapalhadas de cunho farsesco é o envolvimento crescente do par romântico Otávio e Edith, que se tinge de cores fortes no quadro "Sonho de Pierrô". Antes do desfecho trágico, em que – como manda o figurino da clássica história – pierrô é preterido pela colombina em favor de arlequim, o autor embala os amantes com o verso de Camões, "Para tão grande amor tão curta a vida", praticando a metalinguagem em duas oportunidades (3º ato, 5º quadro, cena II). Na releitura do mito feita por Oduvaldo, ocorre a redenção de pierrô, não mais no universo onírico, mas na realidade da declaração retificadora de Otávio a Edith.

O domínio de cena de Oduvaldo se manifesta em inúmeras oportunidades. No final do segundo ato, dá vida às estátuas, alvo das setas dos cupidos, fazendo-as embalar os amantes pierrô e colombina no "Baile das Estátuas" (cena XXVIII). O comediógrafo, antecipando a encenação, não descuida de detalhes técnicos, explicitados na rubrica (3º ato, 5º quadro, cena II): "No palco, em lugares determinados, fios elétricos que, em contato com a chapa de ferro que os pirilampos trazem nos sapatos, façam acender e apagar, rapidamente, na cena meio escura, duas pequenas lâmpadas elétricas à cabeça de cada um." As mais inventivas soluções ocorrem no terceiro ato, especialmente naquelas decorrentes das "mutações". Uma sobremodo marcante sucede quando pierrô, embriagado de ópio, contracena com colombina, numa atmosfera extremamente sensual (cena II). É aí que os deuses do teatro – "evoé" Baco, cultor dos poderes enebriantes da bebida – ganham corpo no "Templo de Momo", "em requebros de luxúria" (6º quadro), até culminarem em clima trágico: morre pierrô, vítima de arlequim, que lhe rouba colombina – conforme reza o mito – acompanhado pelo som do "Zé Pereira", em contraponto, como marcam as hábeis rubricas de Oduvaldo (cena V).

Quanto aos procedimentos cômicos, em *O clube dos pierrôs* Oduvaldo introduz uma novidade em seu teatro, o bordão, que ocorre de duas maneiras: Armando, personagem "afeminado", quando confrontado, se evade sempre com um "Eu vou pedir ao papá"; Periscot, condizente com o tipo "estroina", se socorre de hábito com um "diplomaticamente falando", verdadeira linhagem acaciana que faz lembrar também do José Dias de *Dom Casmurro*. Ambos os tipos se afiguram impagáveis e são habilmente construídos por Oduvaldo.

O comediógrafo não poderia se furtar de fazer alguma referência satírica à política. É comum em suas peças algum comentário desairoso dessa ordem, no qual aplica seu "trote social", vingando-se, e aos espectadores e leitores também, das humilhações sofridas em razão de desmandos políticos. No caso da presente opereta, vem a calhar, pois é próprio do gênero esse tipo de comentário. A oportunidade ocorre quando da apresentação do casal Conde e Condessa, em uma rubrica. Ele, "um verdadeiro banana", é controlado e insultado por ela, e "se submete, humilde, como um deputado em vésperas de eleição" (1º ato, cena VI).

Merece registro ainda, como boa solução cômica, a atuação em bloco das três "coquetes" Nini, Vivi e Margot, colocadas em cena pelo autor ou em falas simultâneas ou sucessivas. A "rigidez mecânica", como diria Bergson[6], mostra-as frívolas, o que suscita o riso, emprestando ritmo à comédia.

Oduvaldo conseguiu criar um enredo em que o cômico conviveu muito bem com o idílico. A combinação de poesia e música com o cômico, misturados com o tempero do vaudevile, revelou-se uma receita para agradar a todos os paladares. Não há dúvida de

---

6. A propósito, são também do filósofo francês os conceitos cômicos "interferências de séries" e "trote social", aludidos anteriormente. Cf. *O riso*, Martins Fontes, 2004, passim.

que a peça comportaria uma nova montagem, *ipsis litteris*, haja vista sugerir uma atmosfera de encantamento, um frescor que não se perdeu com a passagem do tempo. O autor muniu-se de ingredientes infalíveis: arquétipos do passado, como o mito de pierrô, colombina e arlequim, em sintonia com os desejos de fruição do momento, representados pela irresistível Paris da *belle époque* tardia, em que tudo – bebida, ópio, luxúria – se afigurava possível. Oduvaldo pôde, assim, se libertar das convenções do teatro brasileiro de sua época, seus limites de censura moral, criando uma peça na qual os momentos de verdadeiro lirismo poético honram os deuses pagãos do teatro.

Feitiço

A comédia de costumes *Feitiço* foi um dos maiores sucessos da carreira de Oduvaldo Vianna. A peça superou mais de mil apresentações, desde a sua estréia no ano de 1932, em montagem carioca estrelada por Procópio Ferreira, no teatro Alhambra. Para Mário Nunes, seria possível representá-la "sem qualquer trabalho de adaptação, em qualquer língua e em qualquer país do mundo". O comentário se mostrou profético, pois *Feitiço* se tornou a mais traduzida das comédias que Oduvaldo escreveu. O crítico considerou ainda que o seu maior mérito não era a temática universal, mas "a armação teatral que nada deixa a desejar, igualando-se Oduvaldo aos escritores da França ou da Espanha. Diálogo ágil, sem palavras inúteis, criando, umas após outras, situações cômicas, frases e atos. O público ri da futilidade, mas acredita que está assistindo a qualquer coisa de definitivo, quando, na verdade, diverte-se com fantasia engenhosa e engraçada"[7].

A peça se tornou objeto de montagens patrocinadas pelo governo Getúlio Vargas. O curioso e intrigante nessa história de mecenato cultural é que a peça faz referências ao "ditador", em tom cômico de rebaixamento. Esclareça-se que na primeira metade dos anos 30 a denominação de ditador não alcançara ainda o sentido pejorativo que teria no Estado Novo, em que se tornaria um vocábulo proibido. É sabido também que Vargas até estimulava paródias sobre sua figura, notadamente no teatro de revista.

Feitiço representa a maturidade artística de Oduvaldo. Após cerca de quinze anos de dedicação à dramaturgia, o autor escreveu sua melhor peça. Não devia nada a nenhuma comédia de costumes estrangeira. O cômico aparece em profusão, perfeitamente integrado à narrativa. Os diálogos são mais que nunca ágeis, espirituosos. O comediógrafo acertou em cheio ao tratar da questão do ciúme no casamento, um tema universal. Não se pense, contudo, que a peça não tem o sabor do teatro brasileiro de costumes. Conserva aquele clima de difícil definição, entre o ingênuo e o cordial, resvala pelas crenças e hábitos do cotidiano, como o propalado feitiço do limão, nada mais que uma invenção para ironizar o apego do brasileiro a soluções caseiras, as chamadas sim-

---

7. Sobre a crítica de Mário Nunes e outras informações sobre a primeira montagem de *Feitiço*, cf. Sérgio Viotti, *Dulcina e o teatro de seu tempo*, Lacerda, 2000, pp. 156, 158, 225.

patias. O que em aparência sugere uma tolice é, em última análise, o hábito de várias culturas, cada qual com suas crendices. Oduvaldo conseguiu, assim, dar um tratamento leve ao ciúme, por si só um tema passional, que encontrou eco pelo mundo afora.

É o que se pode chamar de uma peça bem-feita, lembrando as comédias francesas do século XIX. As personagens fazem sentido, ganham vida com o desenvolvimento dos diálogos e da ação, não há brechas no enredo. Dagoberto sustenta que num casamento não deve haver ciúmes nem privação da liberdade. Sua mulher, Nini, reage mal às suas primeiras escapadas e a relação entra em crise. Socorrida pela experiente vovó Mariquinhas, faz o feitiço virar contra o feiticeiro, em uma vívida trama para enciumar o marido, na qual participa o casal Oscar e Yvoneta. Dagoberto sente o golpe e passa a exibir o comportamento que recriminava na esposa. O casal por fim se reconcilia, o feitiço deu certo. Como em qualquer boa comédia, o que vale não é exatamente o desenlace, mas o percurso, em que as situações são hilariantes, dignas da classificação de alta-comédia.

Oduvaldo assumiu em *Feitiço* a comédia de costumes em todas as suas possibilidades. Revelou conhecimento de procedimentos cômicos, sem contudo descuidar do desenvolvimento da trama. *Feitiço* poderia ser representada na atualidade com muito bons resultados. Seriam necessários poucos ajustes no texto, somente no que tange à condição diferente quanto à instituição do divórcio. De resto, é um texto delicioso sobre o ciúme, questão ancestral em qualquer que seja o referencial de literatura, dramática ou não.

Feitiço é, portanto, muito mais que eficiente carpintaria teatral, julgamento a que se apegaram os críticos para avaliar a obra de Oduvaldo. É construção bem-acabada de personagens, ação, conflito, clímax, desfecho. É desenvolvimento de enredo de forma original, que contempla ao mesmo tempo um público de qualquer época, de qualquer idade e de qualquer país, sem se esquecer de substratos que remetem à maneira de ser do brasileiro e o seu jeito peculiar de entender o teatro de costumes.

Amor

A comédia de costumes *Amor* estreou no dia 7 de setembro de 1933 em São Paulo, revelando-se o principal espetáculo da temporada. A peça era chamada de "comédia-filme", o que revelava a intenção de Oduvaldo de fazer de seu teatro um competidor à altura do recente interesse do público pelo cinema. No ano seguinte, foi levada ao Rio de Janeiro, para a inauguração do Teatro Rival, superando e muito o sucesso obtido em São Paulo.

Juntamente com *Feitiço*, *Amor* se transformou no maior sucesso de Oduvaldo no exterior. A companhia da atriz argentina Paulina Singerman representou-a cerca de 400 vezes em Buenos Aires e saiu em excursão. No México, já a encontrou em cartaz, sem autorização do autor. Segundo se informou à época, fez sucesso nos seguintes países: Uruguai, Chile, Peru, Cuba, Espanha, Portugal. De mais significativo foi o fato de Paulina Singerman tê-la representado no Ambassador Theatre, na Broadway, em espanhol.

Na ocasião, 1937, informou-se que a crítica ianque recebeu com "largos elogios" *Amor*.

No Brasil, durante décadas foi a marca registrada de Dulcina de Morais, atriz para quem Oduvaldo dedicou a peça. Nos anos 70, a célebre intérprete de Lainha pensou em fazer uma versão musicada de *Amor*, no que foi desencorajada pelo amigo Sérgio Viotti. Dulcina, em 1975, foi assistir no Teatro Maison de France a *O amante de Mme. Vidal*, protagonizada por Fernanda Montenegro, que em cena aberta lhe ofereceu o espetáculo. A hoje primeira-dama do teatro brasileiro anunciara, dias antes, o desejo de interpretar Lainha, o que infelizmente acabou não acontecendo[8].

Amor é a melhor peça de Oduvaldo Vianna, em razão do requinte formal empreendido no tratamento do universal tema do ciúme. *Feitiço*, feita dois anos antes, já se ocupara da questão, mas de maneira tradicional. O comediógrafo, que encetara iniciativas tímidas anteriores de cenas simultâneas, como na comédia de costumes *Mas que mulher!*, encontrou em *Amor* o refinamento do procedimento, podendo-se afirmar que criou algo inteiramente novo no teatro brasileiro, digno de ombrear com o que de melhor se fez em nosso teatro de comédia em todos os tempos.

O cômico vai assumir maior relevância em *Amor* quando está em cena Lainha. O seu bordão – "Que coisa horrorosa!" – tornou-se hábito nas ruas por ocasião da temporada carioca, em 1934. Perpassa toda a peça e nele Dulcina de Morais depositava todos seus

---

8. Sobre *Amor* e sua trajetória, interpretada por Dulcina de Morais, cf. Sérgio Viotti, op. cit., passim.

dotes histriônicos. Faz par com Lainha sua empregada Maria. Juntas protagonizam inúmeras situações hilárias. Ambas são veículos do que sem dúvida é a melhor solução cômica não só de *Amor* como que de qualquer outra peça de Oduvaldo: a ciumenta Lainha desenvolve um sistema de acompanhamento dos passos de seu marido, Artur, que se encontra fora de casa. A situação surreal é viabilizada por Maria, a empregada, que chega a se paramentar com supostas roupas de Artur. O símile, se é que se pode dizer assim, é todo ele mecânico, rígido, e, portanto, cômico. Tudo é assistido por uma incrédula Madalena, que se espanta com o que vê, bem como, se supõe, os leitores/espectadores da peça, tamanho o inusitado da cena (1º ato, 13º quadro). É uma situação impagável, de uma sincronia desconcertante, quer na leitura do texto, quer ainda mais vislumbrada no palco, pois desencadeia um efeito cômico sem equivalentes na própria produção de Oduvaldo ou de qualquer outro comediógrafo seu contemporâneo.

Amor fez história no teatro brasileiro, não só por ter sido uma das maiores bilheterias de todos os tempos, mas pelas inovações formais que marcaram época. O comediógrafo não dispôs o enredo de forma linear, como na maioria de suas peças. Ao inverter a ordem narrativa, iniciando a peça em *flashback* pelos tiros disparados por Artur, Oduvaldo conseguiu atrair a atenção do leitor/espectador para o que viria depois, sem diminuir o elemento suspense, mas atenuando a carga dramática, pois sua intenção primeira é cômica. O recurso narrativo funcionou à perfeição, bem como outras cenas em que o drama se sobrepõe à comédia, a ponto de se poder afirmar que *Amor* é a peça em que o autor conseguiu o melhor equilíbrio entre as intenções dramáticas e cômicas.

A divisão do palco paulista em cinco platôs e a do carioca em três permitiram a realização de cenas simultâneas de significativo teor dramático. É um erro considerar, como alguns críticos o fizeram, que a cena somente se dividia em duas. Por vezes, só para citar um exemplo, como no 2º ato, 20º quadro, a cena é dividida em três, com Lainha conversando por telefone com o Detetive e Carmelita, a cartomante também contratada para acompanhar Artur, impedida, em outro cenário, de tomar a mesma iniciativa pelo fato de o aparelho estar ocupado. De qualquer forma, o mais importante é constatar que a peça ganha em vigor e dinamismo com as cenas simultâneas.

Se levado em consideração o avanço formal que representou, ressaltado quase que unanimemente pela crítica e o contingente estrondoso de público alcançado, causa espécie que um dramaturgo como Nelson Rodrigues não tenha sido influenciado de algum modo por *Amor*. Atente-se para o detalhe de que a peça não cumpriu temporada apenas em 1933, mas voltou com retumbante sucesso em junho de 1941, portanto apenas dois anos antes da estreia de *Vestido de noiva*, peça considerada marco do moderno teatro brasileiro. É por demais conhecida a declaração de Nelson Rodrigues, dada a Sábato Magaldi, de que não havia se inspirado em nenhuma peça para fazer *Vestido de noiva*, pois não frequentava o teatro da época. Mesmo que aceita como verdadeira, o fato é que Nelson era há muito jornalista e por certo tinha notícia pela imprensa do sucesso de *Amor* e deveria conhecer detalhes de sua fatura estética. Ainda mais que ele, um notório divulgador da própria obra, desde o princípio, quando da estreia da temporada de sua peça no Teatro Municipal, teve que contar com o beneplácito das autoridades do governo Vargas. Para isso estabeleceu contatos, inclusive com a classe artística. Vale dizer, por conseguinte, que é insustentável a tese de que a dramaturgia de Nelson Rodrigues é fruto apenas do seu gênio artístico. Isso é uma quimera que a atuação propagandística do dramaturgo só fez reforçar. Dar crédito a um autor como influenciador da sua obra, seja Oduvaldo, seja um outro dramaturgo brasileiro, seja mesmo Eugene O'Neill, representaria para Nelson Rodrigues uma espécie de mácula na ideia de que sua dramaturgia seria revolucionária, sem precedentes na história do teatro brasileiro e mundial. Por mais genial que seja a obra do dramaturgo, parece ingênuo desconsiderar que mesmo em solo brasileiro não tenha conhecido autores como Oduvaldo, que desbravaram caminhos para soluções formais mais complexas e avançadas, tais quais as utilizadas em *Vestido de noiva*.

O mais grave de tudo não é o crédito dado a Nelson Rodrigues como fundador do moderno teatro brasileiro, nada mais justo, pois seu teatro representou de fato um elemento catalisador sem precedentes. O que estarrece é uma obra tão determinante como *Amor* não mais ter sido encenada e gerações de espectadores se virem privados de novas leituras, em que poderiam ser colocados no palco todos os modernos recursos de encenação. A crítica teatral brasileira é culpada de semelhante descaso quando repete os chavões de que a produção teatral pré-Nelson Rodrigues era desprovida de valor estético, de que as comédias de costumes não apresentavam nada de novo, etc.

No caso de *Amor* não há razão para permanecer fora dos palcos, a menos que se julgue que o tema do ciúme tenha perdido atualidade ou que um comportamento doentio, obsessivo, como o de Lainha, seja dramaticamente nulo. Sem esquecer que a peça é mais que isso, pois entram em jogo muitas outras questões de natureza religiosa, representadas pelo catolicismo, e crendices, tão ao gosto do brasileiro, como é o caso da personagem cartomante Carmelita, que influencia o comportamento de Lainha. Não se pode olvidar também a questão comportamental, por extensão política, representada na emblemática figura do personagem Catão, um conservador empedernido. Embora a sociedade brasileira tenha avançado, não existem ainda os Catões espalhados por todos os cantos, a pregar costumes retrógrados e preconceituosos que em última análise escondem proverbial hipocrisia?

Amor poderia ser reencenada, sim, apenas com pequenas adaptações, como a mudança de datas de 1933 para a atualidade. Com os recursos modernos de encenação e de palco, as soluções formais já muito boas no texto, ganhariam em expressividade e verossimilhança. O que na montagem inaugural era rudimentar, com a abertura e fechamento de cortinas nos diferentes platôs, pode ser retrabalhado, por exemplo, com um adequado projeto de iluminação. Fique claro, portanto, para não se incorrer em injustiça, que a precariedade das montagens originais não refletem deficiência do texto de Oduvaldo. Muito pelo contrário, *Amor* está a esperar uma encenação digna de sua complexidade e de sua importância histórica na evolução formal do teatro brasileiro, assim como sucedeu, por exemplo, com a célebre montagem de *O rei da vela*, de Oswald de Andrade, feita por José Celso Martinez Correa. Dessa maneira, uma grande atriz se incumbiria da opulência dramática de Lainha e um hábil diretor faria justiça à inovadora e elaborada concepção cênica, para que fossem devidamente valorizadas as cenas simultâneas, dispostas em perfeita sincronia dramática. Isso posto, garantiria o deleite do público contemporâneo, assim como ocorreu nas décadas de 1930 e 1940. Nada mais justo para uma peça que não deve nada a nenhuma comédia de costumes, nacional ou estrangeira. Assim se faria – com o perdão da palavra desgastada – o resgate, mais que merecido, da obra-prima de Oduvaldo.

Para finalizar, cabe um registro, em momento tão auspicioso de busca da memória teatral brasileira. A publicação de peças significativas de Oduvaldo enseja votos de que toda a comediografia mereça uma revisão dos homens de teatro, cada qual no seu âmbito, no sentido da recuperação e retirada do descaso histórico a que foi submetida. À crítica teatral, cabe uma reavaliação com a devida isenção. Aos editores, os subsídios a um pesquisador de fontes para a publicação de uma edição crítica. Aos produtores e diretores, (re)leitura visando a novas encenações. Um conjunto de iniciativas que faria justiça não apenas ao autor, mas também ao público que sempre o acompanhou e a ele foi fiel. Não se quer a condescendência para com esse teatro, mas sim conhecer seus erros e acertos. Não se quer, enfim, o esquecimento de Oduvaldo Vianna.

WAGNER MARTINS MADEIRA

CRONOLOGIA

1892. Nasce em 27 de fevereiro, no Brás, bairro de São Paulo. Filho do professor Justiniano Vianna e da dona de casa Maria Leonor Vianna.

1902. Primeiras incursões literárias no jornaleco *Zig-Zag*, feito em parceria com o amigo Afonso Schmidt.

1906. Participa de *Aurora Paulistana*, periódico de literatura, humorismo e crítica, do ginásio São Bento. Escreve *Hora de angústia*, livro de poesia.

1914. Viagem à Europa, supostamente para acompanhar uma bailarina espanhola por quem se apaixonara. Em Portugal, com dificuldades financeiras, vende os direitos do livro de contos humorísticos *Feira da ladra* para os editores Guimarães e Cia.

1915. Sua opereta em um ato, *A ordenança do coronel*, recebe o terceiro prêmio no concurso "Teatro pequeno" do jornal *Imparcial*, Rio de Janeiro. Viaja à capital federal para acompanhar os ensaios da peça e começa a trabalhar no jornal *A Razão*.

1916. Estreia profissional de Oduvaldo com *A ordenança do coronel*, no dia 7 de junho, no Palácio Teatro (depois Paramount).

XXIX

1917. Estréia de *Amigos de infância*, outra comédia premiada, no Teatro Recreio. Fundador da SBAT, participa da primeira diretoria. Escreve duas revistas em parceria, *Dá cá o pé*, com Cândido de Castro, e *Você é um bicho!*, com Cardoso de Menezes. Exerce o jornalismo, chegando a declarar sobre a época em tom de blague: "Trabalhava de noite no *O Dia* e de dia no *A Noite*."

1919. Ano produtivo, de afirmação do teatro de Oduvaldo, com muitas estreias: *Amor de bandido*, opereta, antes chamada *Rosa do sertão*. Protagonizada por Vicente Celestino, a montagem do Teatro São Pedro, Rio de Janeiro, teve como violoncelista Heitor Villa-Lobos; *O almofadinha*, vaudevile encenado em duas oportunidades, Teatro Carlos Gomes e Teatro Recreio; *O clube dos pierrôs*, opereta regida pelo maestro Roberto Soriano, no Teatro São Pedro; *Viva a República!*, revista, no Teatro Phenix.

1920. Estreias de *Flor da noite*, opereta, *Terra natal* e *A casa de tio Pedro*, comédias de costumes, todas no Teatro Trianon, Rio de Janeiro. Funda companhia de teatro com Abigail Maia, sua futura mulher.

1921. Em parceria com Viriato Corrêa e Nicolau Viggiani arrenda o Trianon, onde estreia as comédias de costumes *A vida é um sonho* e *Manhãs de sol*.

1922. Estreia da revista *Ai, seu Melo!*, que sofre censura em razão da referência cifrada aos hábitos etílicos do então presidente da República Artur Bernardes. A peça passa a chamar-se *Iaiá, fruta de conde*.

1923. Excursão pioneira ao sul do país, estendida ao Uruguai e à Argentina, em que estreia a comédia de costumes *Última ilusão*.

1928. Estreia o sainete – peça curta para competir com o cinema – *O castagnaro da festa*, no Teatro Apolo, São Paulo. Estreia como ator em *Viver é fácil*, de Arnaldo Fracarelli.

1929. Temporada no Trianon. Estreia o sainete *Um conto da carochinha*, escrito em parceria com Guilherme de Almeida e Cornélio Pires. Traduz, adapta, dirige e atua em *Pigmalião*, de Bernard Shaw. Passa o segundo semestre nos EUA, estudando cinema.

1930. Volta de Hollywood e realiza a conferência "O cinema falado no Brasil".

1931. No Trianon, estreia a comédia de costumes *O vendedor de ilusões*, protagonizada por Procópio Ferreira. Em São Paulo, no Teatro Lírico, estreia outras duas comédias de costumes: *Um tostãozinho de felicidade*, em que também esteve no elenco, e *Sorrisos de mulher*, inspirada em filme da Metro. Eleito conselheiro perpétuo da SBAT.

1932. A companhia Procópio Ferreira estreia *Feitiço*, comédia de costumes, no Teatro Apolo, São Paulo.

1933. Estreia *Amor*, comédia de costumes de maior sucesso de Oduvaldo. A montagem inovadora inaugura o Teatro Rival, no Rio de Janeiro e consagra Dulcina de Morais ao interpretar a personagem Lainha, maior papel de sua carreira. Em parceria com Afonso Schmidt escreve *Kelani – a dama da lua*, opereta que tem partitura de Nicolino

XXXI

Milano, encenada no Teatro João Caetano (ex-São Pedro). No Teatro Cassino, estreia *Fruto proibido*, adaptação de *O livro de uma sogra*, de Aluísio Azevedo. Escreve outras duas comédias de costumes, *Mas que mulher!* e *Canção da felicidade*, esta última estreando no final do ano em Buenos Aires.

1934. Traduz, adapta e dirige *A bela e a fera*, de Bernard Shaw.

1935. Casa-se com Deocélia e passa lua-de-mel em Buenos Aires. Estreia *Mascote*, comédia de costumes, em montagem protagonizada por Dulcina de Morais, no Teatro Apolo, em São Paulo.

1936. Nasce seu filho Vianinha, em 4 de junho. O rebento, aos três meses, participa de uma cena de *Bonequinha de seda*, filme dirigido pelo pai, em parceria com a Cinédia. A produção vem a ser uma das maiores bilheterias de todos os tempos, em números relativos, do cinema brasileiro.

1937. *Alegria*, filme em nova parceria com a Cinédia, não é concluído, por discordância com o produtor Ademar Gonzaga. Nomeado, por Anísio Teixeira, diretor da Escola Dramática Martins Pena, do Rio de Janeiro.

1938. Retorna à Argentina, para dirigir filme inspirado em sua peça *O homem que nasceu duas vezes*.

1939. Mora em Buenos Aires, onde tem programa de radioteatro sobre o folclore brasileiro. Recusa convite de Gustavo Capanema, então ministro da Educação de Vargas, para assumir o Departamento Nacional de Teatro, alegando compromissos na Argentina. Estreia no Teatro Carlos Gomes a opereta *Mizu*, partitura de Francisco Mignone. Vicente Celestino e Gilda de Abreu interpretam as personagens protagonistas.

1940. Estreia em Buenos Aires, pela Companhia Pepita Serrador, *Ele chegará amanhã...*, comédia de costumes.

1941. Volta ao Brasil e adapta para o rádio romances de Macedo e Alencar, primeiro na Rádio São Paulo e depois na Nacional, Rio de Janeiro. A partir daí se firma como o principal diretor brasileiro de radionovelas, carreira a que se dedica como autor e diretor até a década de 60.

1946. Em São Paulo, é candidato a deputado pelo Partido Comunista, sigla que sempre defendeu, mesmo quando na ilegalidade. Apoiado por Assis Chateaubriand, acaba suplente de Mário Schemberg.

1961. Visita países comunistas: Tchecoslováquia, URSS e China, a convite do ativista Marighela.

1964. Após dirigir radionovelas por mais de duas décadas, é demitido da Rádio Nacional juntamente com mais de uma centena de colegas, presumivelmente a partir de delação do radialista César de Alencar aos militares golpistas. A ditadura suspende seus direitos políticos por dez anos. Escreve para a TV Rio a novela *Renúncia*.

1966. Em agosto, montagem no Teatro do Sesi, São Paulo, de *Manhãs de sol*, dirigida por Osmar Rodrigues Cruz. A peça ficou um ano em cartaz.

1967. Concede depoimento sobre a carreira ao MIS, Museu da Imagem e do Som, Rio de Janeiro.

1972. Falece no dia 30 de maio, vítima de complicações pós-operatórias da próstata. Declarações da classe artística ressaltam o rigor e perfeccionismo na sua multifacetada dedicação ao teatro.

1982. *Boa noite general*, comédia inédita, escrita na década de 60 sob o pseudônimo de João Vianney, é a 500ª publicação da SBAT.

1992. O outrora melhor comediógrafo nacional tem seu centenário de nascimento negligenciado pela classe teatral.

2007. O quadro crônico de esquecimento se mantém. As lembranças são fortuitas, como a de *Terra natal*, teleteatro da TV Cultura de São Paulo, realizado na década de 70. A peça, adaptada por Ademar Guerra, teve reexibição no primeiro semestre.

NOTA SOBRE A PRESENTE EDIÇÃO

Para a elaboração da presente edição das comédias de Oduvaldo Vianna, foram consultadas as seguintes fontes: cópia do original manuscrito de *O clube dos pierrôs*, de 1919, integrante do acervo da Funarte, gentilmente cedida pela pesquisadora Jeanette Ferreira da Costa; cópia da edição de *Feitiço*, da Livraria Teixeira, São Paulo, de 1941; e a edição de *Amor*, da Civilização Brasileira, Rio de Janeiro, de 1934, gentilmente cedida pelo pesquisador João Roberto Faria.

Na fixação dos textos, procurou-se respeitar a vontade do autor, sem, contudo, se isentar de algumas liberdades, tais como: eliminação de redundâncias, sobretudo em rubricas; acertos de carpintaria teatral (entrada e saída de personagens, objetos de cena e sua localização, etc.); definição de outros critérios de apresentação gráfica, como o de não nomear antes os personagens em cena, mas à medida que emitem suas falas. Incontáveis falhas de pontuação e ortografia foram devidamente corrigidas. Para tanto, nada melhor do que lembrar as próprias palavras de Oduvaldo no início de carreira, em "Errata" de *Feira da ladra*, coletânea de contos humorísticos publicada em Portugal, no ano de 1914: "O leitor que não for estúpido e encontrar um [sic] – O quê? – frases incompletas, pontuação defeituosa, pronomes mal colocados, etc., saiba que esses erros são da revisão, todos eles, mesmo os que forem legitimamente meus. Sou um pai pior do que todos os pais da pátria juntos; entretanto, não consinto que me atribuam a paternidade de filhos aleijados, lá isso não. Creio que assim ressalvo tudo. E no mais... *quod, scripsi, scripsi.*"

O texto das peças foi fixado conforme o novo acordo ortográfico. Em poucas ocasiões se preservou a grafia original quando diferente da atual, mormente quando se entendeu que dessa forma algo esmaecido pelo tempo, mas significativo de algum modo, deveria ser mantido. Certas personagens têm um modo característico de expressão, seja pela nacionalidade, nível social e ou intelectual, etc. Procurou-se dar a elas certa uniformidade expressiva.

No que toca às rubricas, sempre que pertinentes ao que foi dito, ateve-se à sequência da fala. Houve inúmeros casos em que a mesma personagem era indicada duas vezes em seguida, com uma rubrica solta entre as duas falas. Nesses casos, optou-se por indicar a entrada apenas uma vez, ficando a rubrica entremeada à fala, que passou a ser uma só. Quando as rubricas indicavam alguma movimentação de cena sem ligação direta com as falas, vieram isoladas. As rubricas iniciais de atos, quadros ou cenas foram grafadas em itálico, mas sem os parênteses, com o propósito de deixar o texto "mais limpo". Não foram indicadas no início de cada cena as personagens que dela participam.

Por fim, um agradecimento se impõe à pesquisadora Maria José Roque de Souza, que colaborou na organização e fixação dos textos e se mostrou capaz de apontar soluções engenhosas para os mais diferentes problemas. A contribuição de "Zezé" propiciou uma condição rara, de fazer inveja à maioria de pesquisadores, qual seja a de se ter uma interlocutora dotada de argúcia para a tomada de decisões e – de longe o mais importante – a onipresença amiga a romper com a árida solidão da pesquisa.

COMÉDIAS

O CLUBE DOS PIERRÔS

Em três atos

1919

PERSONAGENS

General Heliot

Periscot

Armando

Margot

Fifi

Vivi

Raparigas

Edith

Coro

Mme. Renevé

Monsieur Renevé

Criado

Conde l'Oiseau

Pierrô

Pierrôs

Colombinas

Walter

Um sócio

Garçom

Convidados

Um convidado

Recordação

Colombina

Arlequim

Um bando de mascarados

1º Mascarado

2º Mascarado

3º Mascarado

4º Mascarado

Dagoberto

ATO PRIMEIRO

Um vasto salão de casa rica, profusamente iluminado com custosos candelabros que pendem do teto estucado. Aos cantos, estatuetas circundadas de lâmpadas pequenas e de cores variegadas. Uma porta larga, ao F. de vitraux *transparentes, deixando ver uma linda noite, banhada de luar. Duas portas de cada lado. Algumas cadeiras estofadas. Nos cantos, à E.B., um divã. Muita luz. Muita vida. Trata-se de uma grande festa na casa do General Heliot.*

Cena I

Convidados em trajes de baile. Damas, vestidos decotados e de longas caudas. Cavalheiros, fardas de gala. General Heliot, um velho militar de maneiras rudes e suíças burguesas. Armando, tipo afeminado, de casaca. Periscot, pai de Armando, fardado de diplomata, velho estroina. Margot, pequena namoradeira. Fifi e Vivi, raparigas

coquetes, adoradoras da moda e do flerte. Edith –
protagonista – filha de Heliot e aniversariante.

Música n°. 1

CORO
(valsando)
'Coisa melhor não há na terra
Do que dançar com alegria!
É um bem a dança – é um cofre – e encerra
Toda a beleza deste dia!'

ARMANDO
(com afetação, em tom de discurso,
do meio do salão, à Edith)
'Boninas, cravos perfumados,
Ai, vinde a mim, num doce adejo.
Voando assim, todos alados,
Num murmúrio doce de beijo,
Para formar o meu sacrário
De inspirações e de presente
Para o feliz aniversário
De Dona Edith, de olhos ardentes!'

PERISCOT
'Tens muita linha, ó rapazola!
Tua frase tem luva e cartola!'

TODOS
(aplaudindo)
'Sim, muito bem!
Sim, não foi mal!
Hip! General!'

GENERAL

'Primeiro eu falo, cá na casa,
Por ser o pai de minha filha
Que, num bater de sua asa,
De um ano mais entrou na trilha!

E assim, desejo ardentemente,
Embora custe sacrifício
Que todo mundo, alegremente,
Festeje bem seu natalício!' [*Bis*]

CORO
(*saindo numa valsa*)
'Coisa melhor não há na terra,
Etc., etc.'

Cena II

GENERAL

Não sei se digo bem, mas sinto-me verdadeiramente feliz no dia de hoje. Edith, a minha linda, a
minha querida Edith, faz 21 anos. Não sei se digo
bem...

EDITH
(*brejeira*)
Este papai tem coisas... A idade de uma mulher
nunca deve ser revelada.

GENERAL

Oh! Vinte e um anos! Uma linda idade. As coisas
bonitas podem sempre ser vistas.

PERISCOT

Nem sempre, General. Na opinião do poeta: Lisy, à espera do noivo, pediu a uma amiga: (*recita*)
"Que no meu colo brilhe a opala e o crisoprásio
Faze de conta que me vestes pr'uma boda,
Põe-me o mais linda que tu possas...
Nesse caso, responde a amiga,
Em vez de te vestir, devo despir-te toda!"
(*falando*)
Nem tudo que é bonito, já vê, deve ser visto. As damas andam vestidas...

ARMANDO
(*escandalizado*)

Oh! Papá!...

FIFI, VIVI *e* MARGOT
(*rindo, escandalosamente*)
Ah! Ah! Ah!

GENERAL
(*rudemente*)
Oh! Periscot, não sei se digo bem, mas a sua frase foi audaciosa.

PERISCOT

Assim como o General fala, com gestos e palavras rudes, de fato, eu disse uma grande asneira; mas, diplomaticamente falando, com um sorriso nos lábios e um piparote na barriga, assim: (*dá um piparote na barriga do General e fala sorridente, com a maior naturalidade*) "Periscot, a sua frase foi audaciosa" – é a coisa mais natural do mundo. Até tem graça, não tem?

GENERAL
(*rindo*)
É. De fato, tem sua graça. (*riem todos gostosamente; Armando, Fifi e Vivi sobem ao centro*)

PERISCOT
(*rindo ainda e oferecendo o braço a Edith*)
Mademoiselle, dá-me o prazer de um tango?

EDITH
(*levanta-se*)
O prazer é todo meu! (*ao General*) O papá fica?

GENERAL
Um momento. (*a Periscot*) Você, meu caro diplomata, já ouviu falar no "Clube dos Pierrôs"?

PERISCOT
Perfeitamente. Uma sociedade de excêntricos, fundada por um brasileiro. O sócio, quando dentro da fantasia de Pierrô, tirando a máscara diante de uma dama, será obrigado, pelos estatutos, a casar-se com ela.

FIFI
Original!

MARGOT
(*levanta-se*)
É interessantíssimo!

VIVI
É curioso!

ARMANDO
Oh! Papá, isso é sublime!

EDITH

Palavra de honra, que é capaz de beliscar o capricho de uma mulher.

PERISCOT

De beliscar? De triturar. Inúmeras têm sido as damas, da nossa melhor sociedade, que têm tentado arrancar a máscara, debalde.

ARMANDO

De balde, papá?

PERISCOT

Sim, sem resultado algum.

MARGOT

Eu seria capaz. Bastava conhecer um.

VIVI

Eu arrancaria a máscara, não achas, Fifi?

FIFI

Não vejo dificuldades.

EDITH

É interessantíssimo!

GENERAL

Não sei se digo bem... mas hoje teremos o prazer de receber uma comissão do "Clube dos Pierrôs".

MARGOT

Bravos! Que linda coisa! Eu vou conquistar um!

FIFI

Eu também.

VIVI

Pois eu também vou.

EDITH

Seria o caso de apostarmos.

MARGOT

Pois apostemos.

PERISCOT

Muito bem! Muito bem!

EDITH

Quem conseguir arrancar a máscara do Pierrô será obrigada...

PERISCOT

A casar-se com ele.

MARGOT, FIFI *e* VIVI
(*batendo palmas*)

Isso! Isso!

EDITH

Não, não! Casará se quiser! Quem conseguir arrancar a máscara do Pierrô ganhará a aposta. É quanto basta para satisfazer um capricho.

AS TRÊS

Pois, está dito!

PERISCOT
Muito bem. Podemos, agora, ir ao tango?

EDITH
Com todo o gosto.

GENERAL
Eu vou ao salão com vocês. (*saem pela D.A. Armando encaminha-se para a D., ficando ao centro*)

Cena III

MARGOT
Sr. Armando, o senhor não vai dançar?

ARMANDO
Pois não, *mademoiselle*. Eu vou pedir ao papá...

FIFI
(*irônica, segurando-lhe o braço*)
Perdão, Sr. Armando. Nesse caso, peça para dançar com as três.

ARMANDO
(*malícia ingênua*)
Três? Não posso.

VIVI
Oh! Tão moço e já se cansa tanto de dançar?

ARMANDO
É falta de hábito. No colégio, eu não dançava senão sozinho.

MARGOT

O senhor nunca flertou?

VIVI

O senhor nunca beijou?

FIFI

O senhor nunca gostou?

ARMANDO
(*num sonho*)

Flertar!... Beijar!... Gostar!... Papá já flertou, já beijou e já gostou!

MARGOT

E o senhor...

ARMANDO

Eu?!...

FIFI

Vamos dar-lhe uma lição.

MARGOT *e* VIVI

Bravos! Bravos!

Música n.º 2

MARGOT

'O flerte
É assim,
Eu quero ver-te
Olha pra mim

Quero perder-te
Assim!' (*faz em gestos o que diz*)

AS TRÊS

'O flerte, etc. etc.'

ARMANDO

'Oh! Que enorme sensação!
Quase mata de emoção!
Tá! (*entregando-se*)
Não! (*repelindo-as*)
Oh! Que enorme sensação!
Eu vou pedir ao papá.'

AS TRÊS
(*rindo*)

Ah! Ah! Ah!

VIVI

'O beijo,
É assim,
Tu tens ensejo,
Um beijo a mim!
Mata um desejo
Assim!' (*mesmo jogo*)
(*as três repetem*)

ARMANDO

'Oh! Que enorme sensação! Etc.'

FIFI

'Gostar,
É assim,
É bom amar

Gosta de mim
Vem apertar
Assim!'

(as três repetem)

ARMANDO
'Oh! Que enorme sensação! Etc.'
*(as três raparigas precipitam-se sobre Armando,
que se esconde atrás do divã. Depois de uma
gargalhada, as três saem)*

Cena IV

*Mme. Renevé entra rápido e vai à cadeira da D.B.
Periscot a segue.*

PERISCOT
(da D.A., monóculo no olho)
Mas, como ia dizendo, a alma de Vossa Excelência é um ponto de interrogação.

ARMANDO
(saindo do esconderijo)
Papá e Mme. Renevé! *(volta a esconder-se)*

MME. RENEVÉ
(indignada)
Mas, Sr. Periscot, eu já não lhe disse que estava
para arrebentar de dor de dentes? O senhor não imagina o que seja uma dor de dentes.

PERISCOT
Não, minha senhora.

MME. RENEVÉ

Não tem dores?

PERISCOT
(*distraído*)

Não tenho dentes.

MME. RENEVÉ

Que horror!

PERISCOT
(*emendando-se*)

Quero dizer… Nunca tive dentes postiços. São fortes, como a admiração que tenho por Vossa Excelência.

MME. RENEVÉ

Ai! Ai! Que coisa horrível! Não posso mais de dor!

PERISCOT

Diplomaticamente falando, a dor de dentes é a coisa mais natural do mundo. (*falando com naturalidade*) Se Vossa Excelência disser isso com um sorriso nos lábios: "Ai! Ai! Que dor de dentes!" – Até tem graça, não tem?

MME. RENEVÉ

Sr. Periscot, pelo amor de Deus, arranje alguma coisa que me alivie destas dores.

PERISCOT

Vossa Excelência manda. Sente-se naquela cadeira. (*Mme. Renevé senta-se à D.B.*) Um momento. (*sai pela D.A.*)

Cena V

ARMANDO
(*tentando sair detrás do divã*)
Oh! Mme. Renevé, ainda! (*esconde-se novamente*)

MME. RENEVÉ
(*vendo o divã mexer-se*)
Santo Deus! Ai! O divã a mexer-se! Santo Deus!
(*sai, assustadíssima, do F. para a D.*)

Cena VI

ARMANDO
(*pondo a cabeça de fora*)
Graças a Deus! Foi-se! Já não posso mais. (*vai sair*)

CRIADO
(*à porta da E.A.*)
Tenham, Vossas Excelências, a bondade de entrar!

ARMANDO
Com a breca! (*esconde-se novamente. Entram o Conde e a Condessa de l'Oiseau*)

CONDE
(*metendo a mão no bolso*)
Eis aí dez francos...

CRIADO
Oh! Sr. Conde, muito obrigado.

CONDE

É quanto devo ao cocheiro. Pague-o e despeça-o. Leve-me só o chapéu. Fico com o sobretudo. Estou um tanto constipado. (*criado sai, um tanto desapontado*)

CONDE

(*um velho sem energia, um verdadeiro banana*)
Eu...

CONDESSA

(*uma senhora de nariz comicamente arrebitado, um buço quase bigode e um gênio a que o marido se submete, humilde, como um deputado em vésperas de eleição*)
O senhor é um imbecil!

CONDE

(*com voz doce*)
Sim, santinha.

CONDESSA

Um banana, um conde banana! (*senta-se no divã*)

CONDE

Banana? Sim, santinha.

ARMANDO

(*pondo a cabeça de fora*)
Bonito! Sentou-se. E papá que não vem!

CONDESSA

O senhor falou?

CONDE

Não, santinha.

CONDESSA

Mas, como eu dizia, o senhor é um idiota, um lesma!

CONDE

Lesma? Sim, santinha.

CONDESSA

Trazer-me numa carruagem daquelas!

CONDE

Eu...

CONDESSA

Não fale! Tenho-lhe asco. (*cospe para o lado, justamente na cabeça de Armando*)

ARMANDO

Porca!

CONDESSA

(*indignada, empurrando o marido*)
Quem é porca?

CONDE

(*pisando o dedo de Armando*)
Eu...

ARMANDO

Ai! Ai! (*recolhe-se, fazendo mexer o divã várias vezes*)

CONDESSA

Não grite!

CONDE

Quem foi que disse que eu gritei?

CONDESSA

E não suspenda o divã.

CONDE

Eu não estou suspendendo nada.

CONDESSA
(*exasperada*)

Não mexa!

CONDE

Não estou mexendo.

CONDESSA

Não mexa o divã. (*levanta-se e dá-lhe uma bofe-tada*) Ai! Eu arrebento. Dê-me água, dê-me água... (*cai, sufocada de raiva sobre a cadeira em que esteve sentada Mme. Renevé*)

CONDE

(*indo à porta da E.A. e deixando o sobretudo sobre o divã*)
Água! Um copo d'água! Oh! Ninguém! (*fica em ansiosa expectativa*)

Cena VII

PERISCOT

(*entrando da D.A., com um pano e um copo, sem reparar em quem está sentada*)

Demorei, madame? Vamos amarrar um pouco este pano ao rosto. (*amarra*) E, depois, Vossa Excelência terá a bondade de bochechar com o álcool que está neste copo. Não é poético, mas é eficaz.

CONDE
(*da porta*)

E não aparece pessoa alguma. (*olhando para a cena, desce*) Oh! Senhor! Esse lenço não lhe faz bem. (*arrebatando o copo das mãos de Periscot*) É preferível dar-lhe água. (*despeja o líquido na boca da Condessa, que o expele*)

PERISCOT

Que é isso? Isso é espírito, é espírito de vinho!

CONDESSA

Miserável! Quis envenenar-me!

CONDE

Eu...

CONDESSA

E quem foi que me amarrou este lenço?

CONDE

Foi este cavalheiro, santinha.

CONDESSA

Ah! Foi? Então tome lá. (*dá uma bofetada em Periscot*)

PERISCOT

Oh! Minha senhora! Mesmo diplomaticamente falando, isto é um insulto!

CONDESSA

Ah! É? Eu sou uma senhora. Se o senhor se julga ofendido, dê uma bofetada em meu marido.

CONDE

Em mim, santinha?

PERISCOT

É o que faço. (*dá uma bofetada no Conde*)

CONDESSA

Se quiser, pode dar outra.

PERISCOT

Com licença. (*dá outra bofetada*)

ARMANDO
(*que viu parte da cena*)

Vou aproveitar a confusão e vou safar-me. (*sai de gatinhas do esconderijo*)

CONDE
(*à mulher*)

Chega?...

CONDESSA
(*a Periscot*)

Chega?...

PERISCOT

Chega. Diplomaticamente falando, estou desafrontado.

CONDESSA

Dê outra, não faça cerimônias. (*Periscot ameaça, o Conde recua e Armando passa, rápido, entre suas pernas*)

CONDE

Ai! Ai! Socorro! Socorro! (*desfalece no braço de Periscot*)

Cena VIII

GENERAL

(*entrando da D.A., acompanhado de convidados, que entram por todas as portas*)
Que é isso? Que é isso?

TODOS

Mas que foi? Que aconteceu?

PERISCOT

(*sacudindo o Conde*)
Meu caro senhor, meu caro senhor...

GENERAL

Não sei se digo bem... Mas eu não entendo o que se passa.

CONDESSA

Meu marido que se sentiu mal de repente. (*meia voz ao marido*) Vamos estafermo, volta... (*alto*) Não foi nada, isso passa. (*vai beliscar o Conde e belisca Periscot*)

PERISCOT

Ai! Ai! Ó cavalheiro, tenha a bondade de ficar bom.

CONDE
(*abrindo os olhos*)

Onde estou eu? Ah! O senhor General? Eu...

CONDESSA

Já expliquei.

CONDE

Sim, santinha.

GENERAL

Sente-se melhor?

CONDE

Eu...

CONDESSA
(*ao General*)

Sente-se, sim senhor, sente-se. (*a todos*) Eu peço perdão a todos por este desagradável incidente. Meu marido é assim... Desculpem...

TODOS
(*desculpando*)

Oh! Oh!...

GENERAL

Oh! Senhora Condessa...

EDITH

Não se deve molestar por isso.

CONDESSA

Ah! Edith. Parabéns, minha pequena, parabéns.

CONDE

Eu...

CONDESSA

Meu marido também a cumprimenta.

EDITH

E eu agradeço de toda a minh'alma. (*ao Conde*)
Sente-se bem?

CONDE

Eu...

CONDESSA

Meu marido está perfeitamente bom.

CONDE

É isso, santinha.

Cena IX

CRIADO

(*da porta, anunciando*)
Senhor General, acabam de chegar os Pierrôs.

GENERAL
Bravos! Que entrem. Será, meus senhores, a nota original desta festa.

ARMANDO
Eu hei de pedir ao papá para fazer parte do "Clube dos Pierrôs".

PERISCOT
Lembrem-se da aposta.

MARGOT, FIFI e VIVI
(umas às outras)
Olha a aposta!

EDITH
Eu não sou esquecida, senhor Periscot.

CRIADO
(anunciando)
Os Pierrôs. *(apagam-se as luzes, sendo o palco iluminado por projeções de cores)*

TODOS
(numa vaga admiração)
Oh!

Cena X

Pierrô (Otávio) e mais cinco Pierrôs, trazendo todos meia máscara preta ao rosto e bandolins às mãos, entram acompanhados de lacaios que empunham varas esguias de onde se dependuram lanternas japonesas. Marcação brilhante.

Música nº 3 – Serenata dos Pierrôs

PIERRÔS

'Desperta
Clareou o dia já.
Alerta!
Alerta, meu amor está!'

PIERRÔ

'Cantar-te quero a canção
Ao pé do teu balcão
Que é um mundo cheio de ideais!
Doce amor, ilusão,
Doce bem de paixão!'

PIERRÔS

'Sai! E, meu bem, me verás
E saberás
Flor de abril
Que te adoro! Sê gentil!
Sai já, sei, sei,
Sai ao teu balcão, que feliz serei!'

PIERRÔ

'Cantar-te quero, etc., etc.
Se não me ma... me matarei!'

TODOS

'Desperta!'

PIERRÔ

'Senão me matarei!'

TODOS

'Senão se matará!'

TODOS
(*batendo palmas*)
Bravos! Muito bem! Muito bem! (*luzes*)

GENERAL
Meu caro Sr. Pierrô, não sei se digo bem, mas sinto-me profundamente satisfeito em poder oferecer-lhe, e aos seus amigos, os meus salões.

PIERRÔ
E eu em felicitá-lo e beijar a mão (*beija*) de *mademoiselle* Edith, pela passagem feliz de mais um aniversário.

EDITH
Muito obrigada.

GENERAL
E, agora, senhores, prossigamos a festa. (*a Pierrô*) Os nossos salões são seus. (*cumprimenta e sai. Periscot dá o braço à Condessa e saem, acompanhados do Conde. Os pares retiram-se valsando. Música dentro. Saem também os cinco Pierrôs e os lacaios*)

Cena XI

PIERRÔ
(*a Edith*)
Vossa Excelência vai dançar?

EDITH
Estou tão fatigada. Preferiria que ficássemos a conversar, aqui, por uns instantes.

MARGOT

Perdoe-me a ousadia, mas se quisesse dar o prazer...

FIFI

Ou comigo...

VIVI

Eu sentir-me-ia feliz...

PIERRÔ

Perdão, *mademoiselles.* Eu não dançarei esta valsa, se me permitirem. (*as três, despeitadas, cortejam Pierrô com a cabeça e vão sair*)

ARMANDO
(*aproximando-se, com o braço em posição de receber uma das damas*)
Nesse caso, eu teria a honra de dançar com uma das três...

MARGOT
(*indignadíssima*)
Ora, não seja tolo! (*sai pela D.A.*)

FIFI
(*a Armando*)
O senhor é um idiota! (*sai*)

VIVI
(*idem*)
O senhor... eu nem sei o que o senhor é! (*sai*)

ARMANDO
(*cômico*)
Tolo, idiota e não sei quê. Eu vou dizer ao papá.
(*sai arrebatadamente pelo F.D.*)

Cena XII

*Pierrô e Edith, depois de rirem da cena que acaba
de se passar, fitam-se. Edith tem subido ao F.*

PIERRÔ
É esquisito! Mas eu não posso explicar o que se
passou agora em mim, quando encontrei os olhos de
mademoiselle.

EDITH
(*graciosa*)
De fato, eles estavam perdidos... A impressão
teria sido má?

PIERRÔ
Mademoiselle, já viu alguém sentir má impressão
por encontrar duas jóias?

EDITH
Quando elas não são falsas... (*vem descendo*)

PIERRÔ
(*aproxima-se um pouco*)
As que encontrei são deliciosamente legítimas.
São dois brilhantes de pura água, capazes de tentar
o mais honesto homem do mundo. Não tem medo
que lhos roubem?

EDITH

Não. Seria preciso levar também a vitrine e, isso, compreende, dificulta.

PIERRÔ

Mademoiselle é encantadora!

EDITH

É muito amável o senhor... Como hei de chamá-lo?

PIERRÔ

Pierrô.

EDITH

Pierrô? Preferia chamá-lo pelo nome...

PIERRÔ

Meu nome, *mademoiselle*, é como o coração feminino, um mistério...

EDITH

Se soubesse como eu sou curiosa...

PIERRÔ
(*irônico*)

Calculo, *mademoiselle*, é mulher...

EDITH

Gostaria de saber como e por que nasceu a ideia de um clube de tamanha excentricidade, como o dos Pierrôs... (*senta-se*)

PIERRÔ

Para isso mesmo: para explorar a curiosidade feminina.

EDITH

Como assim?

PIERRÔ

Imagine que um dos nossos Pierrôs houvesse amado. O velho tema, uma coisa de todos os dias: um rapaz brasileiro em viagem pela Europa; uma praia de banhos; uma menina lírica, dona de uns olhos que encantavam.

EDITH

Eram pretos?

PIERRÔ

Eram, assim como os de *mademoiselle*, segundo ouvi dizer. O Pierrô, rapaz alegre, como os seus vinte e cinco anos, chegou justamente no dia em que *mademoiselle* deixava o hotel de banhos.

EDITH

Ela era nova?

PIERRÔ

Tinha a idade encantadora de *mademoiselle*. Bem, Pierrô viu-a e amou-a, como nos romances.

EDITH

Então ela era bonita.

PIERRÔ

Bonita? Era de uma beleza radiosa! Era linda como *mademoiselle*. Mas, Pierrô, moço rico, habituado a comprar corações e cavalos de corridas, não hesitou e, levianamente, depois de indagar a residência da pequena, escreveu-lhe uma carta, pedindo-a em casamento e, por força do hábito, levianamente declarou a quanto importava a sua fortuna.

EDITH
(*interessada*)

E a resposta?

PIERRÔ

Foi simples, mas categórica: "Não sou mercadoria."

EDITH

É interessante. Comigo já se deu fato idêntico. Mas, afinal?

PIERRÔ

Esse Pierrô apaixonado resolveu vencer pela curiosidade quem não se deixou vencer pela sua grande fortuna.

EDITH

E fundou o "Clube dos Pierrôs" na esperança de que a dama, presa de grande curiosidade, o fizesse tirar a máscara, não é assim?

PIERRÔ

Justamente.

EDITH

E esse rapaz... voltou para o Brasil?

PIERRÔ

Não. Fundou o Clube e, dias depois, vítima de uma tuberculose, morreu. Seus amigos, então, resolveram continuar com o "Clube dos Pierrôs". Uma homenagem àquela alma grande como a sua terra natal.

EDITH

É original. Eu também, como lhe disse, recebi, há tempos, uma carta nos termos da que me contou. Queimei-a e respondi da maneira por que foi respondida a de seu amigo.

PIERRÔ

Não tenha remorsos. Não foi *mademoiselle* a causadora da derrocada de meu amigo. Eu conheci quem ele amou. Morreu também.

EDITH

Oh! Conversemos em coisas mais alegres.

PIERRÔ

Como quiser... *Mademoiselle* impressionou-se. E se aparecesse o autor da carta que lhe foi dirigida, *mademoiselle*, seria capaz de perdoá-lo?

EDITH
(*depois de pequena pausa*)

Não. Odeio esse homem que, felizmente, não conheço. Deve ser profundamente grosseiro. Nunca meu amor-próprio sofreu tanto, como no dia em que recebi aquela carta!

PIERRÔ

Bem. Mudemos de assunto. Não acha que a noite está encantadora?

EDITH

(*indo para o F., ver o luar*)

Deliciosa. A lua prateia as folhagens do jardim, e elas, tocadas pelo vento, parecem ciciar segredos umas às outras.

PIERRÔ

E devem ser segredos de amor. Eu ouço distintamente estalidos de beijos passarem adejantes nas asas da viração. Que noite encantadora, *mademoiselle*. Parece feita de amor, só de amor!

Música n.º 4 - Dueto

PIERRÔ

(*como num sonho*)

'Quando em noites de luar
Cheias de estrelas radiosas,
Quando sobe pelo ar
A suave alma das rosas,
E as folhas dos arvoredos,
Rociadas na luz do luar,
Confiam às brisas segredos
De seus amores
É bom cismar!...'

PIERRÔ *e* EDITH

'O amor, ó pobre amiga,
É um doente caprichoso
Só ama o que não tem

E o que se foi ligeiro
Só o primeiro beijo
É suave e voluptuoso,
Os outros beijos são
Fantasmas do primeiro.

Mentira! Mentira!
Mentira de poeta.
O Cupido atira
Seguro a sua seta,
E amor, sinceramente,
Dura sempre eternamente!'

EDITH
'Nestas noites deliciosas
Em que sob a luz do luar
Os ventos desfolham rosas
E as rosas perfumam o ar,
Como o perfume das flores,
Nossas almas põem-se a vagar
E sonhos embriagadores
Vêm, vêm nos dar
Ânsia de amar!' (*vai de A. a B.*)

PIERRÔ
(*excitadíssimo, num transporte, como quem vai
fazer uma declaração*)
Edith!

EDITH
(*enlevada, como quem espera uma declaração*)
Pierrô!...

PIERRÔ
(*polido, mas friamente*)
Vamos dançar?

EDITH
(*idem*)

Vamos!

Música

(*saem valsando pela D.A.*)

Cena XIII

PERISCOT
(*entrando de braço com Mme. Renevé*)
Dou-lhe a minha palavra de honra, minha senhora. Diplomaticamente falando, enganar o marido não tem importância alguma.

MME. RENEVÉ
Oh! Senhor Periscot!

PERISCOT
Se Vossa Excelência, depois de cometido o doce pecado, atirar-se aos braços da primeira amiga que encontrar – as pernas claudicantes, os lábios, esses lábios de cereja – trêmulos e brancos, e, muito pálida, muito nervosa, num dilúvio de pranto, exclamar, jogando os braços para o ar numa exuberância trágica de gestos largos: "Meu Deus! Enganei meu marido!!!" – de fato é grave. Mas, se Vossa Excelência, num sorriso cheio de reticências maliciosas em cada pérola do colar formado por esses dentinhos brancos, chegar e disser: "Minha amiga, enganei meu marido..." Tem importância? Não. Até tem graça. (*ri*)

MME. RENEVÉ
(*ri*)
Talvez, talvez. Mas isso que o senhor exige...

PERISCOT
Nada de mais. Apenas, às escondidas de seu muito ilustre marido, Vossa Excelência ir ao Baile *"Masqué"* a realizar-se no "Clube dos Pierrôs", daqui a oito dias... Vossa Excelência fará a fineza de dizer-me a maneira que irá fantasiada, para eu a conhecer e passaremos algumas horas agradáveis, sem compromissos de espécie alguma.

MME. RENEVÉ
Pois bem, irei.

PERISCOT
Oh! Muito obrigado. Se não fosse o grande respeito que tenho por Vossa Excelência, eu era agora, depois da sua resposta, capaz de beijá-la assim... (*beija-a*) Assim...

Cena XIV

MARGOT
(*à porta da D.A. escandalizada*)
Oh!

MME. RENEVÉ
(*assustada*)
Mademoiselle Margot! (*sai precipitadamente pelo F.D.*)

Cena XV

MARGOT
(*entrando*)
Creio que fui indiscreta. Creia que foi sem querer, Sr. Periscot.

PERISCOT
Oh! *Mademoiselle*, por quem é? Diplomaticamente falando, um beijo não tem importância. Se eu fosse um bruto e beijasse madame assim (*beija-a brutalmente*) seria grave. Mas, diplomaticamente, o beijo não é mais que *"un point rose sur l'i du verbe aimer"*... Assim, *mademoiselle*... (*beija-a demoradamente*)

Cena XVI

CONDE
(*escandalizado estacionando à porta*)
Oh!

MARGOT
O Conde de l'Oiseau! (*sai precipitadamente pelo F.E.*)

CONDE
(*entrando do F.D.*)
O senhor é um homem verdadeiramente feliz! Namora, enquanto eu estou doido para divorciar-me.

PERISCOT
Divorciar-se? O divórcio, meu caro senhor, é uma iniquidade!

CONDE

O senhor é casado?

PERISCOT

Não, sou viúvo.

CONDE

Ah! Logo vi. O senhor não pode imaginar o que seja a minha vida!

PERISCOT

Pois eu, quando casado, vivi deliciosamente.

CONDE

Porque o senhor não foi casado com a minha mulher.

PERISCOT

Felizmente!

CONDE

Ah! Se eu pego um pezinho para o divórcio...

PERISCOT

Divorcia-se?

CONDE

Vivo, meu caro senhor, vivo. Por enquanto, eu sou um homem morto.

PERISCOT

Talvez falta de energia. Vê-se que o senhor é um "condescendente".

CONDE

Perdão. Dentes eu tenho. Possuo até uma ótima dentadura.

PERISCOT

Mas eu não disse que o senhor não tinha dentes.

CONDE

Eu sou conde. O senhor disse que eu era um conde sem dente...

PERISCOT

Não foi isso. Um condescendente, um bom, um tolerante...

CONDE

Ah! (*outro tom*) eu estou cheio de sede! O senhor podia indicar-me o *buffet*?

PERISCOT

(*levando-o para a porta*)

Pois não. Olhe, é por aqui. (*saem pelo F.E.*)

Cena XVII

MONSIEUR RENEVÉ

(*ao criado que entrou adiante*)

Dê-me esse bilhete!

CRIADO

Perdão, meu caro senhor!

Monsieur Renevé

(segurando-o pelo braço, com violência)

Qual perdão, qual nada! *(arrebata-lhe o bilhete da mão, abre-o e lê)* Irei ao Baile dos Pierrôs. Fantasia para ambos: Dominó preto. Eu levarei um laço branco ao ombro! *(amarrotando o bilhete e arremessando-o ao chão)* Miserável! *(ao criado)* A quem foi que a minha mulher mandou que entregasses o bilhete?

Criado

Perdão, *Monsieur* Renevé...

Monsieur Renevé

Quem irá ao baile, serei eu! *(ao criado)* Nem uma palavra! *(acompanhando um pensamento)* Ela irá de dominó preto com um laço branco ao ombro. Eu levarei um laço cor-de-rosa. Hei de pilhar os dois em flagrante e estrangulá-los! *(sai arrebatadamente pela E.A.)*

Cena XVIII

Criado

(abaixa-se e apanha o bilhete. Vendo Periscot que entra)

Senhor Periscot...

Periscot

Não é preciso dizer. Vi tudo dali. Mme. Renevé mandou que tu me entregasses um bilhete. Seu marido, o senhor Renevé, viu, acompanhou-te, leu o bilhete e prometeu estrangular-nos.

CRIADO

Nesse caso, Vossa Excelência não irá ao baile. Quer que avise madame?

PERISCOT

Seria pior. Vou ao baile de dominó preto e um laço branco ao ombro, como madame. Divertir-me-ei. É claro que eu deveria levar um outro laço, mas assim talvez possa salvar Mme. Renevé das iras de seu terrível marido. (*o criado cumprimenta e sai pelo F.E.*) Vem gente. Rasgar, é um vestígio. Guardar, Musette pode encontrá-lo. (*vendo o sobretudo do Conde sobre o divã*) Ah! Escondamo-lo aqui. (*esconde o bilhete no bolso do sobretudo*) Depois virei buscá-lo para queimar.

Cena XIX

CONDESSA

(*entrando na ocasião que Periscot vai sair*)
Senhor Periscot, não viu meu marido?

PERISCOT

Foi ao *buffet*. Com licença. (*sai pela E.A.*)

Cena XX

CONDESSA

(*chamando*)
Oh! Senhor Conde! Senhor Conde! (*senta-se no divã*) Senhor Conde! (*reparando no sobretudo e ven-*

do a ponta do bilhete) Que é isto, aqui, no sobretudo de meu marido? (*tira o bilhete, abre-o; levantando*) Que é isto? Um bilhete marcando uma entrevista? Vou esbofeteá-lo. (*refletindo*) Não. Visto um dominó preto, ponho um laço de fita branca ao ombro e irei ao baile! Infame! (*toma cena à D.*)

CONDE
(*assomando à porta do F.E.*)
Minha mulher...

CONDESSA
(*lendo o bilhete*)
"Irei ao baile dos Pierrôs. Fantasia para ambos: dominó preto. (*amarrotando o bilhete e repetindo as últimas palavras*) Eu levarei um laço branco ao ombro."

CONDE
(*da porta*)
E eu, um laço cor-de-rosa. Minha mulher tem um amante! Pilharei os dois e eis a prova para o divórcio. (*entrando*) Oh! Estavas aí?... (*desce; amável, disfarçando*)

CONDESSA
(*escondendo o bilhete no seio; aparte*)
Simulemos. (*alto, muito amável*) Estava justamente à tua espera, meu amor.

CONDE
É, meu anjo? (*aparte*) Como ela está!

CONDESSA
É, meu coração! (*abraça-o*)

Cena XXI

EDITH

(*entrando pelo braço de Pierrô e vendo-os*)
Bravos! Gosto de vê-los assim.

PIERRÔ

O amor não envelhece...

CONDE

Perdão. Eu não sou tão velho assim!

Cena XXII

GENERAL

(*entrando do F.D.*)
Ainda bem que os encontro. Já mandei avisar todos os convidados, para a surpresa preparada pelo "Clube dos Pierrôs" em homenagem à curiosidade feminina.

EDITH

A "Dança do Segredo" será a nota *chic* da festa.

PIERRÔ

A nota, não digo, mas a prova...

GENERAL

Aí vêm os convidados.

Cena XXIII

Todos os personagens do Ato e Coro Geral ao F. e D.A.

Música nº 5

CONVIDADOS
(entrando)
'Senhor General
Qual a novidade
Desta festa ideal?'

PIERRÔ
'A curiosidade feminina
Quero provar.'

GENERAL
'É uma surpresa genuína
Que ides gozar.'

EDITH
'A dança do segredo
A dança da surpresa.'

CORO
'Que venha, não é cedo,
Deve ser uma beleza!'
*(música para bailados. Bailarinas entram,
trazendo às mãos uma caixinha. Depois de alguns
compassos, Edith, Margot, Fifi e Vivi abrem, cada
uma, as referidas caixinhas, de onde saem pombos)*

Ensemble

CORO GERAL
'Que coisa linda!
Oh! Que surpresa!
É uma beleza!
Que a festa finda,

Tem, por certo, muito tic
É distinto e muito *chic!*'

PIERRÔ
'Eis, com lealdade
A prova o diz bem
Que curiosidade
Que as senhoras têm!'

EDITH, MARGOT, FIFI *e* VIVI
'Ai, não foi possível resistir
Fez-me, força incrível,
A caixinha abrir!'

PANO

ATO SEGUNDO

*A cena representa o bar do "Clube dos Pierrôs",
ao ar livre. Ao centro, um pequeno lago com um re-
puxo. Estátuas, que, no fim do Ato, serão substituídas
por bailarinas, ostentando-se em pedestais, em torno
do lago. Aos lados, mesas e cadeiras de vime. Ao F., a
copa, entre árvores. Iluminação a lâmpadas de cores. É noite.*

Cena I

CORO DE PIERRÔS *e* COLOMBINAS
*(eles, o pé direito sobre as cadeiras, bandolins em
punho. Elas, em pé sobre as mesas e cadeiras,
movendo os braços de um lado para o outro, ao
compasso da música)*

Música n.º 6 – Serenata dos Pierrôs

(todos em coro)

Cena II

Pierrô entra aos ombros de Walter e de um sócio do Clube, eles também vestidos de pierrôs.

Todos
Viva Pierrô! Viva Pierrô!

Pierrô
Obrigado, muito obrigado! Vejo que estão alegres. A ordem hoje é prazer!

Todos
Viva Pierrô! Viva o prazer! (*saem, entoando os últimos versos da Serenata*)

Cena III

Pierrô
Meu caro Walter, estou contentíssimo!

Walter
Acredito.

Pierrô
As coisas vão como eu quero. Há oito dias, estive num baile em casa do pai de Edith, a pequena dos olhos que exercem sobre mim a fascinação das Circes de Homero aos incautos navegadores do Mar Egeu. Sabes que, por ela, fundei o nosso Clube. Conheces a história deste amor que nasceu, num relance, numa praia de banhos...

WALTER

E que a tua imprudência matou como um bárbaro curdo.

PIERRÔ

Isso. Mas o meu plano vai surtir o efeito desejado. Edith morre de curiosidade. O seu amor-próprio levou-a a apostar que me fará tirar a máscara.

WALTER

Bravos! Mas é preciso cuidado. A mulher é como o cristal... Se demonstrares muito amor...

PIERRÔ

Achas então?...

WALTER

Que deves, meu caro Otávio, dissimular com habilidade. Provoca-lhe ciúmes, se for possível. O seu amor-próprio protestará e a vontade de vencer será maior.

PIERRÔ

Muito bem! Vou seguir o teu conselho. Edith tem feito tudo para ganhar a aposta. Há oito dias que vem ver-me, insistindo para...

WALTER

Aí vem alguém.

PIERRÔ

É ela...

WALTER

Deixo-te a sós. Cuidado. (*sai pela E.*)

Cena IV

EDITH

(*entrando*)

Pensavas em mim?

PIERRÔ

(*numa expansão de alegria*)

Oh! Edith! (*reprimindo-se. Friamente*) Pensava.

EDITH

Ainda bem. Há oito dias que te ouço dizer que não fazes outra coisa, senão pensar em mim.

PIERRÔ

De fato. Eu sou um homem que se preocupa com as coisas mínimas. Imagina que já passei uma noite inteira a pensar no modo pelo qual havia de dar o laço numa gravata nova...

EDITH

Mas isso é uma insolência.

PIERRÔ

Perdão, Edith. Isto é, apenas, a síntese do meu eu. (*pequena pausa*) Mas, agora, reparo. Estás encantadora dentro dessa deliciosa Colombina...

EDITH

Achas?

PIERRÔ

Se me dás licença...

EDITH

Dou. Licença é uma coisa que custa tão pouco a dar...

PIERRÔ

Nesse caso, eu ouso pedir-te licença para um beijo.

EDITH
(*vivamente*)

Não! Nunca se pede licença para beijar uma dama. Já viste, por acaso, a falena pedir permissão à flor para sugar-lhe o mel?...

PIERRÔ

Já sei! Deve-se roubá-lo.

EDITH

Devagar. Deve-se esperar que a dama nos entregue os lábios.

PIERRÔ

E tu?

EDITH

Tenho-os aqui. São teus! Estão à espera de teus beijos, como as flores aos ósculos das borboletas.

PIERRÔ

Edith. (*aproxima-se. Vai beijá-la*)

EDITH
(*recua vivamente*)
Espera. Tu já viste alguma borboleta mascarada?

PIERRÔ

Edith!

EDITH
Tira a máscara. Aqui tens meus lábios, Pierrô. Mas eu não posso beijar um homem que não conheço. És elegante, tuas maneiras seduzem, mas teu rosto é um mistério. Tira a máscara e beija-me.

PIERRÔ
(*leva a mão à máscara num ímpeto*)

Música n.º 7

'Teus lábios de carmim
Quero beijar!'

EDITH
'Aqui os tens, assim
Para tos dar!'

PIERRÔ
'Deixa beber
Deixa sorver
A ambrosia
Dos lábios teus!'

EDITH
'Aqui os tens
Por que não vens?
Vamos, sacia
Os lábios meus.'

Os dois
'Os beijos, vertigens loucas
Disse alguém numa canção
Desfolham vagas
Pétalas de rosas nas bocas
Mas abrem chagas
No coração!'

Pierrô
'Teus lábios de carmim, etc.'

Edith
'Aqui os tens, assim, etc.'

Pierrô
'Deixa beber, etc.'

Edith *e* Pierrô
'Aqui os tens, etc.'

Edith
Vem, tira a máscara e beija-me.

Pierrô
(*leva, num ímpeto, a mão à máscara*)

Cena V

Margot
(*entrando*)
Procurava-o. Quer dar-me o prazer desta valsa?

Edith
Pierrô!

PIERRÔ
(depois de ligeira indecisão)
Pois não, *mademoiselle. (sai valsando)*

Cena VI

EDITH
(colérica, a Armando que entra da D.)
Vamos dançar!

ARMANDO
Pois não. *(dá-lhe o braço)*

WALTER
(entrando da E. a Edith)
Mademoiselle, dá-me a honra?...

EDITH
Com todo prazer! *(larga o braço de Armando e sai valsando com Walter)*

Cena VII

MARGOT
(entrando, a Armando)
Estás só?

ARMANDO
Estou.

MARGOT
Sabes que gosto de ti?

ARMANDO

Eu vou dizer ao papá.

MARGOT
(*dá um muxoxo*)

Vamos dançar?

ARMANDO

Vamos. (*preparam-se*)

Cena VIII

GENERAL
(*entrando da E.*)

Não sei se digo bem, *mademoiselle*? (*faz o gesto de dar-lhe o braço*)

MARGOT

Pois não! (*deixa Armando e sai valsando com o General*)

ARMANDO
(*indignado*)

Com a breca!

Cena IX

ARMANDO
(*a Fifi, que entra da D.*)

Vamos dançar. (*enlaça-a e vai sair dançando para a E.*)

UM SÓCIO
(*da E.*)

Peço perdão, mas *mademoiselle* está comprometida.

FIFI

É verdade. (*Sócio e Fifi saem dançando*)

Cena X

GARÇOM
(*rindo*)

Ah! Ah! Ah!

ARMANDO

Ah! Ah! Ah! Pílulas.

GARÇOM

Queira perdoar-me, mas Vossa Excelência esteve de uma infelicidade...

ARMANDO

Viu? A que atribui a minha falta de sorte?

GARÇOM

Talvez à falta de fantasia. A mulher gosta dessas coisas. Depois, o baile é *masqué*.

ARMANDO

É verdade. Dei "rata", vindo assim.

GARÇOM

Se Vossa Excelência quiser, eu poderia arranjar-lhe uma fantasia.

ARMANDO

Onde está ela?

GARÇOM

Lá dentro. É um rico dominó preto com um laço cor-de-rosa no ombro... Custa-lhe apenas vinte francos.

ARMANDO

Apenas? Agora não tenho trocado.

GARÇOM

Queira Vossa excelência entrar por aqui. Peça ao chefe do vestuário, ali. (*Armando sai pelo F.E.*)

Cena XI

MONSIEUR RENEVÉ
(*entrando de dominó negro, com um laço cor-de-rosa, máscara levantada*)
Garçom! Ó Garçom!

GARÇOM

Às suas ordens. (*admirado*) Oh!

MONSIEUR RENEVÉ

De que te admiras?

GARÇOM

Nada.

MONSIEUR RENEVÉ

Já sei. Viste alguém com uma fantasia igual a esta?

Cena XII

PERISCOT
(*à porta, de dominó e um laço branco,
máscara levantada*)
Está ali *Monsieur* Renevé. Divirtamo-nos.

GARÇOM
Eu afirmo…

MONSIEUR RENEVÉ
E não viste também uma dama de dominó preto
e um laço branco ao ombro?

GARÇOM
Eu?

PERISCOT
(*desce. Aparte*)
É a hora. (*alto, em falsete*) Que calor!

MONSIEUR RENEVÉ
(*baixando rapidamente a máscara; aparte*)
Ela! (*alto*) Ah! És tu!

PERISCOT
(*falsete*)
Sim, sou eu.

MONSIEUR RENEVÉ
(*aproxima-se*)
Queres beber?

PERISCOT

Champanhe.

MONSIEUR RENEVÉ
(*ao garçom*)

Traze champanhe. (*Garçom curva-se e sai ao F.*)

PERISCOT

Pensei que não viesses, meu amor.

MONSIEUR RENEVÉ
(*nervoso*)

Por que disfarças a voz?

PERISCOT
(*vai sentar-se à E. da mesa E.*)

Precaução e água benta... O estúpido do meu marido deu agora para ter ciúmes!

MONSIEUR RENEVÉ

O estúpido?! Ah! É verdade! É muito estúpido. Sentemo-nos.

GARÇOM

Pronto, o champanhe.

PERISCOT

Serve isso depressa, que eu estou doida por tomar uma "lambada".

MONSIEUR RENEVÉ
(*escandalizado*)

Uma lambada!

PERISCOT

Dá-me um cigarro!

MONSIEUR RENEVÉ

Tu fumas cigarros?!

PERISCOT

Até charutos. (*Garçom sai pelo F.*) Então, à nossa. (*chocam-se as taças. Bebem. Periscot joga uma perna para o colo de* Monsieur *Renevé*) Enche isto. (*apresenta a taça*) Gosto disto que tu não imaginas. (*noutro tom*) Mas tu pareces que esperas por alguém.

MONSIEUR RENEVÉ

Por ele. Pelo miserável!

PERISCOT

Pelo miserável?!

MONSIEUR RENEVÉ

Quero dizer... pelo garçom, para pagar.

PERISCOT

Deixa isso para depois. Vamos rebolar num tango.

MONSIEUR RENEVÉ

Rebolar?!

PERISCOT

Vem. Vamos cair na pândega.

MONSIEUR RENEVÉ

Pândega?! (*aparte*) Eu arrebento. (*saem de braço pela D.M.*)

Cena XIII

ARMANDO
(*entrando do F.E., sem máscara, ao garçom*)
Fica-me bem?

GARÇOM
É uma luva! E os vinte francos?

ARMANDO
Eu os darei daqui a pouco. Não tenho trocado.
(*colocando a máscara*) Vou pedir ao papá.

GARÇOM
Às ordens de Vossa Excelência. (*sai pelo F.*)

Cena XIV

CONDESSA
(*entra da E.M., baixando a máscara; aparte*)
Aí está o sem-vergonha. (*alto*) Tardaste. Tua mulher tem ciúmes?

ARMANDO
Minha mulher? Eu sou solteiro.

CONDESSA
(*com intenção*)
Ah! És solteiro? Queres sentar-te?

ARMANDO
Sentemo-nos. (*senta*)

CONDESSA

Vamos. Diga alguma coisa.

ARMANDO

Alguma coisa?

CONDESSA

Sim, bandido, alguma coisa, miserável! (*levanta*) És fino, mas eu sou mais. (*tirando a máscara*) Eis-me aqui! E agora, tira a máscara que quero cuspir-te no rosto.

ARMANDO

É louca! Socorro! Socorro!

GARÇOM
(*entrando do F.*)

Que é isto?

CONDESSA
(*arrancando a máscara de Armando*)

Bandido! (*vendo o engano*) Oh! Não é. Perdoe-me. O senhor não é, mas ele está aqui. Ah! Suo frio! (*passa a mão no guardanapo do garçom e limpa o rosto, sujando-se*)

GARÇOM
(*para impedir*)

Minha senhora, agora mesmo segurei com ele uma frigideira.

ARMANDO

Ah! Ah! Ah!

CONDESSA

Que é?

GARÇOM

Vossa Excelência limpou-se no guardanapo sujo de fundo de panela!

ARMANDO

Está toda preta!

CONDESSA
(*indignada*)
Ah! Estou. Toma! (*dá uma bofetada no garçom*)

GARÇOM

Oh! Minha senhora!

CONDESSA

Perdão, eu sou uma dama. Se quiser, esbofeteie este cavalheiro.

ARMANDO
(*protestando*)
Isso é que não!

CONDESSA

Então, tenha paciência. Eu vou procurar meu marido e, logo que o encontre, o trarei à sua presença.

GARÇOM

Às ordens de Vossa Excelência.

CONDESSA
(*a Armando*)
Vamos.

ARMANDO
Onde?

CONDESSA
(*puxando-o*)
Procurá-lo. (*saem pela D.A.*)

GARÇOM
(*acompanhando-os até a saída, a Armando*)
Não se esqueça dos vinte francos.

Cena XV

CONDE
(*entrando da E.M., de máscara levantada*)
Ali vão os dois! Ah! Velha traidora! Pego-te com a
boca na botija! (*desce a máscara e vai segui-los*)

GARÇOM
(*cercando-o*)
Oh! Vossa Excelência...

CONDE
Deixa-me passar!

GARÇOM
Perdão. Nós costumamos cobrar as bebidas nos
dias de festa e dar o resultado ao Asilo de Órfãos.

CONDE
(*inquieto, querendo passar*)
Mas que tenho eu com isso?

GARÇOM
Perdão. Vossa Excelência esqueceu de pagar o champanhe.

CONDE
Champanhe?! Eu não tomei champanhe algum!

GARÇOM
Peço perdão. Vossa Excelência tomou champanhe. Pediu-me a mim próprio.

CONDE
Eu?!

GARÇOM
Sim, Vossa Excelência.

CONDE
Estás doido!

GARÇOM
(*segurando-o*)
Tenha paciência! Isso não é de cavalheiro. Vossa Excelência paga os trinta mil francos do champanhe, ou eu faço escândalo.

CONDE
(*indignado*)
Biltre! Cachorro! (*pagando*) Toma lá.

GARÇOM
(*malicioso*)
Vossa Excelência queria ver se passava...

CONDE
Passava o diabo que o carregue. (*sai pelo F.D.,
indignadíssimo. Garçom sai contando o dinheiro*)

Cena XVI

PIERRÔ
(*da E., de braço com Margot*)
Vossa Excelência é admirável.

MARGOT
É o meu fraco. Tenho pela dança uma paixão!

EDITH
(*entrando da E.M., ouve as últimas palavras.
Aparte*)
Paixão.

PIERRÔ
(*levando Margot para o F.*)
Pois eu sou um dos seus mais ardorosos amantes...

EDITH
(*aparte*)
São amantes!

PIERRÔ
(*reparando em Edith*)
Oh! Estavas aí?

MARGOT

Tratam-se por tu. As coisas vão adiantadas.

EDITH

(*sem poder esconder o seu despeito*)

Continue. Não quero perturbar o idílio. Retiro-me.
Há também no salão quem me admire.

PIERRÔ

(*traindo-se, deixa Margot, avança, segurando-a*)

Edith!

MARGOT

E esta? Vou procurar Armando. É dele que eu
gosto. (*sai pela D.M.*)

Cena XVII

EDITH

Deixe-me! (*desce e vai para perto da mesa à D.B.*)

PIERRÔ

Edith, eu te amo!

EDITH

O senhor é um açambarcador de paixões. Não
faz outra coisa senão amar. Deixe-me.

PIERRÔ

Eu te juro, minha querida Edith, que és a única
criatura por quem meu coração palpita.

EDITH

Agora há pouco ainda, o senhor se confessava um dos mais ardorosos amantes de Margot!

PIERRÔ

Eu?!

EDITH

Sim, o senhor! Eu ouvi.

PIERRÔ

Não me trates por senhor, Edith. Ouviste mal. Falávamos de danças. Amante de danças, era o que eu dizia.

EDITH
(alegre)

Jura?...

PIERRÔ

Juro pelos teus lindos olhos. Eu te amo, Edith. Somente tu, com teu rosto de criança, com essas mãozinhas fidalgas, cujas unhas rosadas lembram pétalas de rosas, somente tu me inspiras este afeto, este amor, esta paixão que me domina! *(saem enlaçados, para o salão)*

Cena XVIII

Monsieur Renevé e Condessa entram por lados diferentes, de máscara levantada, mas ao se perceberem a abaixam.

CONDESSA
(*aparte*)

Ele!

MONSIEUR RENEVÉ
(*idem*)

Ela! (*encaram-se*)

CONDESSA

Tu desapareceste de repente.

MONSIEUR RENEVÉ

A confusão que se estabeleceu nos salões. Perdi-me. (*outro tom*) E o beijo?

CONDESSA

Que beijo?

MONSIEUR RENEVÉ

O beijo que tu me disseste que darias?

CONDESSA

Eu?!

MONSIEUR RENEVÉ

Sim, depois que tomamos champanhe juntos, ali naquela mesa, fomos para a sala, e então...

CONDESSA
(*colérica*)

Basta, miserável! Com quem, então, tomaste champanhe, com a tua amante? Arranca a máscara, Conde!

MONSIEUR RENEVÉ

Conde! Enganas-te, Madame Renevé, estás à frente de teu marido. (*levantam ambos, num gesto, a máscara*)

CONDESSA

Monsieur Renevé!...

MONSIEUR RENEVÉ

A Senhora Condessa!...

CONDESSA

Eu pensei que o senhor fosse meu marido!

MONSIEUR RENEVÉ

E eu, que a senhora fosse minha mulher!...

CONDESSA

Matei! Meu marido é o amante de sua mulher!

MONSIEUR RENEVÉ

Eu não conheço seu marido bem. Ouvi falar dum tal Periscot.

CONDESSA

Qual, Periscot! (*olhando para a E.*) Ali vai um dominó preto, com um laço branco ao ombro. É a sua mulher.

MONSIEUR RENEVÉ

Vamos segurá-la. (*baixam as máscaras. Saem*)

Cena XIX

GARÇOM
(*do F., correndo até a porta e segurando
Monsieur Renevé por um braço*)
Perdão, meu caro senhor, mas já é tempo de pagar-me os vinte francos!

MONSIEUR RENEVÉ
(*tentando desvencilhar-se*)
Deixa-me. Que vinte francos?

GARÇOM
(*puxando-o para o meio da cena*)
Do aluguel...

MONSIEUR RENEVÉ
Que aluguel, animal?

GARÇOM
(*atrapalhando-se*)
Do animal... Quero dizer, do dominó.

MONSIEUR RENEVÉ
(*levantando a máscara*)
Que dominó, imbecil?

GARÇOM
(*vendo que se enganou*)
Peço-lhe mil perdões. Enganei-me. É o outro.

MONSIEUR RENEVÉ
Outro! Qual outro?

GARÇOM

Palavra de honra! Isto é uma trapalhada. Às ordens de Vossa Excelência. (*sai pelo F.*)

Cena XX

CONDE

(*entrando do F., e vendo* Monsieur *Renevé de costas*)
Ali está o amante de minha mulher. (*baixando a máscara*) Senhor!

MONSIEUR RENEVÉ
(*baixando a máscara e voltando-se*)
Oh!

CONDE
(*aparte*)
Está com medo. (*alto, elevando a voz*) Escusa fingir-se admirado. Sei tudo. Quero bater-me!

MONSIEUR RENEVÉ
Pois tem a coragem?

CONDE
Quero matá-lo, como a um cão!

MONSIEUR RENEVÉ
És audacioso! Pois eu, hei de espetar-lhe a espada, como quem espeta um porco!

AMBOS
À espada! Vou buscar as armas! (*cada um sai para um lado*)

Cena XXI

MARGOT

(*entrando da D.M., pelo braço de Armando*)
Custou, mas te encontrei. Onde arranjaste essa fantasia?

ARMANDO

Aqui.

MARGOT

Fica-te muito bem! (*olhando-o com insistência*)
Armando, és um bonito rapaz!

ARMANDO
(*envergonhado*)
Se o papá sabe!

MARGOT
Olha, eu estou gostando de ti...

ARMANDO

De mim?

MARGOT
Sim. Por que não casas comigo?

ARMANDO
Casar, para quê?

MARGOT
Para... casar.

ARMANDO

E depois?

MARGOT

Depois, quê?

ARMANDO

Depois de casado, como é?

MARGOT

Ora! Tu, muito carinhoso, muito meigo, sempre ao meu lado, na nossa casinha muito simples, muito ao longe. Um jardinzinho, onde as rosas se entrelacem, corando ao repenicado estalar de nossos beijos. Depois, um bebê.

ARMANDO

Um bebê?!

MARGOT

Sim, um bebê muito gordo, muito bonito, com uns olhos pretos, assim como os teus.

ARMANDO

Não. Castanhos, como os teus!

MARGOT

Pretos!

ARMANDO

Está bem! Um olho preto e outro castanho.

MARGOT

Que ingenuidade! Queres casar?

Música n.º 8 - Dueto

ARMANDO
'Eu gosto muito de casar
Mas não me vais assim, perder.
E o meu papá?... Eu vou gostar,
O teu amor me vai vencer!'

MARGOT
'Do teu paizinho, amiga sou,
Amiga até do coração,
Mas o rapaz que ele arranjou,
Não é rapaz... é tentação!'

ARMANDO
'Mas o rapaz que ele arranjou
Não é rapaz... é tentação!' [*Bis*]

MARGOT
'Um beijo só, pra tua Margot!'

ARMANDO
(*esquivando-se*)
'Não pode ser! Não pode não!
Não me desgraça! Eu, virgem sou!'

MARGOT
(*corre em perseguição de Armando, beijando-o*)
Afinal!

Cena XXII

MONSIEUR RENEVÉ
(*entrando do F., de espada em punho, a Armando*)
Aqui estou, senhor! Em guarda!

ARMANDO

Hein?!

MARGOT

Que é isso?

MONSIEUR RENEVÉ

O sedutor de minha mulher! Em guarda!

ARMANDO
(*correndo a Margot*)

Desgraçada! Eras casada e não me dizias nada! Ai! Ai! Socorro! Socorro! (*segura Margot e faz dela seu escudo*)

MONSIEUR RENEVÉ

Covarde!

ARMANDO

Socorro! Socorro!

Cena XXIII

GARÇOM

Que é isso? (*segura* Monsieur *Renevé levando-o para F.E.*) Que é isso? Calma! Calma!

MONSIEUR RENEVÉ

Deixa-me! Deixa-me! (*sai pelo F.E.*)

MARGOT

Mas que foi isso, Armando?

ARMANDO

Não quero prosa. Tu és casada. Vou procurar papá. (*vai sair*)

Cena XXIV

CONDE

(*à porta, de espada em punho*)
Para trás, miserável! Não contavas mais comigo?

MARGOT

Outro?

CONDE

É o sedutor de minha mulher!

ARMANDO

Outro marido? Pelo que vejo, não fizeste outra coisa senão casar.

CONDE

Levanta a tua espada!

ARMANDO

Não posso!

CONDE

Por quê?

ARMANDO

Não tenho espada.

CONDE

Covarde! Em guarda. Não há desculpas. (*Armando dá-lhe as costas para correr*) Vou furar-te a barriga!

ARMANDO

Perdão! Eu não tenho a barriga nas costas. (*segura Margot e faz dela, novamente, escudo*) Socorro! Socorro!

GARÇOM
(*entrando*)

Outro louco! (*segura o Conde*) Que é isso, senhores!

Cena XXV

MONSIEUR RENEVÉ
(*da porta*)

Outro!

CONDE

Outro!

CONDESSA
(*entrando da E.M., arrastando Periscot*)

Aqui está ela! (*tira a máscara de Armando*) Oh! Um homem!

CONDE

A Condessa!

MARGOT

Mas que trapalhada!

MONSIEUR RENEVÉ
Ah! É o que eu dizia! Há aqui um culpado! Procuremos o Periscot.

ARMANDO
Periscot? Periscot sou eu! Armando Periscot!

MONSIEUR RENEVÉ
(*atirando-se a Armando*)
Ele confessa! (*apartam-nos*)

PERISCOT
Perdão, isso tudo, diplomaticamente falando, não tem importância. Eu explico. (*leva Monsieur Renevé para um canto, enquanto os outro discutem em voz baixa*) Periscot sou eu. Tua senhora é inocente. Vê que ela não veio. Eu não a avisei de coisa alguma, porque não sabia...

MONSIEUR RENEVÉ
Então, como explica?

PERISCOT
Eu e ela quisemos dar uma lição àquele casal de velhos!

MONSIEUR RENEVÉ
(*rindo*)
Boa ideia! Minha mulher é uma santa!

PERISCOT
(*indo ao encontro do Conde e da Condessa*)
E, afinal, como se deu isto?

CONDESSA

Eu vim, porque achei um bilhete no bolso do sobretudo do meu marido.

CONDE

E eu, porque a ouvi lendo...

PERISCOT

Tem graça. Diplomaticamente, eu explico: O bilhete era meu. Fui eu quem o escondeu no sobretudo, para evitar compromissos...

CONDESSA

Ah! Que peso me tirou. (*carinhosa*) Conde!

CONDE
(*idem*)
Condessa! (*abraçam-se*)

PERISCOT

E agora, meus senhores, à festa! Aproveitemos este "*one-step*"! (*a orquestra, dentro, toca um* "one-step". *Todos saem dançando*)

Cena XXVI

PIERRÔ
(*segurando Edith, que entrou correndo e esquivando-se dele*)
Peguei! (*outro tom*) Então, Edith?

EDITH
Só se tirar a máscara.

PIERRÔ

Mas não vês que eu te amo? Andava pela vida em busca de um ideal, a perguntar como o incontentável Sagramor[1]: "Minha noiva vive, morreu, ou não nasceu ainda?" Afinal, encontrei-te, Edith, e acovarda-me a ideia de tornar a perder-te.

EDITH

Perder-me?

PIERRÔ

Sim. Tiro a máscara para satisfazer o teu capricho, sou obrigado a pedir-te em casamento, e tu me rejeitarás.

EDITH

Não. Dou-te a minha palavra que me casarei contigo.

PIERRÔ

Oh! Como sou feliz!

EDITH

Então, tire a máscara.

PIERRÔ

Sim. (*leva a mão à máscara. Arrepende-se*) Não! Não devemos nos precipitar. Uma precipitação já me custou tão caro!... Amanhã, na varanda do Clube, à meia-noite, tirarei a máscara.

---

1. Referência a "Sagramor", poema do português Eugênio de Castro – 1869-1944.

EDITH

Juras?

PIERRÔ

Juro! Virás?

EDITH

Pedirei a meu pai que me acompanhe até o Clube.

PIERRÔ

Enfim, sou feliz. (*pequena pausa*) Mas já é quase uma hora, Edith. Dá-me licença. É o momento da apoteose final da festa de hoje! (*beija-lhe a mão e sai pela E.*)

Cena XXVII

EDITH
(*sorri, triunfante*)

Afinal!

GENERAL
(*entrando da E.A.*)
Que é isso? Estás a falar só?

EDITH

Oh! Como me alegra a sua presença. Afinal, meu pai, ganhei a aposta. Amanhã, à meia-noite, Pierrô tirará a máscara!

GENERAL

Bravos!

EDITH

Depois, pedir-me-á em casamento, e o senhor responderá: Não!

GENERAL

Está bem, eu responderei: Não. Não sei se digo bem... (*entram convidados*)

UM CONVIDADO

Quase uma hora!

OUTRO CONVIDADO

É o momento da apoteose.

Cena XXVIII

Entra Pierrô, acompanhado de pierrôs e colombinas, todos com bandolins. Pierrô vem colocar-se ao lado de Edith.

Música n° 9

PIERRÔ

'Oh! Noite, tu me embriagas,
Com teu vinho de desejos.'

PIERRÔ *e* CORO DE COLOMBINAS

'Há no queixume das vagas
Uma sonata de beijos
(*em surdina*) Os beijos, vertigens loucas
Disse alguém numa canção
Desfolham vagas

Pétalas de rosas nas bocas
Mas abrem chagas
No coração.'

CORO GERAL
(*em surdina*)
'Beijos, vertigens loucas, etc., etc.'
(*uma pancada forte na orquestra*)

PIERRÔ
Uma hora!
(*apagam-se as luzes. As estátuas da cena são imediatamente substituídas por bailarinas, que ficam na mesma postura. Luz*)

"Baile das Estátuas"

Saem dois cupidos que apontam as setas para as estátuas. Estas mexem-se molemente, num começo de vida, descendo depois para o solo, onde bailam. Cada vez que se chocarem, há na orquestra um estalar de mármores. Os pierrôs e colombinas, quando as estátuas se beijarem, beijam-se também.

CORO
(*em surdina*)
'Beijos, vertigens loucas, etc.'

Cena XXIX

Entram sátiros, que, bailando, avançam para as estátuas. Elas voltam para os pedestais e

tornam-se imóveis. Os sátiros arrojam-se ao solo.
Os dois cupidos ajoelham-se a chorar.

Todos
(*solistas e coro*)
'Bravos! Tudo acabou!
Bravos à apoteose ao Amor!
Viva o Clube dos Pierrôs!
Viva a Arte! O esplendor!'

PANO

ATO TERCEIRO

3º *Quadro*

Uma varanda do "Clube dos Pierrôs". Efeitos de luar. É noite. Figuras de bronze, sobre colunas de mármore, empunham luzes.

Cena I

Vêm dos salões uns sussurros tênues de orquestra e a voz quase apagada do coro dos Pierrôs, entoando a Serenata do 1º Ato. Enquanto isso, segue-se o diálogo entre Pierrô e Walter.

WALTER
(sentando-se junto de Pierrô que, derreado no canapé, fuma cigarros de ópio)
E, afinal?

PIERRÔ

(*abrindo a boca, cheio de sono*)

E, afinal, o romance vai ter seu fim. Edith virá à meia-noite em ponto encontrar-me neste lugar. Tirarei, então, a máscara. Não dormi toda a noite, pensando neste encontro. (*indo ao divã*)

WALTER

Vê-se. Tuas pálpebras pesam como portas de ferro. Além disso, a embriaguez desses cigarros, que fumas desbragadamente...

PIERRÔ

Oh! O ópio é delicioso, meu caro Walter. O ópio abre as portas do céu...

WALTER

Quando não abre as do hospício... (*outro tom*) Em suma, prometeste-lhe tirar a máscara. Pelos nossos estatutos, és obrigado a casar-te com ela. Edith, porém, pode rejeitar esse casamento.

PIERRÔ

Edith deu-me sua palavra de honra que casaria comigo, se eu consentisse em tirar a máscara.

WALTER

Ama-te?

PIERRÔ

Capricho, vaidade, amor-próprio ofendido. Apostou, quer vencer. Aproveitei-me, com habilidade, da situação.

WALTER

Mas isso é uma loucura, Otávio! Lembra-te de Pierrô e Colombina. Lembra-te da traição de Arlequim...

PIERRÔ
(*apreensivo*)
Basta!...

WALTER

A futilidade da mulher... Casar com quem não nos ama...

PIERRÔ

Não diga mais. Eu estou tonto. Tuas palavras... o ópio...

WALTER
(*levantando*)
Estás embriagado. Dorme. Descansa.

PIERRÔ
(*quase dormindo*)
Colombina... Pierrô... Arlequim... (*dorme*)
(*Walter sai do F. para a E., nas pontas dos pés*)

MUTAÇÃO

4º *Quadro – Lírico*

"Sonho de Pierrô"

É noite alta. Num estreito quarto de paredes brancas, como sua própria face, Pierrô, muito magro, muito pálido, estirado sobre uma mísera enxerga,

91

aguarda, vãmente, a volta de Colombina. O relógio,
ao levantar o pano, joga no silêncio frio da alcova as
doze monótonas badaladas da meia-noite.

Cena única

PIERRÔ

(*só. Depois de ouvir, angustiadamente, as pancadas*
do relógio, erguendo-se, com esforço, no leito)
'Já meia-noite... Meia-noite! (*pequena pausa*)
Sobre esta enxerga, triste e só
Aguardo a morte que me açoite...
Pobre Pierrô!... (*com dolorosa tristeza*)
Assim, tão triste
Não existe
Neste mundo, outro mortal!

Já meia-noite... Meia-noite.
E Colombina sem voltar...
Esta demora, como um punhal,
Mata-me a pouco
Deixa-me louco...'
(*levanta, cambaleando, e aproxima-se de uma*
pequena mesa, sobre a qual estão uma garrafa
e um copo. Enche o copo, com delírio)
'O vinho cura d'alma as tempestades,
É um sol brilhante que nos traz bonança...
Quero beber
Até cair
Até morrer!
Cada gota de vinho é um raio de esperança!
Quero a beber, cair, quero beber, beber! (*bebe*)

Outro! (*bebe*) Outro mais...
       (*bêbado, cambaleando*)
Ou... Colombina,
Não te verei jamais...
      (*muito bêbado, quase sem poder falar*)
Assassina... as...sassina...'
(*cambaleia mais uma vez, atira-se sobre um banco,
deixa cair a cabeça, molemente, sobre os braços
apoiados à mesa, ri alvarmente, soluça,
tartamudeia coisas incompreensíveis e dorme*)

MUTAÇÃO LENTA, FEITA À VISTA DO PÚBLICO

A enxerga, o banco e a mesa somem-se por alçapões, e a parede do F. sobe, lentamente, ao mesmo tempo que cai, à guisa de pano de boca, uma tela de gaze azul.

5º Quadro

Num jardim, sob um luar de opala. Ao F., um lago, sobre a superfície azul do qual, vagam cisnes brancos.

Cena I

"Pierrô e a Recordação"

PIERRÔ
(*ao F., desde o levantar das paredes do quadro
anterior; admirado, à Recordação*)

Que é isto?! E vós, quem sois? (*deslumbrado*)
Que enorme mutação!

RECORDAÇÃO

'Não sabes? Ouve pois!
Sou a Recordação...'

PIERRÔ
(*compreendendo*)

Ah!

RECORDAÇÃO

'Recordação saudosa
Do tempo que passou,
Que foi – vida enganosa!
E nunca mais voltou!'

PIERRÔ

E que quereis de mim? Oh! Dizei por favor!

RECORDAÇÃO

'Direi, direi, oh! Sim...
O amor
É encantador
Tem o dulçor
O olor
A cor
De um bom licor
Embriagador!'

PIERRÔ

E então? Vós não quereis falar...

RECORDAÇÃO

'Pierrô, descansa, eu já me vou.
A sós, aqui, quero deixar
O meu Pierrô
Para lembrar o orgulho, o amor,
No lindo tempo de esplendor
Que, como a amante, não voltou...
Adeus, Pierrô...' (*sai, lentamente*)
   (*Pierrô, só, ouve, a sorrir, a voz fresca de
   Colombina. A voz, longínqua, irá
aumentando aos poucos, até penetrar a cena
   uma gôndola iluminada, da qual descerá
   Colombina, acompanhada de dois casais
empunhando lanternas de variegadas cores.
   Logo depois da saída de Recordação,
   enquanto Colombina vai se aproximando,
   entram, dos lados do jardim, mais quatro
   casais; eles, empunhando arcos floridos e
   elas, véus, executando um bailado que o
   Sr. Henrique, com todo o seu "savoir faire",
   marcará*)

Cena II

COLOMBINA

'Noite de amor e poesia!
A doce brisa cicia
O canto ideal da sereia;
O seu cabelo desata
Como uma chuva de prata
A lua formosa e cheia...'

CORO

(*em surdina, intercalando beijos*)

'Gozar!
Amar!
Sonhar!
Co'alma nossa a delirar!
Cismar
No mar,
Amar
À branca luz do luar!'

COLOMBINA

'Que noite linda! No espaço
Doce como a alma de Tasso,
Que junto a Eleonora anseia,
Ciciando, qual namorados,
Passam dispersos, alados,
Os beijos da lua cheia...'

CORO

'Gozar! Etc., etc.'

COLOMBINA

(*a gôndola entra*)

'Recende a noite à violeta!
Como a Romeu e Julieta
O amor as almas enleia...
Sons vagos no espaço adejam...
São nossos beijos que beijam
Os beijos da lua cheia.'

CORO

'Gozar! Etc., etc.' (*Colombina e os pares descem da gôndola num bailado*)

PIERRÔ

(*enlevado, recebendo-a nos braços*)

'Ai, divina
Colombina!'

COLOMBINA

'Ai! Meu querido Pierrô!'

PIERRÔ

'Quero amar-te
E beijar-te!'

COLOMBINA

'Num beijo a alma te dou!
Beija-me, beija-me, beija,
Beija a flor de minha boca!
Só a ti minh'alma deseja!
Pierrô, tu me deixas louca!'

PIERRÔ

'Tu me amas, Colombina?...'

COLOMBINA

'Toda minh'alma ilumina
E toda minh'alma agita
A doce luz dos teus olhos!
Mesmo presa entre os abrolhos
Por ti minh'alma palpita!'

PIERRÔ

(*num sonho*)

Colombina!

COLOMBINA
(com arrebatamento)
'Pierrô! Sou tua!
Sim, tua! Tua eternamente!
Juro perante a luz da lua
Que lá, a sorrir, na altura esplende!'
(desatando os cabelos, delirando de amor)
Sou tua!

CORO
(tomando Pierrô nos braços)
'Viva Pierrô!
Mal me queres? Bem me queres?
Tu és o dominador
Do coração das mulheres!'

COLOMBINA
*(arrebatando-o das mãos do coro e levando-o
para a gôndola)*
'Vem, ó meu amor
Quero que sejas só meu
Qual de Julieta foi Romeu!
Tua boca em flor
Quero morder num beijo ardente
No meu beijo de fogo, imenso e quente!'

PIERRÔ
(desvencilhando-se do coro)
Colombina! *(abraça-a)*

CORO
'Que divina
Criatura é Colombina!

É, por certo, a predileta
Do coração de Pierrô!'

CustomLOMBINA
(*como num sonho*)
'Como já disse o poeta
Quero dizer-te também
Enquanto para estes campos
Os pirilampos (*que se perceba o que diz*)
Dançando vêm'

PIERRÔ
Dize, meu bem.
(*Colombina acaricia-lhe os cabelos, louca de amor,
enquanto, dos lados, entram seis pirilampos. No
palco, em lugares determinados, fios elétricos, que,
em contato com a chapa de ferro que os pirilampos
trazem nos sapatos, façam acender e apagar,
rapidamente, na cena meio escura, duas pequenas
lâmpadas elétricas à cabeça de cada um.
Combinação de marcas entre pirilampos, pares de
véus e pares de lanternas*)

COLOMBINA
'Roubaste as estrelas d'ouro
Roubaste à lua, o tesouro
De uma noite oriental,
E vens, com olhos profundos,
Dar-me os sistemas dos mundos
Metidos num madrigal!'
(*com um coro de beijos*)
'E Deus parece que esta noite talha
Assim tão linda sob um céu de Itália,

Sob esse manto azul que a noite embuça,
Pra este idílio de amor que vos agita...
Em cada fronde uma ilusão palpita,
Em cada flor um coração soluça!'

PIERRÔ

'Colombina, minha querida,
Tu és o sol que ilumina
O céu azul das minhas ilusões;
Quero dizer-te, doce Colombina
Que pena ser, como disse Camões,
Para tão grande amor tão curta a vida!'

CORO GERAL

(*em surdina, saindo num bailado, enquanto Pierrô
e Colombina, na gôndola, desfalecem num beijo*)
'Psiu, psiu, psiu!
Ruído não fazer...
Não despertemos esses corações...
Olha a sua boca à boca dele unida.
Que pena, que pena ser,
Como no lindo verso de Camões,
Para tão grande amor, tão curta a vida!'

MUTAÇÃO

6º *Quadro*

*A cena representa o "Templo de Momo". Muita
luz, muita vivacidade, muito movimento. Ao centro,
em requebros de luxúria, uma bailarina. Aos lados,
alguns Pierrôs. Depois do bombo e dos clarins atroa-
rem os ares com um formidável "Zé Pereira", en-*

*tram, a pular, as Colombinas do quadro anterior,
caindo cada uma nos braços de um Pierrô.*

Cena I

TODOS EM CORO

'Carnaval!
Evoé![2]
Folgar faz bem ao mal
Carnaval! Evoé!

Nos braços da alegria
Queremos nós passar
Desde que rompe o dia
Até o dia findar!

(A) Bailar
E num beijo, bailando, morrer...
Gozar
Toda a taça ideal do prazer! (B)

Suaves, lânguidos bailados
Ao som da orquestra executados
As doces notas cristalinas
Que vão pelo ar como perfumes,
Estonteantes como os ciúmes
Dos corações das Colombinas...'

(repetem de A a B)

---

2. Grito festivo de evocação a Baco.

Cena II

Arlequim
(*entrando alegremente*)
'Viva!'

Todos
'Viva!
Viva Arlequim!'

Arlequim
'A minha diva?'

Todos
'Não vem
A flor do seu jardim.'

Arlequim
'E a noite vai ao meio... (*pausa*)
Quem sabe se Pierrô, (*apreensivo*)
De novo, o antigo anseio
Dela reconquistou...'

Todos
'Não creio...'

Arlequim
'Mas, afinal, nós precisamos
Numa alegria veloz
Folgar, gozar...'

Cena III

UM BANDO DE MASCARADOS
(*da porta*)
'Pois aqui estamos
Pra ajudar-te estamos nós!'

TODOS
'Carnaval!
Evoé!
Gozar faz bem ao mal
Carnaval! Evoé!
Viva a alegria!
Viva o prazer!
Haja folia
De endoidecer!' (*mascarados entram muito animados*)

1º MASCARADO
'Olha cá, Arlequim
Estás bem posto...
Cores de carmim
Avivam-te o rosto.'

2º MASCARADO
(*malicioso*)
'Mas, afinal,
Como pegar-te em flagrante?'

3º MASCARADO
(*idem*)
'Tu achas mal
Perguntar quem é tua amante?'

4º MASCARADO
(*idem*)

'Quem é agora
Tua senhora?'

1º MASCARADO
(*idem*)

'Quem é essa deusa feliz
esse anjo encantador?'

2º MASCARADO

'Dize quem é, Arlequim,
A dona do teu amor?...'

ARLEQUIM

'Uma lírica menina
O olhar a arder em desejos,
A boca rogando beijos...'

OS MASCARADOS

'Oh! Quem é?'

ARLEQUIM

'É Colombina.'

1º MASCARADO

'É Colombina? E Pierrô?
A ingrata já não o ama?'

ARLEQUIM

'Colombina já o deixou
A apodrecer sobre a cama...'

Todos
(*numa gargalhada sarcástica*)
'Ah!
Pobre Pierrô!'

1º Mascarado
'Eu sinto sede, quero beber...'

2º Mascarado
'Sinto alegria, quero bailar...'

Todos
'Vamos à festa, haja prazer!
Beber! Beber! À luz do luar!'

Arlequim
(*aos criados*)
'Trazei Falerno!
Despejai-o depois de taça em taça
A vida é como o inverno,
Só ao calor de alguma coisa passa.'

Todos
'Falerno! Doce evangelho,
Falerno, onde o sonho existe,
É a mocidade do velho
É a gargalhada do triste...
O tempo é rápido e corre
Esvaziemos a taça...
A vida é um sonho que morre,
Uma quimera que passa!
(*chocando as taças*)
Hip! Hip! Hurra!

105

Ao novo amor de Arlequim!'
(*levam as taças à boca, mas não chegam a
entorná-las*)

Cena IV

COLOMBINA
(*à porta*)
Não se lembraram de mim?

ARLEQUIM
Colombina! (*toma-a nos braços*)

TODOS
'Colombina
Boa noite, Colombina!'

ARLEQUIM
Mais uma taça!

COLOMBINA
'Quero Falerno
Para beber ao meu amor eterno,
Ao meu eterno amor!'

TODOS
'Falerno!
Nos braços da alegria
Nós queremos passar
Desde que rompe o dia
Até o dia findar
A sua luz divina!'

ARLEQUIM

'Viva Colombina!'

TODOS

'Viva! Viva! Viva! (*carregando Colombina nos
ombros, numa alegria louca de Carnaval*)
Carnaval!
Evoé!
Folgar faz bem ao mal
Carnaval! Evoé!
(*em algazarra*)
Viva! Carnaval! Viva!'
(*rebomba o "Zé Pereira", em meio da louca
gritaria. De repente cessa por completo a
pancadaria dos pratos e todos, unidos,
escutam a doce voz:*)

PIERRÔ
(*ao longe*)

'Noite de amor e poesia!
A doce brisa cicia
O canto ideal da sereia...
Como uma chuva de prata
Os seus cabelos desata
A lua formosa e cheia!'

COLOMBINA
(*ciciando apenas*)

'A voz de Pierrô!'

TODOS

'A voz de Pierrô!'

PIERRÔ
(*mais perto*)
'Que noite linda! No espaço,
Doce como a alma de Tasso
Que junto a Eleonora...'

Cena V

PIERRÔ
(*chegando à porta, e vendo Colombina ao lado
de Arlequim, interrompe a canção num grito de
desespero, precipitando-se, figura espectral
de moribundo, para o meio da cena*)
'Ah!
Colombina e Arlequim!
Há de haver
Entre mim
E esse palhaço imundo
Um duelo pra ver
Enfim
Qual de nós dois deve
Ficar no mundo!'

1º MASCARADO
(*zombeteiro*)
'Oh! Pierrô amigo
Peço-te um favor
Beberes comigo
Ali, pelo amor
Do nosso Arlequim
E de Colombina!'

PIERRÔ

'Canalhas! Zombais de mim?
Mas minha mão, assassina,
Juro, vai tornar-se já!'

TODOS
(rindo)

Ah! Ah!

PIERRÔ
(dolorosamente)

'Colombina, minha amante,
Que fizeste
Da tua jura constante
E do amor
Que tu me deste?'

COLOMBINA
(zombando)

'Ai, Pierrô... Teu amorzinho
Eu o perdi... no caminho...'

TODOS
(rindo)

Ah! Ah!

PIERRÔ
(muito triste)

'Pobre Pierrô
Que sofre assim, nesta agonia,
O triste horror
Da negra e infame hipocrisia...
A mocidade passou,

Passou como um sonho lindo...
Teu amor a acompanhou,
Perdeu-se no espaço infindo...
E o tempo que passou rindo,
Até hoje não voltou
E os dias que me têm vindo
São amargos
Como os beijos que te dou
Teus doces lábios de mel
Agora são de fel!
                    (*a Colombina*)
Mas eu estava no fim da vida
Vendo a morte ao pé de mim
E foste, ingrata, cair
Entre os braços de Arlequim...'

ARLEQUIM

'Tua história é comovente,
Mas nós queremos folgar...
Tu deves, pois, ir chorar
                    (*jocoso*)
Na cama, que é lugar quente.'

TODOS
(*rindo*)

Ah! Ah! Ah! Ah!

PIERRÔ

'Miseráveis!
Quero matar-vos!
Estrangular-vos!' (*avança, colérico, para Arlequim, crispando os dedos numa fúria louca. Todos, num movimento de espanto pela violência do mori-*

bundo, vão precipitar-se sobre ele. Ao apertar, entretanto, o pescoço de Arlequim, Pierrô tem um acesso violento de tosse. Leva à boca um lenço, e tira-o ensopado de uma golfada de sangue; dolorosamente triste)
'Tristemente, rubro
Ensopado de sangue
No lenço descubro
Que vou morrer exangue...'
 (*alucinado, num gargalhar convulso*)
'Ah! Ah! Ah!
Bebei! Embriagai-vos mais
No vinho que despejo pela boca!
Gozai! Gozai, nessa alegria louca...'
  (*desfalecendo*)
'Eu sinto n'alma o frio dos punhais
Da morte...'
 (*fitando Colombina, encosta-se a um dos*
 mascarados, cai. Num esforço supremo,
 soerguendo o corpo, num sopro apenas)
'Assassina!...' (*morre*)

1º Mascarado
 (*apalpando-lhe o corpo*)
'Morreu Pierrô!'

Todos
 (*tristemente, cabisbaixos*)
'Pierrô morreu!' (*Colombina vai precipitar-se para o corpo morto*)

Arlequim
 (*segurando-a*)
'Colombina!'

COLOMBINA
(*rindo*)
'Foi um ar que me deu...' (*Zé Pereira*)

TODOS
(*rindo*)
Ah! Ah! Ah! Ah! (*bailam alegremente*)

ARLEQUIM
'Vamos daqui
Vamos folgar
Foi uma nota funesta
Para a festa
Aqui continuar.' (*o Zé Pereira aumenta*)

TODOS
(*saindo alegremente a saltar*)
'Nos braços da alegria
Queremos nós passar
Desde que rompe o dia
Até o dia findar!
Carnaval! Evoé!'
(*muito movimento. Os panos de nuvens fecham-se
lentamente*)

Fim do "Sonho de Pierrô"

MUTAÇÃO

7º *Quadro*

*O mesmo cenário da abertura deste Ato. Pierrô
dorme ainda. É meia-noite.*

Cena I

EDITH

*(entrando, em trajes de Colombina, vai a Pierrô
e o sacode)*
Pierrô! Pierrô!

PIERRÔ
(despertando)
Colombina!... Edith!...

EDITH
Sim, sou eu.

PIERRÔ
(levantando)
Edith!

EDITH
O relógio acaba de dar as doze pancadas da meia-noite.

PIERRÔ
Sim, meia-noite... Mas vieste em trajes de Colombina?

EDITH
Para casar com um Pierrô... uma Colombina...

PIERRÔ
Casar com um Pierrô...

EDITH
Sim. Ou estás arrependido, e não tirarás a máscara?

PIERRÔ

Sim. (*vai tirar. Numa brusca transição*) Não! Eu sonhei coisas horríveis, Edith! Tu não me amas. Casa-te por um capricho, para vencer aos olhos das tuas amigas. Oh! É horrível o casamento sem amor!

EDITH
(*ansiosamente*)

Então...

PIERRÔ

Então, não pode ser. Quero dizer-te tudo. Eu sou Otávio de Feval, o homem que te escreveu o audaciosíssimo bilhete, e a quem tu odeias.

EDITH

Otávio de Feval não morreu?

PIERRÔ

Não. Vive. Sou eu! A loucura de um amor levou-me a fundar este Clube e a provocar a tua curiosidade e o teu amor-próprio. Mas agora, na hora de vencer, tenho medo, Edith, tenho medo!

EDITH

E, por isso, zombou mais uma vez de mim!

PIERRÔ

Oh! Por quem és!

EDITH
(*senta-se a chorar*)

O senhor é um infame! O senhor é um miserável! Aposto que se arrependeu. Os olhos de Margot são jóias de maior valor...

PIERRÔ

(*alegre*)

Ciúmes, Edith, ciúmes? Dar-se-á o caso que me ames?

EDITH

Não! A princípio foi curiosidade, depois capricho, depois amor-próprio. Agora é... ódio! (*levanta-se*)

PIERRÔ

Não... Agora é amor. Aqui me tens a teus pés. (*tira a máscara*) E sem máscara, minha querida Edith!

Cena II

ARMANDO

(*do F., enfiando a cabeça medrosamente*)
É hora? Papá espera a hora de entrar.

PIERRÔ

Que significa isto?

EDITH

Perdoa. Eu trouxe testemunhas para a minha vitória. (*a Armando*) Diga-lhes que entrem. (*entram Armando, General, Periscot, Conde, Condessa, Margot, Vivi e Fifi*)

TODOS

Bravos! Bravos!

GENERAL

Foste uma heroína nesta batalha de amor, não sei se digo bem.

PERISCOT

A chanceler da diplomacia dos corações.

CONDE

Eu...

CONDESSA

Meu marido acha que, mais uma vez, o sexo fraco domina o forte, não é?

CONDE

É, santinha.

PERISCOT
(*a Margot, Fifi e Vivi*)
Diplomaticamente falando, as senhoritas foram derrotadas.

MARGOT

Há derrotas que nobilitam.

FIFI

Eu não levei a sério a aposta.

VIVI

E eu nem pensei em tal coisa.

ARMANDO

Papá, eu não digo nada?

PERISCOT

Mais tarde.

PIERRÔ

(*ao General*)

Sr. General Heliot! Tenho a honra de pedir a Vossa Excelência a mão de *mademoiselle* Edith!

GENERAL

E eu, de rejeitar o seu pedido.

EDITH

Papai!

GENERAL

Não sei se digo bem, mas não foi isso que combinaste?

EDITH

Foi, mas...

PERISCOT

'*La donna é mobile, qual piuma al vento...*'

GENERAL

Nesse caso, é sua a mão de Edith.

TODOS

Bravos! Parabéns, parabéns!

ARMANDO

Só a mão, papá?

PERISCOT

Cala-te.

(*vão todos cumprimentar os noivos*)

MARGOT
(*a Armando*)

E tu?

ARMANDO

E eu?

MARGOT

Sim. Pede-me em casamento.

ARMANDO

Eu vou pedir ao papá. (*a Periscot*) Papá, eu posso pedir a mão de Margot?

PERISCOT

Pode, meu filho. Eu sinto até um grande prazer nisso. Estou pronto a dar o meu consentimento. Resta apenas que os papás da menina queiram.

MARGOT

Querem.

PERISCOT

E tu estejas pronto a casar.

MARGOT

Estás pronto?

ARMANDO

Não. Eu tenho dois mil e quinhentos, aqui.

MARGOT

Ora!

PIERRÔ

Agora, para festejar os noivados, champanhe! (*gritando para dentro*) Champanhe! Champanhe!

Música final

PIERRÔ

'Vem a meus braços, Edith!'

EDITH

'Otávio, amado Pierrô!'

MARGOT

'Eu sempre gostei de ti.'

ARMANDO

'E eu de ti, minha Margot.'

Cena III

PIERRÔ

'Muita alegria,
Muita folia
Quero hoje aqui!
Champanhe à taça,
Em honra à graça
De minha Edith!'

CORO

(*entrando, empunhando taças e saudando
os noivos*)

'Muita alegria,
Muita folia
Quer ele aqui!
Champanhe à taça,
Em honra à graça
De sua Edith!'

    (*brilhante, chocando as taças*)
'Tlim, tlim, tlim, tlim, tlim,
Choquemos todos a taça,
Choquemos que o tempo corre,
E a vida é um sonho que passa,
Uma esperança que morre!

Haja prazer
E admiração
Vamos beber
Com satisfação!'

TODOS

'Hurra!
Bebamos com prazer,
Champanhe que espoucou
Viva Pierrô!
Beber!'

PANO

FEITIÇO

Método prático de felicidade conjugal

Em dois volumes e oito gravuras

1931

PERSONAGENS

MARIA
JOÃO
MARIQUINHAS
NHONHÔ
PIMPINHA
DAGOBERTO
NINI
YVONETA
OSCAR

PRIMEIRO VOLUME

1ª *Gravura*

Sobe o pano. Antes da cena, aparecerá uma cortina e em todo o centro haverá um grande calendário marcando "21 de Novembro de 1931".

CENA FIRME PARA A PEÇA TODA: Sala de estar muito elegante e muito simples de um bangalô de campo, na estrada Rio-Petrópolis, quase ao chegar à cidade serrana. Ao F.D., em antecâmara, num praticável de dois degraus, uma biblioteca moderna, tendo ao centro uma mesa trabalhada, cheia de flores. Ao fundo da antecâmara, num oval ou quadrado circundado de estantes de livros de lombadas de várias cores vivas, um vitral. Ainda na antecâmara, quadros modernos de anatomia, caricaturas de operadores célebres. Voltando à sala de estar, vamos encontrar uma porta larga ao F.E., dando para uma varanda florida. Fundo de montanhas. Ali, além, pequenas casinhas de campo com as janelinhas amarelecidas da luz de petróleo. Portas na alta e na baixa, à D. e E. Um piano de cauda. Um panatroperádio. Poltronas estofadas. Uma mesa redonda. Telefone. Abajures. Jarrões. Muitas flores, principalmente hortênsias. Lustre colonial. Objetos de arte. Um relógio grande, que bate forte. Tudo bonito, muito simples, muito leve. É uma casa de campo que vai receber um casal elegante recém-casado. É necessário que o ambiente todo cheire a lua-de-mel... é noite. Uma linda noite de luar, que penetra a sala através do seu teto de cristal.

Cena vazia. Um tempo. Buzina de automóvel. Maria – criadinha moderna e graciosa como o ambiente – sai a correr da D.A. (antecâmara), acende a luz, vai à porta do F.E., retrocede até a porta D.M., chamando, muito nervosa:

MARIA

João, depressa!

JOÃO
(*de dentro*)
Se não me chamar de Joãozinho, não vou...

MARIA
Não brinque. Eles estão começando a chegar.

JOÃO
(*idem*)
Os noivos?

MARIA
Não sei. Chegou um automóvel...

JOÃO

(*rapidamente, acabando de vestir o smoking e ajeitando a gravata branca de criado, passa rápido para a porta do F.E.*)
Os noivos, já?

MARIA

(*ajeitando o* puff *na cabecinha loura*)
Não sei por quê, estou nervosa! Olhe minhas mãos, como estão frias! (*encosta a mão no rosto de João*)

JOÃO
(*irônico*)
Uma pedra de gelo! (*fingindo que espirra*) Pronto, gripei-me!

MARIA
(*num muxoxo gracioso*)
Ah!

JOÃO
Psiu! A noiva vem aí...

MARIA
(*quase histérica*)
Minha Nossa Senhora da Penha! (*entra dona Mariquinhas. O tipo da vovó brasileira – branquinha, meiga, risonha*)

MARIQUINHAS

Boa noite.

MARIA

Ué! Dona Mariquinhas!... (*João ri*) Este João!...

MARIQUINHAS

Este João disse: aí vem a noiva! Você ficou fria.
Em vez da noiva entrou dona Mariquinhas, não foi?

MARIA

Foi isso mesmo!...

JOÃO

A senhora ouviu?

MARIQUINHAS
(*desembaraçando-se dos agasalhos de viagem*)
Não.

MARIA

Viu?

MARIQUINHAS

Não.

JOÃO
(*rindo*)
Então a senhora é feiticeira...

MARIQUINHAS

Sou. Tenho parte com o diabo...

MARIA
(*benzendo-se*)
Cruz! Credo!

MARIQUINHAS
Esse diabo é a inteligência...

JOÃO
Então não é diabo, é diaba...

MARIQUINHAS
É diaba por modéstia... A minha inteligência é diabo: chama-se talento. Minha neta casou. Deixei Copacabana e corri para o ninho dos nubentes. Vocês não me esperavam. Mandei buzinar. Entrei. Você fez: "Ué..." O João riu... Não precisava mais para eu saber o que se tinha passado. "A noiva vem aí!" em vez da pombinha moça e bonita, entrou esta gralha, velha e feia...

MARIA
E como foi que a senhora adivinhou que eu esfriei?

MARIQUINHAS
Não há Maria solteira e nova que, à frente de um João, não esfrie ao ver uma noiva entrar para o ninho...

JOÃO
(*confiado*)
Eu pensei que esquentasse...

MARIQUINHAS
Bem, acabou a conversa. Vamos ver se está tudo em ordem. (*corre os olhos pela sala*)

MARIA
Tudo direitinho como a senhora mandou.

MARIQUINHAS

As flores... (*examina. Dá uns retoques. Troca uns vasos*) Isto aqui fica melhor. Assim. Onde estão as hortênsias?... Ah! Ali. Muito bem. Assim, assim fica melhor. No quarto, tudo direitinho? (*encaminhando-se para o quarto. Abre a porta*)

MARIA

Tudo, pode ver...

MARIQUINHAS

As roupas de Nini arrumadinhas? O pijama...

JOÃO

(*apertando dois botões elétricos. Um acende a luz vermelha no quarto; outro apaga a luz da sala*)
A luz vermelha como a senhora mandou. Com luz vermelha fica bonito! Parece o inferno...

MARIQUINHAS

Mas é o paraíso...

MARIA

Uma galanteza!... (*buzina*) quem será?

JOÃO

É um automóvel. (*ri*)

MARIA

Sem graça!... Com certeza é a noiva! (*nervosa*) Meu Deus do céu! (*ajeita-se*)

MARIQUINHAS

Vá ver, João. (*João sai*)

MARIA
(*muito nervosa*)
É dona Nini! É a noiva!

JOÃO
É dona Pimpinha!

MARIA
(*desiludida*)
Dona Pimpinha...

MARIQUINHAS
(*não esconde a sua desilusão*)
É você Pimpinha?

PIMPINHA
(*falando muito depressa e muito alto*)
Estão admiradas? Dei uma fugidinha. Não pude resistir à tentação de ver o ninho... Dei uma fugidinha, mas não vim só...

MARIA
(*com alegria*)
Dona Nini veio com ela!...

MARIQUINHAS
Veio?

JOÃO
(*antes que ela possa responder, entrando*)
A noiva!

MARIA

A noiva! (*vai precipitar-se para a porta com dona Mariquinhas. Aparece Nhonhô. É um cavalheiro alto, ainda moço, cara fúnebre de missa de sétimo dia. Vem de sobretudo cobrindo a casaca*)

NHONHÔ
(*surgindo à porta*)

A noiva...

MARIQUINHAS

Ora...

NHONHÔ
(*risonho*)

Não se zangue com o João. Ele contou-me a espera ansiosa e eu o mandei anunciar a noiva...

PIMPINHA

Nhonhô agora, depois de velho, deu pra isso. Bebe uma taça de champanhe e fica que ninguém pode com ele: dá para engraçado.

MARIQUINHAS

Antes isso...

PIMPINHA

Está uma teteia a casinha, não é, Nhonhô? O lugar é lindo... Quando eu me casei vim passar a lua-de-mel também em Petrópolis, não foi Nhonhô?

NHONHÔ

Não me lembro... Faz tanto tempo...

PIMPINHA

Eu não disse?... (*outro tom*) Uma casinha assim como esta... Pequenina... Um rio, uma cascatinha, as montanhas adormecidas... Fazia luar, não foi, Nhonhô? Mamãe, como a senhora, encheu a casa de flores como estas... Não foi, Nhonhô?

NHONHÔ

Encheu...

PIMPINHA

(*reparando*)

Hortênsias! Que lindas!... Mamãe também enfeitou a sala de estar com muitas hortênsias, não foi, Nhonhô? Tudo igualzinho! Igualzinho... E a alcova... Onde é a alcova nupcial?

MARIA

(*abrindo a porta*)

Aqui.

PIMPINHA

Que lindo cortinado! Igualzinho ao nosso, Nhonhô!... A cama turca! Nhonhô, uma cama turca igualzinha a nossa! (*Maria aperta o botão da luz*) Luz vermelha! Vermelha igualzinha a nossa, Nhonhô...

NHONHÔ

Toda luz vermelha é vermelha...

PIMPINHA

Um ninho! Um primor! Um encanto! Que lindo pijama ali está... Não resisto à tentação de entrar. Com licença. (*entra, acompanhada por dona Mariqui-nhas e Maria, soltando escandalosas exclamações*) Que encanto! Que coisa linda! Está alucinante! Aluci-nante! (*telefone toca*)

JOÃO
Com licença. (*vai atender*) Alô!... é o João. Vou perguntar. Um momento! (*vai deixar o telefone e en-caminhar-se para o quarto nupcial. Dona Mariqui-nhas surge à porta, acompanhada por Pimpinha e Maria, ambas morrendo de curiosidade*)

MARIQUINHAS
Quem é?

JOÃO
O moço da serenata. Querem saber se podem começar.

MARIQUINHAS
Não! Onde estão eles?

JOÃO
Na garagem.

MARIQUINHAS
Passarei por lá.

JOÃO
(*ao telefone*)
Dona Mariquinhas passará por aí.

PIMPINHA
Serenata?!

MARIQUINHAS

É a noite mais poética da vida... Combinei com uns músicos... Uma surpresa para os noivos.

PIMPINHA

Serenata! Que delicadeza! Esta dona Mariquinhas é do chifre-furado! Nós não tivemos serenata, não foi, Nhonhô?

NHONHÔ

Tivemos.

PIMPINHA

Serenata?!

NHONHÔ

De pernilongos...

PIMPINHA
(*rindo*)

Que falta de poesia! (*voltando ao seu romantismo*) Uma serenata!...

MARIQUINHAS

Tudo o que é possível para encher de poesia esta noite de núpcias... Um pouco de sonho para envolver este começo de vida nova...

PIMPINHA

O rio, lá fora, o luar, a serenata...

NHONHÔ

Eles vão pensar que estão em Veneza...

PIMPINHA

A senhora não esqueceu nada...

MARIQUINHAS

Apenas a certeza da felicidade... que é impossível prever-se...

PIMPINHA

Nini é um anjo...

NHONHÔ

Dagoberto não me parece um demônio...

MARIQUINHAS

Mas não se conheceram suficientemente. "Viram-se e amaram-se", como nos romances de capa e espada... Ela pensa que conhece a vida... Ele também. Moderno, sem o ambiente propício e o preparo necessário... Tenho medo. Talvez seja o excesso de zelo: quero um bem a Nini!... Ficou órfã ainda pequena. Criei-a, a ela e ao irmão, o Oscar... Ele, homem, menos agarrado a mim... Quis, depois, ir para os Estados Unidos estudar. Há oito anos que não nos vemos. Escreve pouco... Nem um retrato nos mandou... Ela, não; sempre agarradinha comigo, formou-se em medicina e não teve outra cliente senão eu... Depois – já o disse alguém – "ser avó é ser mãe duas vezes...".

PIMPINHA

É isso mesmo, não é, Nhonhô?

NHONHÔ

Acho que é...

PIMPINHA
(*suspirando*)
"O casamento é uma loteria...", não é, dona Mariquinhas?

NHONHÔ
Se você perguntasse a mim, eu diria que não.

PIMPINHA
Qual a diferença?

NHONHÔ
Na loteria, às vezes, a gente tira a sorte...

PIMPINHA
E no caso do bilhete sair branco?

NHONHÔ
E, no caso do bilhete sair branco de todo, há o recurso de jogá-lo fora e arriscar outro... No casamento – pelo menos aqui no Brasil – não tem disso. Não acertou, fica por isso mesmo... Não, o casamento não é uma loteria... Para mim, o casamento é um voo de travessia do Atlântico em avião. De cem, lá de vez em quando, escapa um Lindenbergh...

MARIQUINHAS
Num país socialmente atrasado como o nosso, é o passo mais perigoso que a mulher pode dar...

NHONHÔ
A mulher e o homem... não é, Pimpinha?

PIMPINHA

Você fala de barriga cheia... Ele queixa-se de eu ser muito ciumenta... É uma prova de amor, não é, dona Mariquinhas?

MARIQUINHAS
(*sorrindo*)

Às vezes, é...

NHONHÔ

Às vezes, quando em termos... Como o seu é uma prova de egoísmo.

PIMPINHA

Exagerado! Mais liberdade do que dou a você...

NHONHÔ

De fato, eu ando solto... Solto, mas com sentinela à vista...

PIMPINHA

Decerto! Marido não é sino de igreja do interior que, quando bate, serve de relógio para toda a população... Não, nisso eu sou intransigente! Casei, o marido é meu, objeto de minha propriedade exclusiva!

NHONHÔ

Acho que você está enganada. Objeto de propriedade exclusiva não é marido, é escova de dentes... Quem gosta de verdade... (*buzina*) Um automóvel!

PIMPINHA

Serão eles?

MARIA
Vou ver. (*encaminha-se para a porta*)

JOÃO
(*entrando a correr*)
Dona Mariquinhas! Agora são eles!

MARIA
(*nervosíssima*)
Meu Deus! É dona Nini!

PIMPINHA
(*correndo de um lado para o outro, procurando*)
Não prepararam um prato com pétalas de rosas?

MARIQUINHAS
(*a João*)
Você disse que nós estávamos aqui?

JOÃO
Não, senhora.

NHONHÔ
Feche a porta. (*Maria fecha*) Apague a luz. (*Maria obedece*) Vamos esconder-nos, para a surpresa ser maior. Vamos! (*ouve-se uma campainha elétrica*)

MARIQUINHAS
(*a meia voz*)
Estão aí...

NHONHÔ
Vamos depressa. (*encaminham-se, nas pontas dos pés, para a D.A. Nhonhô não esquece o sobretudo e o chapéu. A campainha torna a tocar*)

MARIA

Abro?

PIMPINHA

Espere!

NHONHÔ

Passem depressa... (*nova campainhada*)

MARIA

Ih!...

JOÃO

Estão com pressa...

NHONHÔ
(*malicioso*)

É natural... (*saíram todos*) Abra! (*sai também, correndo*)

MARIA

Estou nervosa! (*João abre a porta. Entram Nini e Dagoberto – ela em tailleur; ele, de terno claro e gabardine*)

DAGOBERTO
(*desvencilhando-se da gabardine*)

Já estavam dormindo?

MARIA

Não, senhor!

JOÃO
(*simultaneamente*)

Sim, senhor!

DAGOBERTO

Como é isso? Estavam dormindo?

MARIA

Sim, senhor!

JOÃO
(*idem*)

Não, senhor!

DAGOBERTO
(*risonho*)

Mau! Mau! Boa coisa vocês não estavam fazendo... Vão buscar as valises e as cestas no auto. Diga
ao chofer que pode recolher o carro.

JOÃO *e* MARIA

Sim, senhor. (*saem*)

DAGOBERTO
(*dando um beijo na nuca de Nini, que se sentou,
fatigada, logo depois de entrar*)

Nini!

NINI
(*num gritinho de susto, levantando-se*)

Ai!

DAGOBERTO
(*com voz de criança*)

"Sustou? Sustou?" (*beijam-se longamente*) Graças
a Deus, estamos a sós!

NINI

Na nossa casinha bonita! Olhe como ficou lindinha esta sala de estar, depois de arranjada. Mãos de
vovó, aposto... (*Dagoberto dá-lhe, de repente, um
beijo, como se não tivesse prestado atenção a nada
do que lhe foi dito; ela, rindo*) Ó seu malcriado! Não
abuse!

DAGOBERTO

Abuso!

NINI

Eu corro! (*corre*)

DAGOBERTO

Eu corro atrás! (*idem*)

NINI

Eu grito! (*dando a volta em torno da mesa*)

DAGOBERTO

Amordaço-a com beijos! (*perseguindo-a*)

NINI

(*ao ser alcançada*)

Socorro!... (*Dagoberto beija-a. Ela, rindo muito,
toda vez que ele lhe desprende os lábios da boca, pretende gritar. Logo que o noivo consegue enlaçar a
noiva, entram, nas pontas dos pés, Pimpinha, Mariquinhas e Nhonhô*) Socor... (*Dagoberto sufoca-a de
beijos. Ela debate-se gritando e rindo*) Socor...
(*idem; perdidos de riso, os três assistem à cena. De
repente, Nhonhô tem uma ideia. Enfia o chapéu na*

*cabeça, amarra um lenço sob os olhos, traça o sobre-
tudo à guisa de capa, como os bandidos americanos,
e avança)* Soco...

DAGOBERTO
(*como se representasse "Os Dois Proscritos" com o
Marcílio Lima)*
Nem mais um grito! Ninguém te ouvirá! Hás de
ser minha! As portas estão fechadas! O luar é surdo e
a floresta não ouve! Quem poderá vir arrancar-te de
meus braços?

NHONHÔ
Eu! (*grande susto de ambos. Nini grita) Hello
boy!* (*Dagoberto levanta os braços, como nas fitas,
Nhonhô arranca o lenço. Grandes gargalhadas)*

NINI
(*lançando-se nos braços de Nhonhô,
perdida de riso)*
Titio!

NHONHÔ
(*rindo)*
Vocês se assustaram...

DAGOBERTO
(*rindo)*
O senhor tem jeito para bandido...

NINI
(*lançando-se nos braços de Mariquinhas)*
Vovozinha do coração! Vovozinha! (*beija-a muitas vezes. Dagoberto abraça-a também)*

PIMPINHA
E eu? A mim não se dá um beijinho?

NINI
Tome, titia! Tome! Que surpresa agradável, não é mesmo, Dagoberto?

DAGOBERTO
(*um pouco contrafeito*)
É. Muito agradável...

NHONHÔ
(*irônico*)
Muito agradável... Mas não se assustem, que nós já vamos embora...

NINI
Por que essa pressa? (*a dona Mariquinhas*) Sabe que estou muito contente com a minha casinha? Como ficou lindinha esta sala, depois de arranjada por você. (*beija-a*) Quantas flores!... As hortênsias de que eu tanto gosto... Tudo trabalho desta avozinha bonita do coração. (*beija-a*)

MARIQUINHAS
Não gaste os beijos todos comigo, minha filha...

DAGOBERTO
Não faz mal. Temos um sortimento grande...

NINI
Mas está mesmo uma teteia a casinha!

NHONHÔ

E você ainda não reparou na cascatinha e nas montanhas adormecidas... (*todos riem*)

PIMPINHA

Podem rir. Eu sou romântica e acabou...

JOÃO
(*entrando, acompanhado de Maria, com valises
e cestos de flores*)
Deixo as flores aqui?

NINI

Não. As valises para o quarto, Maria.

MARIA

Sim, senhora. (*leva-as*)

NINI

E as flores... Ajude, Maria. Esta cesta aqui, junto à mesa do meu maridinho! Assim, não está bem?

DAGOBERTO
Ótimo!

NHONHÔ

Não pergunte. Nos primeiros tempos, tudo que você fizer ele achará ótimo.

DAGOBERTO

Em todos os tempos...

PIMPINHA

Você pensa que todos são como você?...

NINI

Vamos pôr estas na sala de jantar. Vamos, vovozinha. Vamos, titia. (*saem todos, palrando. Nhonhô e
Dagoberto ficam*)

NHONHÔ

Que alegria! É um encanto, essa pequena. Vocês
vão ser felizes... Moços, alegres, ricos, inteligentes...

DAGOBERTO
(*rindo*)
A inteligência influi na felicidade conjugal?

NHONHÔ

É a base. É a pedra angular... depois do amor.
Vocês se amam?

DAGOBERTO

Como é possível no século...

NHONHÔ

Mas não foi um pouco precipitado esse casamento?

DAGOBERTO

Precipitado?! Conhecemo-nos há um mês!

NHONHÔ

Acha muito?

DAGOBERTO

Uma eternidade. O casamento, hoje, não é como
no tempo em que Judas teve sarampo... "Você gosta
de mim? Eu também de você!" Pronto. Na Rússia é

quanto basta. Caderneta de Identidade apresentada ao pretor, para registro nos livros, e acabou!

Nhonhô

Na Rússia, onde há divórcio, compreendo. Mas, aqui, o caso muda de figura. Aqui, é para toda a vida!

Dagoberto

Mas eu pretendo ficar com Nini para toda a vida. Gosto muito dela!

Nhonhô

Tem certeza?

Dagoberto

É claro!

Nhonhô

Às vezes a gente pensa que gosta, mas não gosta... A precipitação, a pressa com que se escolhe... Você nunca foi empregado do comércio. Pode dar-se ao luxo de ser romancista, no Brasil, porque é rico... Pois o comércio fecha-se todo à mesma hora. O empregado, quando precisa de um par de sapatos, aproveita a folga da hora do almoço para comprá-lo. Entra na primeira sapataria, escolhe, calça, paga e sai muito satisfeito... No primeiro domingo, porém, quando passeia calma e folgadamente pela cidade, passa, por acaso, diante de uma vitrine de sapatos. Para. E lá está, por menor preço, uma infinidade de sapatos mais bonitos que os seus... Mas ele já comprou... E quando os que tem nos pés apertam, o desespero é maior ainda! E o consolo é passar a vida olhando para os sapatos dos outros, com uma vontade louca de trocar... A diferença é que sapato acaba logo e mulher custa a acabar como o diabo! Entorta o salto, a pelica enruga... mas arrebentar é muito raro...

NINI

Eu não sou empregado do comércio e Nini não é sapato. Seremos companheiros leais e afetuosos na vida. Combinamos tudo. Confiança. Liberdade. Dois companheiros. Dois grandes e leais amigos. E a felicidade conjugal não é outra coisa.

DAGOBERTO

(entrando, muito risonha, com um avental de criada, um guardanapo no braço – como as garçonetes – acompanhada de João, que traz uma bandeja com taças e uma garrafa de champanhe aberta)
Vossas Excelências tomam champanhe?

NHONHÔ
Que linda garçonete!

DAGOBERTO
(tirando a bandeja das mãos de João)
Nesse caso, faço questão de ser o garçom.

PIMPINHA
(dentro)
Nhonhô! Ó Nhonhô!

NHONHÔ
Morreu alguém?

PIMPINHA
(*entrando*)

Veja que coincidência! Veja! (*apresenta-lhe um pano de prato*) Um pano de prato igualzinho ao nosso! (*a Dagoberto*) Mamãe, quando nos casamos, mandou bordar um pano de pratos com esses mesmos dizeres: "Feliz lua-de-mel", não foi, Nhonhô?

DAGOBERTO
(*rindo, a Nhonhô*)

E regulou?

NHONHÔ
(*ao ouvido de Dagoberto*)

Deu um azar desgraçado!

DAGOBERTO
(*ao ouvido de Nhonhô*)

Vou jogar fora...

PIMPINHA
(*a dona Mariquinhas, que se aproxima, acompanhada de Maria, que traz um prato de cristal, forrado com um guardanapo rendado, cheio de biscoitos*)

Tudo igualzinho ao nosso, sabe, dona Mariquinhas? Petrópolis, sala de estar, flores, cortinado, luar, rio, cascatinha. Tudo, tudo igualzinho, não é, Nhonhô?

DAGOBERTO
(*rindo*)

A senhora esqueceu as montanhas adormecidas...

NHONHÔ
As nossas estavam acordadas. A Pimpinha falou tanto que elas acordaram! (*risos*)

PIMPINHA
Riam do meu romantismo... Não me importo!... (*riem todos*)

NINI
(*que terminou de encher as taças*)
Pronto, o champanhe!

MARIQUINHAS
E biscoitos.

NHONHÔ
Vocês estão tratando bem a gente...

DAGOBERTO
(*a Nini, rindo*)
Assim, eles não vão embora...

NINI
É para isso mesmo...

NHONHÔ
Sim...

NINI
Vocês falaram mal de mim, enquanto estive lá dentro? Estou com a orelha esquerda pegando fogo...

DAGOBERTO
Mal? Diante de mim?

NHONHÔ

Pelo contrário: bem, muito bem. Falamos muito bem de você, Nini. Dagoberto disse-me coisas lindas a seu respeito... Disse-me que a ama loucamente...

DAGOBERTO
(*fingindo-se envergonhado*)
Ah! Não diga isso, que eu fico vermelho.

NHONHÔ

Dois companheiros. Dois grandes e leais amigos. Essa é a combinação feita para a felicidade do novo lar. Confiança. (*olhando, com intenção, para Pimpinha*) Liberdade! Com tal programa a felicidade não pode falhar. (*novamente com intenção*) Confiança. Liberdade!

PIMPINHA

Você diz isso olhando para mim, por quê? Liberdade? Você não vai todos os dias ao escritório, sozinho? (*risos*) Eu podia ir junto, não é, dona Mariquinhas? E à noite eu não deixo você ir ao cinema?

NHONHÔ
Junto com você...

PIMPINHA

É claro! Você tem coragem de confessar que desejaria sair só, à noite? Viu, doutor Dagoberto? Viu, Nini? Viram como ele confessa que tem vontade de me enganar?

NHONHÔ
Eu?

PIMPINHA

É claro. Isso é que me ofende... Parece que a gente é um trapo velho, a que não se dá importância...

DAGOBERTO

O ciúme da mulher ofende os brios de um homem de bem.

PIMPINHA
(*rindo, irônica*)
Como humorismo, é irresistível!

DAGOBERTO

O homem precisa de liberdade. Desde pequeno, nas recomendações paternas, nas lições dos livros e dos professores, ele aprende que viver com dignidade é ser livre, é defender com brio os princípios de sua independência mental. É possível que a própria mulher venha cercear a liberdade do marido, sem despertar uma revolta íntima no seu ser? O homem que se submete não tem vergonha.

PIMPINHA

Oh!...

DAGOBERTO

Depois, o homem precisa de ambiente para progredir. No clube ou no café, à noite, fora das horas em que todos os homens lutam pela vida, ele pode aumentar o círculo das suas relações sociais, que lhe podem ser úteis na política, nas artes, no comércio ou em muitas das suas outras atividades, para o bem de sua família e de sua casa.

NHONHÔ

Muito bem! Se Nini não se tivesse casado com você, quem se casava com ela era eu! É isso mesmo! O ciúme é uma praga. Judas enforcou-se porque alguém lhe disse: "Teu castigo, traidor, será casares com uma mulher ciumenta!"

DAGOBERTO

Está ouvindo, Nini? (*Nini aprova com a cabeça*)

PIMPINHA

Nini é uma ingênua. Não sabe nem o que é o ciúme...

DAGOBERTO
(*rindo*)

Ciúme... é a arte de transformar o paraíso em inferno... A ciumenta é a criança inconsciente que quer segurar a chama... Apaga a chama e se queima. Porque ela faz sofrer, mas sofre... Às vezes, o ciúme (*rindo*) chega a ser ridículo...

PIMPINHA

Otelo ficou imortal na sua tragédia...

DAGOBERTO

Mas Otelo matou... Otelo, se fosse mulher, passaria a vida toda beliscando Desdêmona... A ciumenta, minha filha, às vezes, dá até para coisas incríveis... (*rindo*) A ciumenta transforma-se em canibal... cheira o marido...

NHONHÔ

É isso mesmo. Dá para cheirar. Vive com o nariz no ar, cheirando. Cheira a roupa, cheira a carteira, cheira tudo!

NINI

Que horror!

PIMPINHA
(*um pouco picada*)
Bem, vamos embora!

NINI

Cheirar! Que coisa horrível... Vovó está tão caladinha. Que diz você, vovozinha?

MARIQUINHAS

O remédio cura... O veneno mata. Vocês sabem quando o remédio passa a ser veneno?

NINI

Quando é ministrado em dose alta.

MARIQUINHAS

Isso mesmo. O ciúme é como a droga: pouco faz bem; muito é fatal.

NINI

Quer dizer que vovó acha que um tostãozinho de ciúme é bom... (*Mariquinhas aprova com a cabeça*)

DAGOBERTO

As pessoas que gozam saúde não devem tomar remédio, nem em doses homeopáticas... Não posso admitir o ciúme. E Nini não o terá. Promessa é dívida.

NINI

Não terei! Deus me livre! Ter que andar cheirando, como canibal...

PIMPINHA

Ninguém deve dizer: desta água não beberei...

NINI

É, vovó?

MARIQUINHAS

É... Mas você diga. Diga, porque... Eu vou fazer uma revelação... João! Maria! Vão ver se eu estou lá dentro...

JOÃO *e* MARIA

Sim, senhora. (*saem rindo e curiosos*)

MARIQUINHAS
(*reunindo todos em torno de si*)
Vocês vão ficar boquiabertos. (*olhando para todos os lados*) Vou revelar-lhes um segredo que pretendia levar para debaixo da terra, comigo...

NINI

Você está me assustando...

PIMPINHA

Estou curiosa. Diga...

MARIQUINHAS

Eu... Não contem a ninguém!

NINI
Diga, vovó!

MARIQUINHAS
Eu... sou feiticeira.

TODOS
(*incrédulos*)
Ah!... (*risos*)

MARIQUINHAS
Sou. Tenho um feitiço, que não falha, para consertar a felicidade conjugal ameaçada.

PIMPINHA
Não diga! A senhora há de me ensinar esse feitiço!...

NHONHÔ
Para nós não serve. É para a felicidade ameaçada. Para a felicidade escangalhada, ela não tem...

PIMPINHA
Engraçadinho...

DAGOBERTO
(*rindo*)
É só telefonar: vovó, traga o feitiço...

MARIQUINHAS
Só isso. Eu o trarei. Deus queira que vocês não precisem dele. Mas, se sentirem um arranhãozinho na felicidade, não vacilem: vovó, traga o feitiço...

(*risos*) E agora, à felicidade dos meus filhos! Para que eles nunca precisem do feitiço da vovó!... (*todos levantam as taças*)

PIMPINHA, MARIQUINHAS *e* NHONHÔ
Felicidades!... Felicidades!... (*chocam as taças*)

DAGOBERTO *e* NINI
Obrigado, obrigada. (*bebem*)

MARIQUINHAS
E, agora, vamo-nos embora.

NINI
Ainda é cedo...

DAGOBERTO
(*rindo*)
Olhe que eles ficam... (*risos, despedidas, beijos, abraços*)

PIMPINHA
Adeusinho, Nini! Seja feliz! Até um dia, doutor Dagoberto. Faça-a feliz, ouviu?

DAGOBERTO
Farei o possível... não é, Nhonhô?

NHONHÔ
Adeus, Dagoberto. "Chance." Adeus, Nini! "Confiança! Liberdade!" Bonito programa de governo...

MARIQUINHAS

Adeus, minha filha!... (*beijam-se com emoção. Uma lágrima. Um sorriso*) Adeus, meu filho... (*abraça-o. Ele beija-lhe a mão e a testa*)

DAGOBERTO

Até... quando?

MARIQUINHAS

Durante dois meses vocês não me verão. Aproveito a oportunidade para ir a São Paulo, tratar de uns negócios... Não quero que Nini reparta comigo a felicidade que deve ser só de vocês dois. Telefonarei de vez em quando, e, não se esqueçam, se houver alguma coisa, é só pedirem...

DAGOBERTO *e* NINI

Vovó, traga o feitiço... (*riem*)

NINI

Maria! João!

MARIA *e* JOÃO
(*aparecendo*)

Senhora. (*riem*)

DAGOBERTO

Vocês ouviram o que a vovó contou?...

MARIA

Deus me livre!

JOÃO

Nós, não!

MARIA

Não somos capazes de ficar escutando!...

NINI

Bem, tirem essas taças daí, apaguem a luz e podem deitar-se. Nós vamos acompanhar vovó...

JOÃO

Sim, senhora. Muito boa noite.

MARIA

Boa noite.

DAGOBERTO
(*de repente*)

Então, Maria, não esqueça. Se você vir alguma coisa de anormal aqui, ligue para São Paulo, e sabe o que há de dizer a dona Mariquinhas?

MARIA
(*caindo*)

Vovó, traga o feitiço... (*João morde o dedo de raiva. Todos riem*)

DAGOBERTO
(*rindo*)

Não escutem mais às portas, que é feio...

MARIA
(*choramingando*)

Foi sem querer...

MARIQUINHAS
(*saindo*)

Não precisa chorar. Adeusinho.

PIMPINHA *e* NHONHÔ
(*idem*)
Até breve. Felicidades.

DAGOBERTO *e* NINI
(*idem, acompanhando-os*)
Adeus! Até breve! Adeus. (*murmúrio. Despedidas lá fora: "Felicidades." "Obrigado." "Adeus!"*)

JOÃO
Você é mesmo laranja... Caiu como um patinho no negócio do feitiço...

MARIA
Não amole. Venha ajudar aqui que é melhor.

JOÃO
Se não me chamar de Joãozinho, não vou...

MARIA
Ah!

JOÃO
(*ajudando a tirar a mesa, imitando Pimpinha*)
Que lindas taças, iguaizinhas às nossas, não é, Nhonhô?

MARIA
(*rindo e receosa a um tempo, lançando um olhar
para a porta*)
João!

JOÃO
Olhe o luar, o rio, a cascatinha, as montanhas adormecidas...

JOÃO!...

MARIA
(*idem*)

JOÃO
Olhe as montanhas adormecidas. (*Maria olha,
João lhe dá um beijo*)

MARIA
João!... Eu derrubo as taças!

JOÃO
(*apagando a luz*)
João e Maria!... Não! Tenha paciência! Olhe a
cascatinha, as montanhas adormecidas e não estrile.
(*beija-a na nuca*)

MARIA
(*saindo, a correr, pela D.A.*)
João, não amole, João!

JOÃO
(*perseguindo-a*)
Não grite! Cale a boca! Olhe as montanhas adormecidas... (*saem. Buzinas, fora. "Adeus, Adeus!"
Dagoberto e Nini voltam. Da porta ainda agitam as
mãos, num último adeus*)

NINI
(*entrando*)
Coitadinha da vovó... (*pausa. Rompe, lá fora,
bem chorosa, a serenata... Violões e uma modinha bem
brasileira*) Ouça... que é isso?

DAGOBERTO

Deve ser o feitiço da vovó... (*riem. Ouvem em silêncio. De repente*) Agora, peguei. (*beija-a*) E agora, quem a socorrerá?

NINI

Dagoberto!... (*enlaçam-se. Beijam-se longamente. O luar, através do cristal do teto, espia, indiscretamente... Eles beijam-se mais longamente ainda. A serenata continua lá fora, muito ao longe*)

DAGOBERTO

Minha para toda a vida! Minha... e feliz!

NINI

Muito feliz!

DAGOBERTO

Sem nunca precisar do feitiço da vovó... (*vai beijá-la novamente. Ela corre. Ele persegue-a*)

NINI
(*rindo*)

Não! Não se aproxime... Não se aproxime! Eu grito por socorro!...

DAGOBERTO
(*seguindo-a*)

Amordaço-a já com beijos... Dê-me um beijo!

NINI
(*rindo muito*)

Não!... Não!... Não!...

DAGOBERTO

(*alcançando-a*)

Sim... Sim... Sim... E agora, quem será capaz de tirá-la dos meus braços?...

NINI

Meu amor! Meu amor! (*beijam-se novamente. A serenata está mais longe. A cortina fecha-se lentamente, e acabou a Primeira Gravura*)

2ª *Gravura*

A serenata continua lá fora. A cortina entreabrese. Luz do refletor da frente. Aparece a grande folhinha marcando "21 de Novembro". Pausa. Uma mão desfolha-a. Surge o "22 de Novembro". Cessa a serenata. Ouvem-se gorjeios de pássaros. Beijos estalados. Risos. E a mesma grande mão vai desfolhando o calendário, até "29 de Dezembro" – tempo suficiente para mudança, rápida, de roupa, de Dagoberto e Nini. Ao chegar "29 de Dezembro", ouve-se o ribombo de um trovão. Tempestade. E a cortina descerra-se, preguiçosa.

3ª *Gravura*

Mesmo cenário, sem flores. Dia úmido. Chove lá fora. Nini, num lindo pijama de Patou. *Dagoberto, vestido para sair.*

NINI

Não! Não se aproxime!... Não se aproxime! Eu grito por socorro...

DAGOBERTO

Amordaço-a, se preciso for! Dê-me a gabardine!

NINI

Não!... Não!... Não!...

DAGOBERTO

(alcançando-a)

Sim! Sim! Sim! (tirando-lhe a gabardine das mãos) E, agora, quem será capaz de impedir-me que saia?

NINI

Bandido! Bandido! (atira-se numa cadeira, em pranto convulso)

DAGOBERTO

Mas, Nini, ouça, pelo amor de Deus!

NINI

(aprumando-se)

Não ouço nada!

DAGOBERTO

É difícil acreditar que você, inteligente, seja capaz de um papelão destes! Preciso sair. Tenho que rever as provas de meu livro. Assumi esse compromisso com o editor!

NINI

E foi por isso que você, ontem, voltou às dez horas da noite?

DAGOBERTO

Não telefonei explicando que ia jantar com um amigo que partia para a Europa? Não a convidei para sair comigo, como todas as noites?

NINI

Para quê? Para ver você sorrir e cumprimentar todas as sirigaitas que passam por nossa frente? Para ser apresentada a essas foguetas, que têm o despudor de chegar perto de você, na minha frente, para fazer declarações de amor?

DAGOBERTO

Declarações de amor?

NINI

Então? Anteontem, no Trianon, aquela sapeca não disse: (*espevitada*) "Doutor Dagoberto, gostei muito do seu último livro!"

DAGOBERTO

E isso é uma declaração de amor?

NINI

É. Elas dizem que gostam de seus livros, porque não podem dizer, na minha presença, que gostam de você!...

DAGOBERTO

Mas isso é inconcebível, dona Pimpinha! (*a um olhar fulminante de Nini*) Dona Pimpinha, sim! Qual o motivo de queixa que você tem contra mim? Não saíamos sempre juntos até anteontem?

NINI

E por que não aconteceu a mesma coisa ontem?

DAGOBERTO

Porque você não quis.

NINI

Não quis para ver se você tinha coragem de não me levar.

DAGOBERTO

E daí? Que aconteceu de mais para você estar se portando como uma ventoinha? Telefonei para casa dizendo que vinha mais tarde. Cheguei às dez horas, carinhoso como sempre...

NINI

E a camisa? E o cheirinho que você trazia na camisa?

DAGOBERTO

Quê?! Você anda me cheirando?!

NINI

Ando!

DAGOBERTO

Canibal!... Cheirando como um canibal!... Não! Isso não pode continuar assim! Assim, não! Assim, nunca mais você me verá! (*menção de sair*)

NINI

Dagoberto!

164

DAGOBERTO

Que é?

NINI

Você tem coragem, depois de um mês de casado, de faltar a tudo que me prometeu?

DAGOBERTO

Eu? Sou eu quem está faltando? Não foi a senhora que jurou nunca ter ciúmes de mim? Não foi a senhora que combinou não cercear a minha liberdade, a minha independência, a minha vida de escritor? A senhora não é médica? Depois que se casou, já abriu um livro de medicina, já passou a mão num microscópio para ver se descobre, ao menos, o micróbio do ciúme, que é o micróbio mais daninho, mais cacete e mais piegas do mundo? Confiança! Liberdade! Confiança – em quê? – se a senhora acaba de confessar que chegou ao cúmulo de me cheirar como se eu fosse um ovo duvidoso! Liberdade, e não quer que eu saia, pretendendo cercear-me até a liberdade de locomoção, que a constituição me garante! E fui eu, depois de um mês e pouco de casado, quem teve a coragem de faltar a tudo quanto promete?

NINI

Dagoberto!

DAGOBERTO

A senhora não jurou que seria "um companheiro leal e afetuoso na minha vida?" (*Nini confessa que sim, com a cabeça*) E a senhora já viu um companheiro leal e afetuoso andar cheirando o outro?

NINI

Mas, Dagoberto. Como você quer, não é possível. Confesso que exorbitei, um pouco... Mas você há de concordar que é excessiva a liberdade que você mantém no tratamento com todas as mulheres suas conhecidas do tempo de solteiro! Você não admite uma pergunta que não se chega a fazer, apenas enunciada num olhar... Vamos, sejamos razoáveis! Você cederá um pedacinho e eu outro...

DAGOBERTO

Não, senhora! A liberdade é como a cruz: inteira, é um símbolo; partida, é um pedaço de madeira como outro qualquer... Não pode ser! Combinamos não travar conhecimentos com o ciúme. Combinamos liberdade absoluta. Faço questão que isso prevaleça. De hoje em diante, sairei quando quiser!

NINI

Dagoberto!...

DAGOBERTO

Voltarei quando quiser...

NINI

Dagoberto!

DAGOBERTO

E, se não quiser, não voltarei mais!

NINI
(*chorando*)

Dagoberto!

DAGOBERTO

É isso. E, para que não pense que sou um egoísta, declaro-lhe que a senhora é a senhora absoluta do seu nariz! Tem a mesma liberdade que eu tenho...

NINI

Mas isso não é possível! Você pensa que o Brasil é a América do Norte, a Alemanha, a Inglaterra ou outro país qualquer de velha civilização, onde se admite que a mulher ande, como um homem, por onde quer? Não vê que a maledicência arrasará minha reputação! Não vê que isso será a ruína definitiva da nossa casa? Você próprio será capaz de recriminar-me à primeira carta anônima que receber...

DAGOBERTO

Sou mais nobre que você. Tenho absoluta confiança em você. Sou um homem superior. Não tenho, nunca terei ciúmes em minha vida!

NINI

Mas então você não gosta de mim?

DAGOBERTO

Ora, dona Pimpinha!... (*Nini encara-o*) E está combinado. De hoje em diante, é assim: Liberdade! Se, no fim de um certo tempo, você compreender a vida assim, muito que bem. Senão, teremos o paliativo brasileiro do desquite. Adeus! (*sai*)

NINI

(*depois de breve indecisão*)
Dagoberto! Dagoberto! (*encosta-se ao batente da porta, chorando. Telefone. Nini volta-se. Limpa os olhos*) Maria!

MARIA

Senhora!

NINI

Atenda o telefone. Não estou para ninguém.

MARIA

É de São Paulo...

NINI

Hein?

MARIA

O doutor Dagoberto não disse que, quando eu visse alguma coisa de anormal aqui, telefonasse para dona Mariquinhas? Pedi a ligação da extensão lá de dentro... (*telefone torna a tocar*) Atendo?

NINI
(precipitando-se para o telefone)

Não. Deixe. (*atendendo*) Alô? É você? Sou eu... Nini... Sou eu, sim. (*num soluço infantil*) Vovó... traga o feitiço... (*larga o telefone e cai soluçando sobre a mesa*)

PANO

FIM DO PRIMEIRO VOLUME

SEGUNDO VOLUME

4.ª *Gravura*

Cortina com o calendário marcando "2 de Janeiro de 1932". O mesmo cenário. Onze horas da manhã. Lá fora, sol, alegria. Cá dentro, desordem, sinais evidentes de desolação. Desmazelo absoluto na arrumação dos móveis. Roupas espalhadas pelas cadeiras. Nem uma flor nos vasos entristecidos. Jornais espalhados pela mesa. Livros desarrumados na biblioteca. Ao descerrar-se a cortina, Dagoberto escreve, nervosamente, à mesa da biblioteca. Pequena pausa. Buzina de automóvel. Dagoberto toca um tímpano. João aparece.

DAGOBERTO
Veja quem chegou.

JOÃO
(*correndo à porta, por onde espia*)
O doutor Oliveira. (*rápido, arruma uma cadeira, tira um casaco de uma poltrona, apanha um jornal do chão*)

DAGOBERTO
(*enérgico*)
Que está fazendo?

JOÃO
Não quer que arrume um pouco?

DAGOBERTO
(*idem*)
Deixe tudo como está. Não mova uma palha!

JOÃO
(*rápido, colocando tudo como encontrou*)
Sim, senhor...

NHONHÔ
(*entrando. Ares assustados*)
O doutor Dagoberto?

JOÃO
Está aí. (*toma o chapéu de Nhonhô*)

DAGOBERTO
(*a João*)
Deixe-nos a sós. (*levanta-se e começa a juntar as laudas que estava escrevendo*)

JOÃO
Sim, senhor. (*coloca o chapéu do recém-vindo sobre a mesa pequena e sai assustado. Há um silêncio*)

DAGOBERTO
Ouviu bem tudo o que lhe disse pelo telefone?

NHONHÔ

Ouvi, assombrado. Foi só o tempo de apanhar o chapéu, deixar o escritório e tocar para aqui. Mas estou certo de que você exagerou. Estava exaltado...

DAGOBERTO

(*exaltadíssimo*)

Exaltado?! Nunca estive mais calmo na minha vida. (*passeia agitado*) Exagero?! Não disse tudo... Tive vergonha do telefone. É tão revoltante o que se tem passado, que eu tive vergonha do telefone! Sabe o que eu estava escrevendo, quando o senhor entrou? (*mostra-lhe as laudas*)

NHONHÔ

Um novo romance?...

DAGOBERTO

É o meu romance! É o romance da minha vida nestes dias vergonhosos! É o romance doloroso da minha desilusão e da minha revolta! Vou entregá-lo ao meu advogado...

NHONHÔ

Ao advogado?

DAGOBERTO

Não percebeu? Não sabe ainda o que é isto?

NHONHÔ

Você não disse que é um romance?

DAGOBERTO

Um romance descritivo da maior ignomínia a que um homem pode estar sujeito. Vou entregá-lo ao advogado. O advogado entrega-lo-á ao juiz: são as razões para a minha petição de desquite!

NHONHÔ

Não pode ser! As coisas não podiam ter chegado a esse ponto!

DAGOBERTO

Mas chegaram!

NHONHÔ

Eu vou falar a Nini...

DAGOBERTO

Não vai. Não adiantaria nada. Tentei tudo o que é possível para evitar este desfecho. Ela chegou a tudo! Até já me cheirou!...

NHONHÔ
(*sem poder deixar de sorrir*)
Não é possível!...

DAGOBERTO
(*no auge da indignação*)
Cheirou!... O senhor ouviu, perfeitamente, na noite do nosso casamento, ela afirmar que nunca teria ciúmes, só para não ter – palavras dela – "que andar cheirando como um canibal". Pois, apesar disso, ela me cheirou! Cheirou e cheira, todas as manhãs! Nossos quartos estão separados. Um horror! Veja

que a situação chegou ao cúmulo! Os criados tomam parte nas deliberações. Dão opiniões, que ela lhes pede. Discutem. Sentenciam... Veja, portanto, que o único remédio é este: o desquite!

NHONHÔ

Não pode ser. Vocês são duas figuras de relevo social. Isso será um escândalo inominável... Depois, quando se reconciliarem, porque vocês hão de re-conciliar-se...

DAGOBERTO
(*decisivo*)

Absolutamente!

NHONHÔ

Isso é criançada... Uma nuvem que passa... É preciso não tomar a nuvem por Juno... Se todos os maridos se desquitassem das esposas pelas simples razões que você me apresenta, mais da metade do Brasil estaria desquitado...

DAGOBERTO

Simples razões? Eu já não lhe disse que ela me cheirou?

NHONHÔ
(*sorrindo*)

Você está exaltado...

DAGOBERTO
(*agitadíssimo*)

Exaltado?! Nunca estive tão calmo em toda a minha vida...

NHONHÔ

Estou vendo... Mas isso tudo passa... Não há casal que não tenha a sua rusgazinha... Há até maridos que as provocam, para depois fazerem as pazes... A paz, em tais casos, é uma lua-de-mel que se renova... Não digo que Nini não tenha se excedido... Criancice... Pequena mimada que nunca foi contrariada... Eu vou falar com ela...

DAGOBERTO

Ela não o atenderá...

NHONHÔ

Vou falar com ela...

DAGOBERTO

Ela não está em casa.

NHONHÔ

Mas não está em casa, por quê?

DAGOBERTO

Porque saiu.

NHONHÔ
(*sorrindo*)

Isso é lógico. Mas saiu a passeio ou abandonou o lar?

DAGOBERTO

Foi esperar a avó.

NHONHÔ

Ah! Dona Mariquinhas chega de São Paulo? Ela a teria chamado?

DAGOBERTO

Não sei. Sei que chega hoje pelo Cruzeiro. (*olhando para o relógio que deve marcar onze e um quarto*) Já deve ter chegado.

NHONHÔ

Quer dizer que a minha intervenção no caso não tem mais razão de ser.

DAGOBERTO

Pelo contrário. Foi por isso que lhe pedi que viesse falar-me. Em primeiro lugar, quero que veja, com seus próprios olhos, o estado desta casa. O senhor vai ser a minha testemunha no processo.

NHONHÔ

Eu?! Eu sou seu tio, sou suspeito...

DAGOBERTO

Suspeito, se fosse contra mim; contra ela, não. O senhor vai sair comigo. Vai passar o dia comigo, para ver como eu me porto. Às dez horas, virá para esta casa, comigo. Verá como sou recebido. Ouvirá os insultos que ela me dirige. Assistirá às cenas inconcebíveis que ela representará e, cumprindo o seu dever de homem de bem, deporá em juízo, narrando apenas a verdade.

NHONHÔ

Tenha paciência. Contra Nini? Não é possível.

DAGOBERTO

Então, o senhor confessa que é contra mim?

NHONHÔ

Não confesso nada! Não sou contra nenhum dos dois...

DAGOBERTO
(*resoluto*)

Está bem. O senhor, agora há pouco, falou que se devia evitar o escândalo. Eu também pensava como o senhor e para isso o chamei. O senhor quer o escândalo?

NHONHÔ

Eu?

DAGOBERTO

Pois o escândalo se dará. Esta noite trarei para casa uma autoridade policial. Diante dela é que sua sobrinha vai me insultar, me cheirar, fazer as cenas mais vergonhosas que se podem imaginar! E amanhã, quando o senhor sair de casa para ir ao seu escritório, vai lavar-se com água de rosas, ouvindo o pregão dos garotos de jornais: "O escândalo da estrada Rio-Petrópolis! A mulher que cheirou o marido na frente da polícia!" O senhor quer o escândalo, não é? Pois terá o escândalo!

NHONHÔ
(*assustado*)

Mas você está louco, Dagoberto?

DAGOBERTO

O senhor é quem vai promover esse escândalo todo e eu sou quem está louco? Essa é muito boa! Quer ou não quer ser minha testemunha?

NHONHÔ

Mas como hei de justificar a minha ausência de casa durante todo o dia e uma parte da noite? Se contar a verdade, minha mulher não me deixará vir; se não contar, haverá um escândalo muito maior do que o seu.

DAGOBERTO

Mas reaja! Faça como eu! Desquite-se! Eu serei sua testemunha.

NHONHÔ

Agora é tarde. Vinte e dois anos de casado. Uma filha...

DAGOBERTO

Arranje uma desculpa. Uma viagem...

NHONHÔ

Ela quererá ir junto. Nunca viajei sozinho...

DAGOBERTO

Um amigo que morreu de síncope cardíaca...

NHONHÔ

Ela irá guardar o defunto comigo...

DAGOBERTO

Desculpe! O senhor é o homem mais infeliz do mundo! (*sentando-se*) Uma reunião no Palácio do Catete para tratar do caso do café. O senhor não é comissário do café? Não acredito que ela queira ir a uma reunião no Catete.

NHONHÔ

Mas pela noite a dentro?

DAGOBERTO

O senhor não será o culpado. O presidente marcou às cinco horas da tarde e recebeu às nove da noite. Discussão pra lá, discussão pra cá, onze e tanto. À meia-noite, o senhor estará em casa. Ou, então, o escândalo!

NHONHÔ
(*indeciso*)

Você deixa a gente numa situação... E depois – tenho certeza – isso acabará em nada...

DAGOBERTO

Não, senhor. Não admito ciúme!

NHONHÔ

Mas, com os conselhos da avó, ela diminuirá...

DAGOBERTO

Nem isso. (*marca com o polegar a ponta do indicador*) Ciúme é ridículo! É aviltante! É inferior! Liberdade absoluta de parte a parte. Eu sou americano – o senhor tinha razão – comprei o "sapato" às pressas. Está me apertando... (*buzina*) Cale a boca! São elas. Cale a boca. (*corre à porta e fecha-a*)

JOÃO
(*aparecendo à D.A.*)

É dona Nini...

DAGOBERTO

(*tirando o paletó e deixando-o no espaldar
duma poltrona*)
Quer ver? (*a João*) Se perguntarem por mim,
diga que não sabe. (*arrastando Nhonhô*) Venha.
(*encaminha-se para o quarto da D.M. Ouve-se uma
campainha. Já da porta do quarto*) Abra! (*sai com
Nhonhô e fecha a porta. João, depois de menear a
cabeça, vai abrir, já no segundo toque prolongado
da campainha*)

NINI

(*entrando com dona Mariquinhas e Maria,
esta carregada de valises*)
Por que se demorou tanto? Toquei mais de uma
hora! (*tira o chapéu. Está com os cabelos em desali-
nho. Olheiras fundas. Quase nenhuma pintura. Aspecto de completo desprendimento pelo mundo*)

JOÃO
Estava lá dentro... (*Maria sai para a E.A., onde
vai guardar as valises, voltando em seguida*)

NINI
E o seu patrão?

JOÃO
Não sei, não senhora. Não o vi.

NINI
(*entredentes*)
Deve estar dormindo... É sempre assim, vovó.
Nunca se levanta antes do meio-dia!... as pândegas

cansam... (*dona Mariquinhas aperta-lhe o braço e estende o lábio inferior, para mostrar o criado*) Não faz mal. Todo mundo sabe... (*a João*) Vá ajudar o chofer a trazer as malas de vovó. Entrem pela porta de serviço.

JOÃO

Sim, senhora. (*sai pelo F.E.*)

NINI
(*assim que Joao sai*)
Você já está ao par de tudo, vovó! Contei-lhe tudo, tudinho, durante a viagem e até agora você não deu uma palavra.

MARIQUINHAS
(*sempre bondosa, sorrindo, acabando de tirar o seu toucado de viagem*)
Você ainda não me deixou falar, minha filha!...

NINI
(*ressentida*)
Ah! Vovó!... (*ansiosa*) Fale, vovó, fale agora, que acha você de tudo isto?

MARIQUINHAS
Acho que isto está horrível e que é preciso você dar um jeito imediatamente...

NINI
(*triunfante*)
É, não é, vovó? Diga! Que devo fazer?

MARIQUINHAS
Em primeiro lugar...

NINI
(*ansiosa*)
Em primeiro lugar... Presta atenção, Maria. (*Maria aproxima-se, ardendo em curiosidade*) Em primeiro lugar...

MARIQUINHAS
Encher estes vasos de flores... arrumar esta sala... dar-lhe um aspecto de felicidade... Onde pôs os canários que estavam na varanda?

MARIA
Dona Nini mandou pôr na copa...

MARIQUINHAS
Vamos pendurar as gaiolas, novamente, na varanda... (*Nini cai numa cadeira, soluçando*) Ué!... Que é isso, "sua" Maria chorona?

NINI
(*entrecortando as frases com soluços*)
Ah! Vovó!... Até você? Você, a única pessoa em que eu tenho confiança, trata-me com esse pouco caso!

MARIQUINHAS
Eu, minha filha?!

NINI
Diga francamente tudo, diga!...

MARIQUINHAS

Dizer o quê?

NINI

Minha única esperança, vovó, minha única esperança!... Bebo Veronal e está tudo acabado!...

MARIQUINHAS

Mas você está louca?!

NINI

Diga com franqueza: você não sabe? Você não trouxe?

MARIQUINHAS

Não trouxe o que, minha filha?

NINI

(*chorando como uma criança*)
O feitiço... vovó... o feitiço!...

MARIQUINHAS

(*depois de sorrir, abanando a cabeça*)
Trouxe... trouxe o feitiço...

NINI

(*abraçando-a e beijando-a*)
Trouxe? Então não era pilhéria? Você é mesmo feiticeira? (*enquanto Nini faz essa série de perguntas, Maria, como uma tonta, olhando para todas as portas, cheia de nervos, anda de um lado para outro, agitando a mão direita e fazendo-a estalar como chicote. Mariquinhas, sorrindo bondosamente, vai*

182

respondendo a todas as perguntas da neta, balançando a cabeça afirmativamente) E onde está? Onde está o feitiço? Na valise?

MARIA
Eu vou buscar! (*entra como uma bala no quarto da E.A.*)

MARIQUINHAS
Espere, rapariga... Espere... (*é tarde. Maria já entrou e já vem saindo com todas as valises*)

NINI
Onde? (*tomando uma valise das mãos de Maria*) Nesta? (*tomando outra*) Nesta? (*como no esconde-esconde*) Está quente? Está frio?

MARIQUINHAS
Esperem... Esperem. Ponham as valises aqui sobre a mesa... Antes preciso saber mais alguma coisa... Isso de feitiço é muito grave. Preciso, antes, falar a seu marido... Saber se, de fato, tudo que você pensa não é produto da exaltação do ciúme... (*nesta ocasião, pé ante pé, quase arrastando Nhonhô, surge Dagoberto da D.M., ficando superior, ambos escondidos na antecâmara, mas bem visíveis do público. Nhonhô meneia a cabeça, como a reprovar tudo aquilo*)

NINI
Você duvida, vovó? Garanto, juro que ele tem uma mulher! Quer ver? (*baixando a voz*) Maria, vá escutar à porta do quarto dele. (*Maria vai. Dagoberto faz sinais para dentro, chamando João*)

MARIQUINHAS
(*reprovando*)
Que é isso, minha filha? (*João entra. Dagoberto fala-lhe ao ouvido. Gesto de pular a janela e ir para o quarto. João sai*)

NINI
Vou dar-lhe as provas. Escute, Maria. (*Dagoberto, braços cruzados, como quem diz: "Veja isto!"*) Vá, Maria.

MARIA
(*com o ouvido grudado à porta*)
Estou escutando, sim, senhora.

NINI
Escutando o quê?

MARIA
Nada. Está tudo quieto…

NINI
Deve estar dormindo…

MARIA
Espere.

NINI
Que é?

MARIA
Está dormindo, sim. Estou ouvindo roncar…

NINI

Está roncando?

MARIA

Está. Escute. (*escutam. Ouvem-se os roncos de João*) Esquisito. Nunca o ouvi roncar... Está roncando feio!

NINI

Está ouvindo, vovó? Quer maior prova do que esta? Nunca roncou e hoje está roncando.

MARIQUINHAS

Que tem isso, minha filha?

NINI

Sono de exausto, de quem andou na pândega desenfreada... Agora... Está roncando.

MARIA

Está.

NINI

(*tomando o paletó da cadeira*)
Cheire este casaco, vovó!

MARIQUINHAS

Eu, minha filha?!

NINI

(*chegando-lhe o casaco às narinas*)
Não está sentindo nada?

MARIQUINHAS
Cheiro de cigarros. Estão aqui...

NINI
Não. Aqui, vovó. Não sente um cheirinho de mulher à-toa?

MARIQUINHAS
(*rindo*)
Eu não conheço esta marca de perfume, minha filha...

NINI
Não disfarce, vovó. Há já vários dias que ele volta da rua com esse perfume. (*a Maria*) Cuidado, Maria!

MARIA
Não tem perigo. Está roncando!... Pode cheirar à vontade... Escute como ele ronca, dona Nini. (*faz-se silêncio. Ouvem-se roncos exagerados. Nini e dona Mariquinhas não escondem a sua estranheza. Nesse ínterim, Dagoberto desce da antecâmara, pé ante pé, e com toda cortesia rompe, de repente, o silêncio, bem pertinho do grupo que escuta os seus supostos roncos*)

DAGOBERTO
(*a dona Mariquinhas*)
Seja bem-vinda... (*as três voltam-se assustadas*)

NINI
Ué!...

186

MARIA
Minha Nossa Senhora! (*foge para D.A.*)

MARIQUINHAS
(*serena*)
Como vai, meu filho?

DAGOBERTO
(*beijando-lhe a mão*)
Como quem sente imensamente não poder gozar da sua carinhosa companhia, por ter de sair neste momento... Desculpe a sem-cerimônia do traje... (*por estar em mangas de camisa*) Não sabia que estava aqui...

MARIQUINHAS
(*segurando-lhe as mãos*)
Não almoçamos juntos?

DAGOBERTO
(*risonho*)
Infelizmente...

MARIQUINHAS
Nem jantamos?...

DAGOBERTO
Hoje, não... Tenho de tratar um negócio urgente ali do doutor Oliveira.

NHONHÔ
(*descendo*)
Mas, olhe, eu não tenho pressa...

DAGOBERTO
Mas é preciso ter, senão perde tudo...

MARIQUINHAS
Como vai, Nhonhô? E a Pimpinha?

NINI
(*quase simultaneamente*)
Estava escondido, titio? E a titia, como vai?

NHONHÔ
(*contrafeito, apertando as mãos que lhe
são estendidas*)
Bem... bem... todos bem...

DAGOBERTO
(*abrindo a porta do quarto da D.B., a rir*)
João, pare de roncar. Pode sair.

JOÃO
(*saindo*)
Sim, senhor. (*Nini fulmina-o com o olhar. João,
justificando-se, a meia voz, diretamente a ela*) Ele
mandou pular a janela e roncar, eu ronquei! A culpa
não é minha... (*sai pela D.A.*)

DAGOBERTO
(*rindo e cheirando o casaco que apanha no lugar
onde Nini o deixou cair*)
Que cheirinho bom! (*veste-o*)

MARIQUINHAS
O paletó estava no chão... Não quer uma escova?

DAGOBERTO

Muito obrigado. Aqui em casa não se usa escova. Temos coisa melhor. A senhora não conhece aqueles sugadores elétricos de pó, por meio de vácuo? Aqui em casa temos um que não é elétrico, mas suga bem todo o pó da roupa. (*aspira o ar com as narinas, com força, como se estivesse a cheirar e olha de soslaio para Nini*) Bem, adeusinho. Amanhã conversaremos... Até amanhã. (*beija a mão de dona Mariquinhas. Faz uma reverência ligeira a Nini e sai*)

NHONHÔ
(*confidencial, a Nini*)

Depois explico tudo. (*a dona Mariquinhas*) Conversaremos pelo telefone: isso não pode terminar assim...

MARIQUINHAS

Há um mês e pouco tão felizes...

NHONHÔ
(*tentando uma gracinha para desfazer
o ambiente pesado*)

Não sou supersticioso... mas a Pimpinha tanto fala nas montanhas adormecidas... (*uma buzinada*) Até logo, Nini. Até logo, dona Mariquinhas. (*sai a correr pelo F.E.*)

NINI
(*em prantos*)

Vovó, sou uma desgraçada!

MARIQUINHAS

Calma, minha filha, calma! Tudo se há de arranjar.

NINI
(*reagindo*)

Arranjar o quê? Você pensa que eu pretendo viver mais um minuto com esse monstro? Vovó! Vovó! Sou uma infeliz!...

MARIQUINHAS
(*rindo, aproxima-se da neta*)

Você é uma boba!

NINI
(*surpresa, levantando-se*)

Hein? Você não está com raiva de mim?

MARIQUINHAS

Você pensou que eu acreditei no que você disse?

NINI

Vovozinha do coração! E agora?

MARIQUINHAS

Agora o quê?

NINI

O feitiço?

MARIQUINHAS
(*sorrindo*)

Está bem... Vou dar-lhe o feitiço.

NINI

Vovó do meu coração!

MARIQUINHAS

Mas você vai me prometer que seguirá, cegamente, todas as minhas instruções.

NINI
(*solene*)
Juro por Deus do céu!

MARIQUINHAS

Muito bem. Você vai tornar-se o mais linda possível e tratar seu marido com a maior delicadeza deste mundo. Nem uma palavra áspera. Mesmo que ele namore na sua frente...

NINI

Se ele fizer isso, eu dou um tiro no coração dele e outro no meu!

MARIQUINHAS

Então, nada feito!

NINI

Desculpe, vovó. Diga o resto!

MARIQUINHAS

Mesmo que ele namore na sua frente, nem um sinal de aborrecimento. Sempre rindo! Sempre alegre! Toque piano, cante! Nem uma sombra de ciúme...

NINI

E se eu não puder resistir?

MARIQUINHAS

Para isso é que o feitiço vai servir. (*tirando do bolso do casaco um limão*) "A fé remove montanhas", disse Jesus. É preciso ter fé! Está aqui o feitiço.

NINI

Um limão?

MARIQUINHAS

Um limão. Toda vez que sentir vontade de explodir, aperte o limão com força, três vezes, e, mentalmente, reze estas palavras de um pensador inglês: (*abre um papelzinho e lê*) "Querer é poder! Dizendo 'eu quero', S. Francisco de Salles venceu a cólera, Santo Agostinho a vaidade, Santa Rita de Cássia o desalento, S. Francisco de Assis a dissipação! Com o 'eu quero', Sócrates demonstrou a imortalidade da alma e os mártires do cristianismo foram felizes! Eu quero ter calma! Eu quero ser boa! Eu não quero ter ciúmes!"

NINI

Que feitiço esquisito! Não entram corujas pretas, nem olhos de sapo?

MARIQUINHAS

Por enquanto, não...

NINI

E nele, não faço nada?

MARIQUINHAS

Um raminho de violetas na lapela, todas as manhãs, um sorriso...

NINI

Ora, vovó...

MARIQUINHAS

Espere. Pedaços deste limão, bem escondidos, nos bolsos dele, presos, cada um, com três alfinetes, e bolinhos esponja feitos com as cascas e o suco desses mesmos pedaços no dia seguinte.

NINI

Ah! Agora sim... Não falha?

MARIQUINHAS

Não falha... Ainda tem outras minúcias que servirão para pôr à prova a sua paciência. E agora vá decorando isso, que é preciso ser pensado dum jato, enquanto eu vou mandar o João e a Maria florescerem e arrumarem esta sala. E, depois, prepare-se, que às quatro horas temos que sair.

NINI

(tomando o papel que ela lhe estende)
Para quê?

MARIQUINHAS

Para uma surpresa. No mesmo dia em que recebi seu telefonema, recebi este radiograma...

NINI

De quem?

MARIQUINHAS

Mistério... Este radiograma vai ajudar-nos muito. Basta isso. Não conto mais nada, por enquanto...

NINI

Estou curiosa!...

MARIQUINHAS

Acabou. Vamos decorar a oração. Força de vontade! Domínio próprio! (*chamando*) Maria! João! Venham cá, depressa, venham!

JOÃO *e* MARIA
(*entram*)

Senhora?

MARIQUINHAS

Vamos arrumar esta sala. Você, João, vá colher flores no jardim. E você, Maria, buscar os pássaros e colocá-los na varanda. E trabalhem cantando! Não quero ninguém triste nesta casa. Vamos! (*saem João e Maria. Dona Mariquinhas começa a arrumar os livros, os móveis, cantarolando alegremente. Enquanto isso, Nini radiante, passeando de um lado para outro, declama alto para decorar*)

NINI
(*passeando de um lado para outro*)

Querer é poder! Dizendo "eu quero" S. Francisco de Salles venceu a cólera, Santo Agostinho, etc., etc. (*e a cortina se vai cerrando devagar*)

5ª *Gravura*

Assim que a cortina acaba de fechar-se, ouve-se, compassadamente, o relógio grande bater dez horas

*da noite. É o tempo necessário para que a cena fique
florida e arrumada, e dona Mariquinhas tire o seu
casaco de viagem. Abre-se a cortina. Há um personagem novo: Yvoneta. Linda toalete de noite. Gestos
de desenvoltura que denunciam uma brasileira
criada na América do Norte. Ri perdidamente, com
muita alegria, dando corrupios no meio da sala e
batendo palmas de satisfação.*

MARIQUINHAS
(*sentada numa poltrona, sob um abajur,
fazendo crochê*)
Você gostou...

YVONETA
(*rindo sempre*)
É formidável!

YVONETA
O.K.! De pedra e cal! É formidável! Formidável!...
(*dando uma gargalhada mais alta*) *All right! Very
good...* (*buzina*) Já?

MARIQUINHAS
(*levanta-se. A Maria, que entra a correr do F.E.
e fecha a porta*)
São eles?

NINI
(*entrando da E.B. Lindo vestido de noite. Muito bem
pintada e penteada*)
São eles?

MARIA
(*a meia voz*)
Não, senhora. É dona Pimpinha!

NINI
A estas horas? (*outra campainhada*) Ih!... (*tapa os ouvidos*)

MARIA
Está com pressa!

MARIQUINHAS
(*a Nini*)
Nem uma palavra. Sabe como é a Pimpinha... (*outra campainhada*) Entrem. Eu a receberei. (*Nini e Yvoneta entram da E.B. Outra campainhada. Maria tapa os ouvidos*) Abra. (*Maria abre. Pimpinha entra. Vem ofegante*)

PIMPINHA
(*atirando-se nos braços de dona Mariquinhas, chorosa*)
Dona Mariquinhas! Dona Mariquinhas!

MARIQUINHAS
Que é isso, Pimpinha?

PIMPINHA
Eu quero o feitiço!...

MARIQUINHAS
(*a Maria, que está prestando atenção à cena*)
Vá para o seu lugar.

196

MARIA

Sim, senhora. (*sai pelo F.E., ardendo de curiosi-dade*)

PIMPINHA

(*enxugando as lágrimas e assoando-se
de vez em quando*)

Depois de 20 e tantos anos de casados, Nhonhô me enganou hoje!...

MARIQUINHAS
(*irônica*)

Não diga!...

PIMPINHA

Não foi almoçar! Não foi jantar! Telefonou-me dizendo que não o podia fazer, porque tinha uma audiência no Catete para tratar da questão do café...

MARIQUINHAS

Então? Está tratando do café no Catete...

PIMPINHA

Qual café, qual Catete! Não apareceu lá.

MARIQUINHAS

Como você sabe?

PIMPINHA

Fui ao Catete!

MARIQUINHAS

Você foi ao Catete, Pimpinha?

PIMPINHA
Fui, dona Mariquinhas. Ele não estava.

MARIQUINHAS
Quem sabe se a informaram mal. Os contínuos, às vezes, não sabem...

PIMPINHA
Qual contínuos! Eu falei com a pessoa que podia informar-me.

MARIQUINHAS
Às vezes não pode e finge que pode, para dar-se importância...

PIMPINHA
A senhora sabe com quem eu falei, dona Mariquinhas?

MARIQUINHAS
Com quem, Pimpinha?

PIMPINHA
Falei com o Getúlio, dona Mariquinhas, com o Getúlio!

MARIQUINHAS
(*escandalizada*)
Pimpinha do céu!

PIMPINHA
Eu, por causa do Nhonhô, falo até com o diabo!

MARIQUINHAS
(*rindo*)

Cruz-credo!

PIMPINHA

Agarrei-me com toda a gente. Afinal, às sete horas, fui recebida. O Getúlio nem ao menos conhece o Nhonhô, dona Mariquinhas! É para a gente enlouquecer, não é, dona Mariquinhas?

MARIQUINHAS

Talvez não o conheça pelo apelido de casa, mas...

PIMPINHA

Não perguntei pelo Nhonhô. Perguntei pelo doutor Augusto César de Almeida Oliveira.

MARIQUINHAS

E ele não conhecia?

PIMPINHA

Não conhecia. Fiquei que a senhora não imagina! Não pude me conter. Chorei na frente do ditador.

MARIQUINHAS

E ele?

PIMPINHA

Ele achou graça. Riu. Depois me consolou. Que eu fosse pra casa. O marido apareceria. Se não aparecesse até amanhã – para ver se eu parava de chorar, fez uma gracinha! – se ele não aparecesse até amanhã, o mais que ele poderia fazer era nomear uma comissão de sindicância para estudar o caso! É da gente morrer de vergonha, não é, dona Mariquinhas?

MARIQUINHAS
E quando chegou à casa não encontrou algum recado dele?

PIMPINHA
Encontrei, dona Mariquinhas. Ele tinha telefonado a Siloca: "Diga a sua mãe que estou aqui na Secretaria do Catete. O presidente, que marcou a audiência para as cinco, só me poderá receber às nove. É possível que eu só possa estar em casa à meia-noite!" É para a gente dar com a cabeça nas paredes, não é, dona Mariquinhas? (*assoa-se. Limpa as lágrimas*)

MARIQUINHAS
Sossegue. O Nhonhô já esteve comigo. Já me telefonou. Eu explico tudo...

PIMPINHA
Não, dona Mariquinhas. Agradeço a sua boa intenção, mas o remédio vem tarde... Não acredito! Eu quero o feitiço! (*buzina*) Será ele?

MARIA
(*entrando*)
Agora é o doutor Dagoberto. (*fecha a porta*)

MARIQUINHAS
Apague a luz. Vamos lá para dentro. Vai portar-se com calma. Nini está com uma cliente...

PIMPINHA

E o feitiço?

MARIQUINHAS

Dou-lhe o feitiço e conto tudo. Vamos. (*arrastan-do-a, quase*) Vamos. (*Maria sai, a correr para a D.A. Mariquinhas e Pimpinha encaminham-se à E.B.*)

PIMPINHA

Ah! Nunca me aconteceu uma coisa dessas!... É da gente enlouquecer, não é, dona Mariquinhas?

MARIQUINHAS
(*ouvindo barulho de chave na porta*)
Psiu! Entre. (*empurra-a. Desaparecem pela E.B. Dagoberto abre a porta. Ele e Nhonhô enfiam a cabeça para dentro da cena*)

DAGOBERTO

Ninguém.

NHONHÔ

Vamos voltar?

DAGOBERTO

São dez horas.

NHONHÔ

Ainda é cedo. O tempo voou, hoje. Também, gozei um pedaço! Não há nada como um dia de liberdade, depois de vinte e tantos anos de solitária.

DAGOBERTO

Cale a boca. Você bebe um pouco e fica um número...

NHONHÔ

Não estou acostumado… E Pimpinha pensando que estou no Catete! (*ri*)

DAGOBERTO

Cale a boca. Vou acender a luz. Vai ver a desarrumação desta sala. Logo depois ela vai surgir como uma fera, toda despenteada, e venha desaforo!… Tome nota de tudo para depor. Quer ver? (*acende a luz. Ao ver a sala toda florida e arrumada*) Oh!

NHONHÔ

Um a zero! No negócio da desarrumação você perdeu!

DAGOBERTO

Isso já deve ser o dedo de dona Mariquinhas… Mas, agora, observe o resto. Um soluço, quer ouvir? (*ouve-se uma gargalhada de Nini*) Oh!

NHONHÔ

Dois a zero…

DAGOBERTO
(*ao sentir a porta abrir-se*)
Cale a boca. É para disfarçar com a avó. Os desaforos vão ser a *mezza voce*… (*Nini surge radiante dentro do seu magnífico vestido. Um sorriso encantador nos lábios bem pintados. Traz na mão direita, bem fechada, um limão. Para dar a mão a Nhonhô, passá-lo-á para a esquerda, de maneira que o público veja*)

NINI
(*fingindo um susto*)
Ai! Vocês estavam aí? Boa noite, Dagoberto! Boa noite, titio.

NHONHÔ
(*olhando para Dagoberto*)
Boa noite! (*Dagoberto não responde. Está boquiaberto*)

NINI
Estou muito contente hoje, sabe, Dagoberto? Arranjei uma cliente. Apresentação de uma amiga. E você veio cedo, hoje! Dez e pouco...

DAGOBERTO
Acha? Ainda estou em tempo de voltar...

NINI
É claro. Não quero que tenha essa preocupação... Quando quiser ir a um teatro – como é natural num intelectual – deve ir. (*correndo para a porta da E.B.*) Vovó, Dagoberto já chegou. Dona Yvoneta, quero apresentar-lhe meu marido!

NHONHÔ
Três a zero!

DAGOBERTO
Isto é assombroso!

YVONETA
(*entrando*)
Boa noite.

NINI
(*apresentando, muito risonha*)
Yvoneta de Almeida. Meu marido. Meu tio.

YVONETA
(*estendendo a mão, muito desenvolta*)
Muito prazer!

DAGOBERTO
Prazer!

NHONHÔ
Encantado!

YVONETA
(*a Dagoberto*)
O senhor não imagina a vontade que eu tinha de conhecê-lo! O autor de "Mulher", o livro de tanta sutileza em que se revela tão perfeito conhecedor do nosso sexo... A gente acaba de ler aquele livro, cerra os olhos e vê aparecer o autor: assim como o senhor, elegante, simpático, insinuante. (*a cada adjetivo, Dagoberto olha para Nini, que sorri feliz*) O senhor deve ser muito amado pelas mulheres!...

DAGOBERTO
Oh, não...

NINI
Ele não o diz por modéstia... É sim...

NHONHÔ
(*ao ouvido de Dagoberto*)
Quatro a zero...

YVONETA

(*tirando da carteira um cigarro*)

Gosta de fumar? (*oferece a Dagoberto*)

DAGOBERTO

Gosto muito, e, oferecido por uma admiradora tão... formosa, ainda mais!

NINI

(*dá três apertões no limão e reza, baixo*)

Querer é poder!... (*o resto murmurando*)

YVONETA

Aqui no Brasil, parece, ainda é reparado uma mulher fumar. Eu fui criada na América. Aceita? (*oferece a Nhonhô*)

NHONHÔ

(*assanhado*)

Quem pode resistir a um convite de uma dama tão encantadora...

YVONETA

(*a Nini*)

Fuma?

NINI

Obrigada...

DAGOBERTO

Minha mulher não fuma... As brasileiras não sabem o encanto que tem uma mulher envolta no fumo azul de uma cigarrilha... Dá a impressão poética de uma gaze de incenso envolvendo uma imagem de santa... Quando a mulher é bonita... como no caso presente... (*Nini aperta três vezes o limão e reza*)

NHONHÔ
Quando é feia, dá a impressão de uma locomotiva da Oeste de Minas espirrando fuligem... (*todos riem*) Bem, faz-se tarde. Não imaginam como eu sinto deixar tão amável companhia, mas é tarde...

YVONETA
(*provocadora*)
Tem alguém à espera?

NHONHÔ
Ninguém me espera... Não tenho essa ventura na vida...

NINI
Tenho uma surpresa para si, titio...

NHONHÔ
Alguém, também, que me quer conhecer?

NINI
É.

NHONHÔ
Bonita ou feia?

DAGOBERTO
Uma santa envolvida numa gaze de incenso ou alguma locomotiva da Oeste de Minas espirrando fuligem?

NINI

Vão ver. (*entra para E.B.*)

NHONHÔ

Estou curioso. (*avança na mesma direção*)

NINI

(*trazendo Pimpinha, que segura, também,
um limão de modo que o público veja*)
Ei-la!

NHONHÔ
(*afasta-se, aterrado*)

Pimpinha!

NINI

É uma santa ou uma locomotiva? (*todos riem
perdidamente, inclusive dona Mariquinhas, que
acompanhou Pimpinha e vai cumprimentar Nhonhô
e Dagoberto*)

NHONHÔ

Boa noite, dona Mariquinhas. (*recobrando o ânimo*) Que surpresa agradável! (*dona Mariquinhas,
depois dos cumprimentos, deve ficar sempre perto de
Nini e Pimpinha, para poder falar-lhes em segredo*)

DAGOBERTO
(*rindo*)
Muito agradável, não é, dona Pimpinha?

PIMPINHA

Muito...

NHONHÔ
(*a Yvoneta*)
Conhece minha mulher?

YVONETA
Conheço. Não conhecia o marido... Mas o senhor não disse que não tinha a ventura de ter alguém à sua espera? Pensei que fosse solteiro...

PIMPINHA
(*querendo zangar-se*)
Ele disse isso?

NINI
(*baixo, a Pimpinha*)
Aperte o limão, titia...

PIMPINHA
(*fazendo-o*)
Querer é poder! Querer é poder! Querer é poder!

DAGOBERTO
À espera, não tinha... disse bem. Dona Pimpinha não estava à espera... Estava à procura...

PIMPINHA
E como foi o negócio do café? O presidente tomou interesse?

NHONHÔ
O presidente? Tomou, não foi, Dagoberto? O café... O presidente...

DAGOBERTO

O presidente? Tomou café, sim, senhora…

YVONETA

(*rindo*)

Os senhores estão atrapalhados…

DAGOBERTO

Tomou interesse.

PIMPINHA

O senhor também estava lá?

DAGOBERTO

Estive.

NHONHÔ

(*ao mesmo tempo*)

Não esteve.

PIMPINHA

Oh!

MARIQUINHAS *e* NINI

Aperte o limão.

DAGOBERTO

Estive do lado de fora…

PIMPINHA

Ah! (*ri para disfarçar a raiva*) Mas você está cheirando a álcool… Você bebeu…

DAGOBERTO

Não.

NHONHÔ
(*ao mesmo tempo*)

Bebi.

DAGOBERTO

Ah! Bebeu?

NHONHÔ

O presidente, no fim da audiência – é muito democrata! –, mandou estourar um champanhe, não foi, Dagoberto?

DAGOBERTO

Não sei. Não estive lá. Fiquei do lado de fora.

NHONHÔ

E não ouviu, ao menos, o estouro? Pensei que tivesse ouvido... Bem, vamos embora.

PIMPINHA

É melhor, não é, dona Mariquinhas?

MARIQUINHAS

Aperte o limão!

PIMPINHA

Ele já está todo espremido, mas eu tenho que dizer um desaforo a este sujeito... (*beijando-a; alto*) Até amanhã. Até amanhã, Nini.

NINI

Até amanhã.

PIMPINHA
(*a Yvoneta*)
Boa noite. Muito prazer. Boa noite, doutor.

DAGOBERTO
Boa noite... A senhora, hoje, não falou das montanhas adormecidas...

PIMPINHA
(*com intenção, olhando para Nhonhô*)
Mas vou falar...

NHONHÔ
Boa noite para todos.

NINI
(*a Dagoberto, que pretende acompanhar o grupo que se encaminha para o F.E.*)
Não, Dagoberto. Fique fazendo companhia a dona Yvoneta... (*saem todos. Murmúrio de vozes. Despedidas*) Maria, venha cá fora, depressa. (*Maria atravessa a cena e sai pelo F.E.*)

YVONETA
(*insinuante*)
Doutor Dagoberto, queria pedir-lhe uma coisa...

DAGOBERTO
(*risonho*)
É pedir...

YVONETA

O senhor não faz...

DAGOBERTO

(*em tom de blague, mas pretendendo insinuar-se*)
Uma grinalda de estrelas do céu! Encher com o luar da noite o tonel das Danaides?

YVONETA

Coisa mais simples...

DAGOBERTO

Afogar, como Hércules, o leão da Neméia. Matar a hidra de Lerna? Alcançar a corça dos pés de bronze? Roubar os pomos de ouro do Jardim das Hespérides?

YVONETA

(*que a cada oferecimento de Dagoberto deu uma gargalhada, rindo ainda*)
Tudo isso o senhor fará por mim?

DAGOBERTO

Tudo isso e mais que mandasse... (*Nini e Mari- quinhas surgem à porta*)

YVONETA

(*rindo ainda*)
Quero coisa mais simples... um livro seu com dedicatória...

DAGOBERTO

Com muito prazer. E sinto não ter os exemplares necessários para dedicar um a cada um dos seus encantos...

212

YVONETA
(*rindo*)
Eles são tão poucos…

DAGOBERTO
Tantos que, parafraseando Camões, eu passaria a minha existência inteira a descrevê-los, "se não fosse para tantos encantos tão curta vida…"

NINI
Vovó!

MARIQUINHAS
Aperte o limão, minha filha!…

YVONETA
(*voltando-se*)
Seu marido, dona Nini, é um galanteador terrível…

NINI
(*contendo-se*)
Diante de si, quem não será galanteador?

YVONETA
(*rindo*)
Até a senhora… Depois dizem que a América é a terra do flerte…

DAGOBERTO
Eu adoro o flerte!

NINI
Vovó!

MARIQUINHAS

Aperte o limão!

YVONETA

Mas na América os maridos adoram o flerte e con-
sentem que suas mulheres façam o mesmo...

DAGOBERTO

Eu também...

YVONETA
(*a Nini*)

É?

NINI

É. Apenas, até agora, não encontrei flerte que me
distraísse mais que o do meu próprio marido...

YVONETA

Bravo!

MARIA
(*entrando do F.E.*)

Dona Yvoneta! Dona Yvoneta! Os dois pneus de
trás da sua baratinha estão arreados.

YVONETA
(*surpresa fingida*)

Não diga! E agora...?

DAGOBERTO

Meu chofer vai levá-la...

MARIA

Ele já está dormindo.

DAGOBERTO

Acorde-o.

NINI

(*a uma cotovelada de dona Mariquinhas*)

Isso não é galante... Mandar tão encantadora criatura ao lado de um chofer boçal...

DAGOBERTO

Mas, nesse caso, quem a levará?

NINI

Você, Dagoberto...

DAGOBERTO

Nós?

NINI

Você... Eu, confesso, sou um burguesa deselegante... Tenho sono...

DAGOBERTO

Eu?!

YVONETA

Tem medo de mim?

DAGOBERTO

Não; mas...

YVONETA

Isso é mais fácil que afogar o leão da Neméia...

DAGOBERTO
(*resoluto*)

Irei. E o livro?

NINI

Ela virá buscá-lo amanhã. Assim a dedicatória será mais pensada, mais sentida... não é?

YVONETA

Tem razão. Vou pôr o meu chapéu.

DAGOBERTO

Vou vestir a gabardine. (*saem. Ela pela E.B., ele pela D.B.*)

NINI

Vá deitar-se, Maria...

MARIA

Boa noite. (*sai*)

NINI

Vovó, como acabará tudo isto? Meu limão está espremidinho, espremidinho; sei que é uma comédia, mas estou doida para chorar...

MARIQUINHAS

Querer é poder. Trata-se da tua felicidade. A história é velha, minha filha. Um medroso corre atrás de outro medroso. De repente, o que vai fugindo volta-se, sem que o outro espere. Invertem-se os papéis. O medroso perseguidor sai correndo como perseguido... É o que vai acontecer. Na hora propícia você se voltará e ele correrá... E agora, quando eles saírem, vá para o piano e toque...

DAGOBERTO
(*entrando*)
Estou pronto. (*vendo que Yvoneta não está*) Mas você não acha que não fica bem? (*Mariquinhas dá uma cotovelada em Nini*)

NINI
Ora essa... Tenho confiança nela.

DAGOBERTO
E em mim?

NINI
Tendo nela, basta...

YVONETA
(*entrando, muito risonha*)
Estou pronta.

DAGOBERTO
Vamos embora...

YVONETA
(*beijando Nini*)
Até amanhã, dona Nini. (*baixo*) Aperte o limão... (*ri*)

NINI

Até amanhã.

YVONETA

Até amanhã, dona Mariquinhas.

MARIQUINHAS

Até amanhã. Não os acompanho porque, com a saída agora há pouco, parece que me resfriei...

YVONETA

Não se incomode...

DAGOBERTO
(*a Nini*)

E você?

NINI

Vou ficar tocando piano. A sua música predileta: Butterfly... Toque devagar o carro... Vão me ouvindo. Um piano ao longe... o luar sorrindo... Vão. (*dá uma gargalhada*)

YVONETA
(*idem*)

Até amanhã.

DAGOBERTO
(*visivelmente contrariado, enfiando o chapéu na cabeça com força*)

Até amanhã. (*saem. Nini senta-se ao piano e toca o trecho característico da* "Madame Butterfly". *Pausa*)

NINI

(*tocando sempre*)

Vovó. Quero apertar o limão, como é?

MARIQUINHAS

(*apertando o limão de sobre o piano*)

Eu o aperto, pensando em você. Vale...

NINI

E ele foi!... Não o venço!... Serei vencida!...

MARIQUINHAS

"Não admira que o combatente caia. O que é grave é que, caindo, logo não se levante." Sabe de quem é isto? De S. João Crisóstomo, o sábio... Você não perdeu... Caiu... mas há de levantar-se, se Deus quiser! É para sua felicidade! Querer é poder! Vá tocando, filha, vá tocando...

NINI

(*quase chorando*)

Aperte o limão com força, senão eu choro, vovó...

MARIQUINHAS

Estou apertando... Mas pode chorar... Chore, mas vá tocando, vá tocando sempre, sempre... (*e a cortina cerra-se*)

6.ª *Gravura*

O calendário da cortina, que marca "2 de Janeiro de 1932", é desfolhado. Aparece o dia seguinte, 3 do mesmo mês e ano. Pássaros cantam. João, o criado, canta também um samba em voga. A cortina abre-se. João continua a cantar. Depois assobia, espanando os móveis. Logo que ele começa a assobiar, ouve-se a voz de Maria, que cantarola o mesmo samba. Manhã clara de sol. O relógio da cena deve marcar oito e meia. Uma pausa.

DAGOBERTO
(*saindo do seu quarto à D.B.;* robe de chambre, *mal-humorado*)
Ó cavalheiro!

JOÃO
Está falando comigo?

DAGOBERTO
É, com o senhor. Às sete horas da manhã, o senhor abriu o "berrador", aqui nesta sala, e Maria lá dentro. Levantei-me, fui ao banho, voltei do banho e vesti-me e o senhor continua com o "berrador" aberto...

JOÃO
É ordem que eu tenho, doutor Dagoberto.

DAGOBERTO
Ordem?! Que ordem?

JOÃO
Ordem de cantar. Fazer tudo cantando...

DAGOBERTO
E quem deu essa ordem?

JOÃO

Dona Nini. Não quer ninguém triste. Tudo tem que cantar aqui. Quando cansar de cantar, tem que assobiar.

DAGOBERTO

Pois o senhor não cantará nem assobiará mais, enquanto eu estiver em casa, entendeu?

JOÃO

Entendi, sim senhor.

MARIA

(*entrando com uma bandeja com café, mel, pão, um grande bolo esponja, etc., a cantar alegremente*) Bom-dia. (*continua a cantar, colocando tudo sobre a mesa*)

DAGOBERTO

Maria, não quero isso!

MARIA

Não quer café?

DAGOBERTO

Não quero que cante.

MARIA

Foi dona Nini quem mandou. (*pausa; ouve-se um assobio forte*)

DAGOBERTO

Quem está assobiando?

João

Eu não sou…

Maria

Acho que é dona Nini.

Dagoberto

Vá chamar dona Nini. Diga que quero falar-lhe.

Maria

Sim, senhor. (*sai pela E.B. Os passarinhos cantam forte. Dagoberto irrita-se*)

João

Quer que tire os passarinhos da varanda?

Dagoberto

Quero que você não amole. Vá embora!

João

Sim, senhor. (*sai pela D.A.*)

Nini

(*surge da E.B. assobiando. Maria segue-a,
atravessa a cena e some-se pela D.B.*)
Good morning, my dear.

Dagoberto
(*secamente*)

Bom dia.

Nini

Mandou chamar-me?

DAGOBERTO

Mandei.

NINI

Estou às suas ordens. (*pausa. Assobia, despreo-cupada*)

DAGOBERTO

Você quer vender esse assobio?

NINI

Incomoda-o?

DAGOBERTO

Irrita-me.

NINI

Não assobio mais. Posso cantar?

DAGOBERTO

O tempo está firme. (*Nini dá uma grande gar-galhada*) Oh! Pelo amor de Deus!...

NINI

Irrita-o, também?

DAGOBERTO

Não digo que sim para você não gozar... Através de toda essa sua súbita amabilidade, eu adivinho a intenção preconcebida de triturar-me os nervos.

NINI
(*coquete*)

Eu?!

DAGOBERTO

Você, sim!

NINI

Por quê? Que fiz eu, meu Deus!?...

DAGOBERTO

(*imitando-a, irritadíssimo*)
Por quê? Que fiz eu, meu Deus?!...

NINI

(*numa grande gargalhada*)
Como você fica engraçado! Faça outra vez...

DAGOBERTO

(*carrancudo*)
Chega! A paciência tem limites!...

NINI

Ih!... Que cara feia!...

DAGOBERTO

Chega, já disse!

NINI

Mas isso é sério, Dagô?

DAGOBERTO

Dagoberto, faça o favor... (*Mariquinhas espia na antecâmara e esconde-se*)

NINI

Dagô... *Tout court*... Dagô é mais carinhoso... mais íntimo. Mais marido e mulher... Dagô é mais engraçadinho... É como você... pequenino e petulante... Dagô! Você não me chama Nini? A intimidade amorosa é como um binóculo: de um lado aumenta a figura do ser amado; do outro, diminui o nome, para poder ser repetido sempre...

DAGOBERTO
(*muito sério*)
Sabe por que a chamei, dona Emerenciana Portella de Azevedo?

NINI
(*depois de um "Oh!" acompanhado*
de uma gargalhada)
Não, Dagô... (*Dagoberto estremece de raiva*)
Dagô...

DAGOBERTO
Sabia que eu estava tratando do nosso desquite, não é assim? Pretendia mover-lhe a ação, desde que a senhora se negava a assinar a petição. Desde que a vejo (*cômico*) tão amável, tão gentil, acho que não se negará a fazê-lo agora.

NINI
Mas desquitar por quê, Dagô? Que o levou a pensar em tal? Não foi o meu ciúme? E se eu lhe jurar que estou curada? Que não sinto um tiquinho assim de ciúme de você?

DAGOBERTO
(*descrente*)
Eu não sou uma criança...

NINI

Como assim?

DAGOBERTO

Você pensa que eu caio? Você com essa despreocupação fingida, quer inutilizar as provas que eu poderia apresentar contra você, em juízo... Depois de tudo passado, voltaria a ser a mesma.

NINI

Dagô... (*a um olhar de Dagoberto*) Você está enganado. (*deixa o tom brejeiro. Imprime sinceridade*) Eu mudei. Sou outra. Você tinha razão. O ciúme é piegas... É ridículo! O amor, hoje, está tão longe do tempo de Romeu e Julieta... Não. Sou sincera. Admito o flerte... É social. É encantador! Ontem você flertou à vontade, na minha frente. Disse-lhe alguma coisa?

DAGOBERTO

Não disse, mas teve vontade de dizer...

NINI
(*convincente*)

Não tive, meu bobinho... compreendi a vida... esta vida moderna de que eu – pobre de mim! – estava tão longe, tão longe...

DAGOBERTO

Mas tudo isso é verdade? Tudo isso é certo? Você não tem mais ciúmes de mim? (*dona Mariquinhas reaparece*)

NINI

Absolutamente!

DAGOBERTO

E ontem, diante das provocações de sua cliente, não sentiu nada?

NINI

Nada!

DAGOBERTO
(*um pouco exaltado*)
E quando me mandou acompanhá-la; e quando insistiu para que eu fosse só, com uma mulher moça, bonita e leviana, pela estrada afora, àquela hora da noite, ouvindo a "Butterfly", que você mesma tocava, e bebendo o luar com que o diabo resolveu substituir a serpente do pecado, não foi num esforço supremo, sofredor, martirizante, para demonstrar que se modernizava segundo os meus conselhos?

NINI
(*calma, sorridente, abanando a cabeça*)
Não...

DAGOBERTO

Tudo sincero?

NINI

Tudo sincero!

DAGOBERTO
(*traindo a sua desolação*)
Então você não gosta mais de mim... (*Mariqui-nhas ri, satisfeita, e esconde-se novamente*)

NINI

(*procurando disfarçar a sua emoção*)
Como, Dagô?... (*baixo, apertando o limão*) Querer é poder!

DAGOBERTO

Mas não é possível! Isso é contra todas as leis da psicologia humana! Não se muda de repente. Há de haver uma causa, uma causa!...

NINI
(*novamente coquete*)
Há... Dagô...

DAGOBERTO
(*muito curioso*)
Qual é?

NINI

O feitiço da vovó... (*dá uma gargalhada. Dagoberto cai sentado numa poltrona, desalentado*) Você se lembra? "Vovó... traga o feitiço"? Ela o trouxe. Agora seremos felizes, não é? (*sentando-se no espaldar da poltrona, muito carinhosa, muito feminina*) Não era assim que você queria a sua mulherzinha, a sua Nini, a senhora Emerenciana Portella de Azevedo?

DAGOBERTO
(*sutil, mudando de atitude*)
Era... (*muito risonho*) Era assim... E agora, que tudo passou... você vai dizer ao seu maridinho: qual o feitiço da vovó?

NINI

Não... não conto...

DAGOBERTO

É o seu Dagô quem está pedindo...

NINI

Não! O segredo é a alma do negócio...

DAGOBERTO

Não conta? Tem coragem de ver seu maridinho
arder de curiosidade?

NINI
(*indecisa*)

Para que você quer saber?

DAGOBERTO

Para gostar ainda mais de você...

NINI

É?

DAGOBERTO

Conta?

NINI
(*sincera*)

Você jura que nunca mais dará motivos...

MARIQUINHAS
(*entrando da antecâmara*)

Bons dias, meus filhos.

NINI

Bom dia. (*levanta-se de um salto e vai ao encontro da velhinha. Dagoberto levanta-se também e toma cena, pensativo*) Vovozinha! Ele já começou a correr! Estou com dó dele...

MARIQUINHAS

Foi por isso que entrei. É necessário persegui-lo.

NINI

Não... Não vamos até o fim...

MARIQUINHAS

É preciso. Senão, ele volta-se novamente e você tem que fugir... Coragem! Vamos até o fim... A piedade, nos cirurgiões, é contraproducente.

NINI

Mas eu acho que ele não se voltará...

DAGOBERTO

(*outra atitude. Novamente "superior"*)
Pois é isso! Preciso fazer a dedicatória para Yvoneta... Adorável criatura, não acham?

MARIQUINHAS

Viu? Está voltando...

DAGOBERTO

Ficou de vir cedo. Iremos a Petrópolis. Ela, como todas as mulheres bonitas, adora flores...

NINI

E você, como homem galante, não se lembrou de mandar o João apanhar um buquê, no nosso jardim, para oferecer-lhe à sua chegada?

DAGOBERTO

É bem lembrado...

NINI

Tome o café... Deve estar frio. (*Nhonhô aparece à porta*)

DAGOBERTO

Vou tomar um copo de leite.

NINI

E um pedaço deste bolo esponja. É de limão... Feito por mim, especialmente para você, Dagô.

NHONHÔ

Bravo! Isso é quase um idílio! (*vai apertar a mão de dona Mariquinhas*)

NINI

(*vindo-lhe ao encontro*)
Ó titio! Bons olhos o vejam!

NHONHÔ

Bom dia. (*a Dagoberto*) Como vai, moço?

DAGOBERTO

É servido?

NHONHÔ

Obrigado.

DAGOBERTO

Um pedacinho de bolo?

NINI

Bolo esponja...

MARIQUINHAS

De limão...

NHONHÔ

Deus me livre! Estou por aqui de bolo esponja. A Pimpinha inventou, hoje cedo, essa novidade em casa. E, em vez de pão, tome bolo esponja com gosto de limão. E me obrigou a comer com tal insistência, que cheguei a pensar que o bolo estivesse envenenado... (*risos*)

NINI
(*rindo*)

Oh! Titio!...

NHONHÔ
(*gozando o êxito da piada e querendo prolongá-lo na perpetração de um trocadilho infame*)
Sério. Cheguei a pensar: isto será um bolo ou será uma bola de cachorro? (*mais risos*)

NINI

Vamos ao jardim, vovó? (*a Dagoberto*) Eu mesma vou colher as flores. Viu como sou camaradinha?

Ciao. (*sai, dizendo adeusinho com as pontas dos dedos, muito sorridente*)

MARIQUINHAS
(*saindo também, a Nhonhô*)
Não saia sem falar comigo. Até logo. (*sai*)

NHONHÔ *e* DAGOBERTO
Até logo...

NHONHÔ
(*assim que as duas acabam de sair*)
Pelo que vi, as coisas se modificaram...

DAGOBERTO
(*acabando de tomar o seu leite e mastigando
o último bocado de bolo*)
Para pior... Tenho a impressão de que Nini não me leva a sério, de que toda aquela paixão doentia que ela sentia por mim era fingida! Está me tratando bem, "seu" Oliveira, me tratando bem!... Isso não é para desconfiar? Delicadezas fingidas... Carinhos falsos... Deu agora para me chamar de Dagô. Isso irrita!

NHONHÔ
Dagô é, de fato, mais carinhoso. Dagô...

DAGOBERTO
Já lhe disse que isso me irrita.

NHONHÔ
Então desculpe...

DAGOBERTO

As coisas se modificaram para pior...

NHONHÔ

Como para pior?

DAGOBERTO
(*misterioso*)

Você acredita em feitiço?

NHONHÔ

Ora que ideia!

DAGOBERTO

Pois eu estou começando a acreditar...

NHONHÔ

No feitiço de Yvoneta, "seu" pirata?

DAGOBERTO

No feitiço... da vovó!

NHONHÔ
(*enfiando a mão no bolso*)

Ora, você tem cada uma!... Ai!

DAGOBERTO

Que é?

NHONHÔ

Não sei. Piquei-me. (*tirando dos bolsos pedaços de limão*) Que é isto? Pedaços de limão varados por três alfinetes cada um! Como isto veio parar no meu bolso?

DAGOBERTO

Cuidado! Isso é coisa feita... (*Nini, Yvoneta e Mariquinhas irrompem alegremente*)

NINI

Dagô! Olhe quem está aqui... já lhe ofereci as flores em seu nome.

YVONETA

Bons dias! (*Nhonhô e Dagoberto cumprimentam-na*)

DAGOBERTO

Muito bom-dia!

MARIQUINHAS
(*puxando Nhonhô para um canto*)

Preciso dizer-lhe duas coisas em particular. Dão licença?

NINI

Segredinhos?

YVONETA

Olhe dona Pimpinha, não é, doutor Dagô?

DAGOBERTO
(*desconcertado*)

É...

NINI
(*rindo*)

Ela gostou do Dagô... Risque o doutor... Somos íntimos...

YVONETA

Está bem. Mas ainda está assim, Dagô? Promessa é dívida. Vá pôr o casaco e vamos a Petrópolis.

DAGOBERTO
(*forçando uma alegria que está longe de sentir*)
Vamos embora! Hoje não temos luar...

YVONETA

Temos sol...

DAGOBERTO

O sol é indiscreto... Quer saber tudo... O sol é homem por engano... Devia ser mulher... (*risos*) É um instante. (*sai pela D.B.*)

NHONHÔ
(*rindo muito*)
É boa! É formidável!

MARIQUINHAS

Fique quieto! Então está combinado.

NHONHÔ

"Fixo."

NINI

Aderiu?

YVONETA

Entrou para o bloco?

NHONHÔ

Em troca de uma concessão sobre os segredos do limão... (*risos*)

236

DAGOBERTO
(*entrando, já de casaco*)
Prontinho!

YVONETA
Vamos.

NINI
Espere. Este ramalhete de violetas, como lembrança minha... (*coloca-lho*)

DAGOBERTO
Muito gentil...

NINI
Quem tem uma jóia de maridinho assim... (*a Yvoneta*) Muito cuidadinho com o meu Dagô...

DAGOBERTO
(*rindo*)
Não atravesse a rua sem me dar a mão por causa dos automóveis. (*risos*) Vamos...

OSCAR
(*da porta. À primeira vista, parecerá um americano, pela maneira de trajar e pela atitude. Não o é. É apenas um brasileiro recém-chegado dos Estados Unidos. Elegante. Desenvolto. O tipo clássico do galã*)
Good morning! (*alto, para ser ouvido no meio de tanto riso; todos se voltam*) Mora aqui a senhorita Nini?

NINI
(*corrigindo*)

A senhora. Sou eu...

OSCAR

Teixeira da Silva. Brasileiro que tem passado a vida correndo mundo, como um novo Ahasverus... Ultimamente em New York encontrou o seu melhor amigo. Ficaram irmãos. É desse amigo que trago uma carta para Nini.

NINI
(*num grito de alegria*)

De Oscar?

OSCAR

O.K.! (*entrega-lhe a carta e enquanto ela lê*) Brasil! Brasileiros! Não imaginam como é agradável a um botocudo degenerado como eu a volta ao ninho antigo, ao convívio dos patrícios e, principalmente... das patrícias...

YVONETA

Gosta das brasileiras?

OSCAR

Oh! São *beautiful*! Já declarei amor em todas as línguas, menos em português, ou mais propriamente em brasileiro, que é mais doce...

NINI

Vovó, o melhor amigo de Oscar. Um irmão – diz ele. (*lendo*) "Recebam-no como a mim, com o mesmo carinho, com a mesma intimidade." (*dando a carta a Dagoberto*) Tome.

OSCAR
(*enquanto Dagoberto lê a carta*)
Então, estou em casa... senhorita?

NINI
Perfeitamente... Senhora.

OSCAR
Casou! Que pena! Como estava dizendo, fiz declarações de amor em quase todos os idiomas. *Je vous aime.* (*afeta, muito nasal*) Horrível, não é? *Io te voglio tanto bene!* Bonito! *Yo te quiero.* Ardente... *I love you...* Dulcíssimo... Faltava o "Eu gosto muito de você..." Seu irmão mostrou-me seu retrato. Fiquei tonto. É a esta que eu quero dizer: (*olhando muito para os olhos de Nini*) *I love you...* Eu gosto muito de você! A senhora casou, estragou tudo. (*ri*)

NINI
Meu marido, Dagoberto Espiridião de Azevedo. (*a Dagoberto*) É o melhor amigo de meu irmão, Dagô...

OSCAR
How do you do, mister Dagô?

DAGOBERTO
Muito prazer. Dagoberto...

OSCAR

Prefiro Dagô. A convivência americana. O americano simplifica tudo. Dagoberto tem uma légua. Dagô, um centímetro. (*risos*)

NHONHÔ

É. Dagô é melhor mesmo... (*olhar de fera de Dagoberto*)

OSCAR

Peço desculpas pelas inconveniências que disse. Estou identificado com os hábitos ianques. Aqui, eu sei, tudo é diferente. Não tome a sério o que eu disse há pouco sobre o interesse que me despertou um retrato de sua esposa.

DAGOBERTO

É?! Não prestei atenção...

OSCAR

O.K.

YVONETA

Ele é dos nossos. Eu também fui criada na América. O Dagô é americano por princípio. Adora e admite o flerte...

OSCAR

(*dando uma pancadinha na barriga de Dagoberto*)
O.K.! Very well!

NINI

Minha avó... O doutor Oliveira... Minha cliente, amiga e flerte de meu marido, Yvoneta.

OSCAR
(*a cada apresentação*)
How do you do? (*a Nini*) Então somos íntimos, não é?

NINI
Perfeitamente.

OSCAR
O.K.! Posso pedir um café?

NINI
Pois não!

OSCAR
Ando doido por tomar café em casa de família...
O.K.!

NINI
Maria! João!

DAGOBERTO
(*não escondendo a sua antipatia pelo
novo personagem*)
O senhor esqueceu o português, não? Quanto tempo esteve fora do Brasil?

OSCAR
Não sei. Não tomo nota do passado. Não me interessa o passado, preparo o futuro, pensando só no presente...

DAGOBERTO
(*irônico*)
É. O passado, às vezes, atrapalha...

241

NINI
(*a Maria e João que entram*)
Maria, mande fazer um café fresquinho. E você, João... (*a Oscar*) Prefere conhaque ou gim?

DAGOBERTO
Ele prefere os dois, não?

OSCAR
Como adivinhou?

DAGOBERTO
Senti, logo, que o senhor era adepto da lei seca. (*risos*)

NINI
Café, gim e conhaque.

JOÃO *e* MARIA
Sim, senhora.

OSCAR
Vamos acabar com esse "Sim, senhora" *O.K.* "Sim, senhora" é muito longo. *O.K.* é rápido e diz tudo. Substitui com vantagem o *all right* dos ingleses. "Sim, senhora", *O.K.*; "está certo", *O.K.*; "negócio fechado", *O.K.!* O *O.K.* resolve tudo. *O.K.!* A preocupação do homem moderno deve ser encurtar distâncias, palavras, tudo.

NINI
(*rindo*)
Podem ir.

242

João *e* Maria

O.K., sim, senhora. (*saem*)

Dagoberto

Formidável a sua teoria, senhor Xeira...

Oscar
(*rindo*)

Como?

Dagoberto
(*rindo também, mas com maldade*)

Xeira é mais curto que Teixeira... (*todos riem, inclusive Oscar*)

Yvoneta

Como é? Vamos ou não vamos?

Dagoberto

Íamos passear em Petrópolis...

Oscar

O.K. Não façam cerimônia. Eu fico. Já vi ali um piano. Um piano, os olhos de Nini, e um *blue* ou um tango.

Nini
(*muito coquete*)

Canta?

Oscar

O.K. Gosta de ouvir cantar?

NINI
(*dengosa*)

O.K.

OSCAR

Bravo! Vai ser um dia encantador.

NINI

Almoçará aqui.

OSCAR

O.K. Isso lhe dará prazer?

NINI

O.K.!

OSCAR
(*oferecendo cigarros*)

Fuma?

DAGOBERTO

Ela...

NINI

O.K. ... Quero parecer a imagem de uma santa, envolvida na gaze de incenso azul da cigarrilha, não é, Dagô?...

YVONETA

Como é? Vamos ou não vamos?

NINI

Dagô... Yvoneta está à sua espera...

DAGOBERTO
(*completamente tonto*)
Hein? Quê?

YVONETA
(*destacando as sílabas*)
Va-mos em-bo-ra?

DAGOBERTO
(*no mundo da lua*)
Hein?

YVONETA
(*rindo e piscando a dona Mariquinhas, triunfante*)
Está surdo? Vamos a Petrópolis?

DAGOBERTO
(*depois de ligeira hesitação*)
Ah! (*gaguejando*) Não é possível! Não posso...

YVONETA, NINI *e* OSCAR
(*fingindo grande contrariedade*)
Oh! (*olham sorrindo, sem que Dagoberto veja, para dona Mariquinhas, que sorri também, maliciosa. Nhonhô levanta-lhe o braço como se faz aos vencedores de boxe. Ela encolhe-o com medo que Dagoberto veja. Nini e Yvoneta fazem sinais a Nhonhô, rindo, mas significando que ele está inconveniente*)

DAGOBERTO
(*sem olhar para ninguém, como quem está mentindo*)
Não posso ir... Infelizmente... Não me lembrava... Agora me lembrei. Preciso... preciso... (*estala*

os dedos, na ânsia de encontrar a justificativa) Preciso rever as provas de meu livro. É urgentíssimo... Não me lembrei ontem... (*a Yvoneta*) Desculpe, sim?

YVONETA
(*maliciosa*)
E eu... "seu" esquecido, e eu?

DAGOBERTO
A senhora?... (*tentando pilheriar*) Vai com o Oliveira. Você pode acompanhá-la, Oliveira?

NHONHÔ
O.K.! (*Dagoberto fulmina-o, estremecendo de raiva*)

YVONETA
(*rindo*)
Se dona Pimpinha nos encontrar, teremos tragédia na certa...

NHONHÔ
Estou procurando meios de modernizá-la. De americanizá-la. Adeus para todos.

YVONETA
(*a Dagoberto*)
Adeus "seu" mau! (*geral*) Até loguinho. (*sai rindo ruidosamente, de braços com Nhonhô e acompanhada por dona Mariquinhas*)

DAGOBERTO
(*chamando*)
João!

OSCAR

(*correndo cortinas e fechando portas, a Nini*)

Vamos fazer o ambiente? Penumbra... (*olha para o teto*)

NINI

(*para dentro*)

Maria! Corra o toldo do terraço!

MARIA

(*de dentro*)

Sim, senhora.

JOÃO

(*entrando*)

Chamaram?

DAGOBERTO

Vá ao meu quarto buscar as provas do meu livro, sobre a mesa-de-cabeceira. (*a cena começa a escurecer*)

JOÃO

O.K. (*Dagoberto treme de raiva. Oscar e Nini comprimem o riso. João sai*)

OSCAR

Tudo fechado. Tudo! Sala na penumbra. Assim.

NINI

(*a dona Mariquinhas, que entra*)

Feche a porta, vovó... Isso!

OSCAR

E, agora, os abajures acesos. Faça o favor.

NINI
(*acendendo-os*)
O.K.!

OSCAR
(*a dona Mariquinhas*)
Que tal?

MARIQUINHAS
(*olhando com o rabo do olho para Dagoberto*)
O.K.! (*Dagoberto treme*)

OSCAR
(*sentando-se ao piano, dá um acorde*)
Belo som! Que prefere? *Blue* ou tango?

NINI
Tango. É mais lânguido e mais original, cantado por quem acaba de chegar da América.

OSCAR
O.K.! (*começa a introdução. João entra com as provas*)

JOÃO
(*a Dagoberto*)
Pronto, as provas. (*Dagoberto apanha-as e vai sentar-se à E.; Maria entra, empurrando um carrinho com xícaras, cálices, etc.*)

248

NINI
(a Maria)
Psiu! *(Oscar começa a cantar o tango)*

JOÃO
(a Dagoberto, que está folheando as páginas do
livro como se quisesse arrancá-las)
Quer mais alguma coisa?

DAGOBERTO
Não atrapalhe. Estou lendo... Vá embora.

JOÃO
O.K. *(Dagoberto quase se joga sobre o criado.*
Maria começa a servir conhaque, levando dois cáli-
ces a Nini. Esta coloca um sobre o piano. Outro leva
aos lábios, depois de ligeiro gesto de "saúde" a Oscar.
Dona Mariquinhas faz o seu crochê sob um abajur;
à D. Oscar continua a cantar – os olhos nos olhos de
Nini que, debruçada ao piano, cigarrilha à boca, cá-
lice à mão, acompanha com balanços lânguidos do
dorso os compassos do tango lascivo. E quebra os
olhos. E os revira para o teto. Dona Mariquinhas,
com o rabo dos olhos em Dagoberto e um sorriso ma-
licioso nos lábios descorados, continua o seu crochê.
Maria desce para oferecer um cálice a Dagoberto. Ele
continua folheando desesperadamente o livro, olhos
pregados em Nini)

MARIA
(a meia voz)
Doutor... Doutor!... Doutor! *(ele não a ouve.*
Nem ouve nada... Finge que lê, resmungando alto,

folheando brutalmente as páginas do livro. E o pano cai, lentamente)

7ª *Gravura*

A cena é a mesma. O calendário da cortina é mais uma vez desfolhado. Passa de 3 para 7 de Janeiro de 1932. Entardece.

DAGOBERTO
(entra, pé ante pé, como um ladrão que não deseja ser visto. Vai à antecâmara, coloca o chapéu sobre a sua mesa de trabalho. Desce, nas pontas dos pés, até o piano. Encontra um lenço de homem. Apanha-o. Examina-o. Procura as iniciais. Encontra uma. Murmura)
Oh! *(cheira o lenço. Cheira muito. Cheira o piano. Abre-o. Cheira as teclas. Olha para a porta do quarto de Nini, à E.B. Dá uma corrida, nas pontas dos pés, e abre-a de repente, como se esperasse surpreender alguém. Espia. Respira, como que tirando um peso do coração. Tem uma ideia. Entra, rápido, para o quarto, e sai imediatamente. Traz uma blusa. Olha para todos os lados. Coloca a blusa no espaldar de uma cadeira. Coloca a cadeira sobre a mesa. Coloca as duas mãos nos dois braços da blusa e aperta-os, como se estivesse apertando os braços de uma pessoa)*
Aqui... Não. Aqui... *(cheira o lenço, cheira o lugar em que pôs a mão no braço esquerdo. Torna a cheirar o lenço e faz o mesmo no braço direito. Cheira depois o braço todo, do princípio ao fim da manga. Afinal abraça a cadeira. Aperta, ambas as mãos es-*

palmadas nas costas da blusa. Baixa um pouco, sobe, ficando nas pontas do pés, como se calculasse o lugar certo em que pudessem cair as mãos que apertassem o corpo que estivesse dentro daquela blusa. Consegue fixá-lo. Cheira-o longamente. Cheira o lenço. Tira a cadeira da mesa. Tira a blusa da cadeira. Leva a blusa para junto do piano e cheira ambos e depois o lenço) O mesmo perfume! *(corre, vem buscar a mesa e a cadeira, pondo esta sobre aquela, junto ao piano, com a blusa no espaldar, à guisa de manequim. Senta-se ao piano. Finge que toca sobre a tampa dele, abrindo a boca como se cantasse. Como está escurecendo, rápido fecha a porta, corre uma cortina, acende os abajures, tornando o ambiente igual ao do final da gravura anterior. Volta para o piano, finge que toca e canta, fixando o manequim como se fosse Nini. Sorri e revira os olhos, balança a cabeça, o corpo, como se cantasse um* blue *muito lânguido. De repente deixa de tocar. Levanta-se. Segura a ponta da manga da blusa, como se ela fosse a mão de Nini)* Não fujas. Amo-te! *(olha para a gola da blusa e aos poucos vai chegando os lábios espichados, como se fosse beijar. Beija-a com força, longamente, abraçando a blusa com volúpia)* És minha! *(depois, certo de que a reconstituição que acaba de fazer representa a realidade, murmura)* Foi assim! Miseráveis! *(arrebata a blusa, amarrota-a entre as mãos crispadas, coloca a mesa e a cadeira nos respectivos lugares e chama)* João! *(passeia agitado de um lado para outro)*

JOÃO
(aparece à D.A., expressão de espanto)
Senhor?

DAGOBERTO

Que cara é essa?

JOÃO

O senhor não telefonou que não vinha jantar?

DAGOBERTO

Telefonei, mas resolvi o contrário. (*depois de ligeira hesitação*) Dona Nini saiu?

JOÃO

Saiu, sim, senhor.

DAGOBERTO

Com a dona Mariquinhas?

JOÃO

Dona Mariquinhas saiu antes, com dona Pimpinha.

DAGOBERTO

Dona Pimpinha esteve aqui?

JOÃO

Esteve, mas não entrou. Dona Mariquinhas não deixou. Estava pronta para ir ao banco. Quando o auto de dona Pimpinha fonfonou e eu corri para abrir a porta, ela saiu ao encontro de dona Pimpinha e disse: "Você vai ter paciência. Preciso ir ao banco e Nini vai precisar do carro. Vou no seu. Você vai comigo. Não sei andar só."

DAGOBERTO

E ela não viu dona Nini?

JOÃO

Viu. Dona Nini correu lá fora... Deram até logo... Dona Pimpinha queria entrar para descansar, mas dona Nini não deixou: – "Vovó está com pressa." E rindo muito: – "Vá que ela ensina outro feitiço pra você..."

DAGOBERTO

Outro feitiço?...

JOÃO

E dona Pimpinha foi correndo.

DAGOBERTO

E dona Nini...?

JOÃO

Dona Nini veio continuar a aula de inglês e canto com aquele moço... ele tem cantado!...

DAGOBERTO

Com o senhor Teixeira da Silva?

JOÃO

É isso.

DAGOBERTO
(*olhando para a inicial do lenço*)
Você sabe o primeiro nome dele?

JOÃO
(*ingênuo*)

Não é "Okei"?

DAGOBERTO
(*impaciente*)

E depois?

JOÃO

Depois o senhor telefonou. Atendi lá de dentro.
O seu "Okei" saiu logo depois.

DAGOBERTO
(*apontando a esquerda*)

Para a cidade?

JOÃO
(*apontando o lado contrário*)

Para Petrópolis.

DAGOBERTO

E dona Nini...?

JOÃO

Saiu uns quinze minutos depois.

DAGOBERTO
(*depois de ligeira hesitação*)

Para a cidade?

JOÃO

Para a cidade.

DAGOBERTO
(*de repente, tomando uma resolução*)

Conhece esta blusa?

JOÃO

Conheço, sim, senhor.

DAGOBERTO

É de dona Nini?

JOÃO

Não sei, não, senhor. Conheço, mas não sei de quem é... Há muita blusa branca aqui em casa... Talvez a Maria...

DAGOBERTO

Chame a Maria.

JOÃO
(subindo à D.A., chama)

Maria!

DAGOBERTO
*(apertando a blusa como se lhe desse um abraço
e cheirando-a imediatamente depois)*
Miseráveis! *(tira um cigarro. Enfia a mão no bolso, à procura de fósforo)* Ai! *(tira do bolso um pedaço de limão atravessado de três alfinetes e atira ao chão, com força)* Diabo! *(a João)* Dê-me um fósforo.

JOÃO
(enfiando, rápido, a mão no bolso)
Pois não! Ai!

DAGOBERTO

Que foi?

JOÃO
(*tirando do bolso um pedaço de limão traspassado por três alfinetes*)
Um pedaço de limão cheio de alfinetes! Anda me aparecendo isso, agora, no bolso.

DAGOBERTO
Deixe ver. (*apanha o pedaço que jogou ao chão*) Ué!... (*guarda tudo no bolso do paletó*) Dê-me o fósforo. (*João lhe dá. Ele risca e vai acender o cigarro*)

MARIA
Estão chamando? (*vendo Dagoberto*) Ué! O senhor telefonou que não vinha jantar!

DAGOBERTO
(*querendo desviar a curiosidade dos criados. Com a gesticulação, apaga o fósforo sem acender o cigarro*)
Chego da rua e encontro esta blusa jogada no meio da casa! Que desmazelo é esse? De quem é esta blusa? (*acende o fósforo*)

MARIA
É de dona Mariquinhas.

DAGOBERTO
É mentira! (*apaga o fósforo*)

MARIA
(*assustada*)
Dá licença? (*toma a blusa. Olha-a. Dagoberto acende o fósforo*) É de dona Mariquinhas, sim senhor!

DAGOBERTO

Não pode ser. (*apaga o fósforo*) Estava no quarto de dona Nini! (*acende o fósforo*)

MARIA

Ué! O senhor não disse que estava aqui no meio da sala?

DAGOBERTO

Você não tem nada com isso! (*apaga-se o fósforo*) De quem é esta blusa?

MARIA
(*choramingando*)

É de dona Mariquinhas... Ela vestiu-se no quarto de dona Nini. Dona Nini estava com uma blusa azul...

DAGOBERTO
(*jogando o cigarro fora*)

Vão embora! (*os dois criados vão sair, sarapantados, olhando um para o outro*) Venham cá. (*voltando-se, a Maria*) Vá buscar a blusa com que dona Nini estava.

MARIA

Sim, senhor. (*sai pela E.B.*)

DAGOBERTO
(*a João*)

Vá embora.

JOÃO

Sim, senhor. (*vai sair*)

DAGOBERTO

Venha cá.

JOÃO
(*voltando*)

Senhor?

DAGOBERTO

Você sabe pra que lado fica Petrópolis?

JOÃO
(*aponta para a D.*)

Pra lá.

DAGOBERTO

Vá embora.

JOÃO

Sim, senhor... (*vai sair*)

DAGOBERTO

Venha cá.

JOÃO

Senhor?

DAGOBERTO

Você sabe... (*arrependendo-se*) Vá embora!

JOÃO

Sim, senhor. (*sai*)

MARIA
(*entrando com uma blusa azul*)

Pronto, a blusa!

DAGOBERTO
(*tomando-a*)

Era esta?

MARIA

Sim, senhor.

DAGOBERTO

Vá embora.

MARIA

Sim, senhor. (*vai sair*)

DAGOBERTO

Venha cá.

MARIA

Senhor?

DAGOBERTO

Tem certeza?

MARIA

Sim, senhor.

DAGOBERTO
Vá embora! (*Maria sai. Dagoberto coloca, rápido, a blusa na cadeira. Cheira o lenço, cheira a blusa. Nini surge à porta do F.E. Traje de passeio: toda ela é verão, da cabeça aos pés. Leve, risonha, com um grande buquê de hortênsias nas mãos*)

NINI

(*vendo Dagoberto de cócoras, a cheirar a blusa e o lenço, contempla-o um momento, com estranheza*)
Dagoberto!

DAGOBERTO
(*levanta-se de um salto*)

Hein?

NINI

De cócoras, Dagoberto?

DAGOBERTO

Não estava de cócoras. (*sem saber que dizer*) Estava... sentado...

NINI

Sentado no chão?

DAGOBERTO

Não estava sentado no chão... Estava de cócoras... endireitando a ponta do tapete... E por que você entrou nas pontas dos pés, como bailarina?

NINI

Eu?!

DAGOBERTO

E por que você não mandou fonfonar, como faz sempre? Anda me espiando?

NINI

Eu?! Ora, tenho mais o que fazer, Dagô... Já foi o tempo... Curei-me. Você me curou. E só agora vejo como era ridícula. (*rindo*) Espiar... cheirar... Que bobagem! Que está fazendo esta blusa aqui? (*joga uma bolsa grande, que traz, sobre a mesa e tira a blusa da cadeira*) Você não telefonou que não vinha jantar? (*sem esperar resposta, entrando para o quarto para levar a blusa e de onde, mais tarde, volta sem chapéu. [Nota: Durante a fala que se segue, Dagoberto, olhos no quarto, abre, rápido, a bolsa de Nini. Tira um lenço, cheira-o; tira um cartão, lê; afinal, tira um embrulhinho, apalpa-o, cheira-o, torna a apalpar, rasga um pedaço do papel e vai espiar o que tem dentro, quando Nini aparece novamente] Assim que ela sai, Dagoberto acende a luz*) Que calor! Estou cansada! Andei tanto ao sol... Que sol fez hoje, não? E que tarde linda! Petrópolis estava radiante! E que crepúsculo! Que delicioso fim de tarde... Mandei o Luiz tocar devagarinho e vim gozando o pôr-do-sol... A tarde azul... O poente lá longe, desmaiado, tão suave na harmonia de suas cores, está ouvindo, Dagô? E que cheiro bom de flores e de folhas!... Você não imagina que espetáculo lindo ver a tarde morrendo através da cortina de renda das ramagens entrelaçadas do caminho! Um conto de fadas... Um pouquinho de sonho envolvendo a gente com a noite que descia... Fechei os olhos... Tive saudade da cascatinha... do riacho, das montanhas adormecidas de tia Pimpinha... (*um silêncio. Nessa ocasião, Dagoberto, com precaução, rasga o embrulhinho e vai verificar o que tem dentro. Nini surge. Dá um grito que faz Dagoberto estremecer*) Não! (*de um salto, arrebata-lhe o embrulhinho e esconde-o às costas*) Isso não! Quem mandou o senhor meter o nariz onde não é chamado?

DAGOBERTO
Que embrulho é esse?

NINI
(*rindo*)
É nariz de especula...

DAGOBERTO
Quero ver!

NINI
É segredo!

DAGOBERTO
(*enérgico*)
Quero ver, já disse!

NINI
(*metendo o embrulho na gaveta, tirando a chave
e guardando-a no seio*)
Pois não vê, pronto!

DAGOBERTO
Você se arrepende!

NINI
Melhor! (*Dagoberto senta-se nervoso, martelan-
do o assoalho com o salto do sapato, o rosto fechado
em direção contrária à de Nini. Esta, pé ante pé,
aproxima-se do marido. Espeta o indicador na direção do seu rosto e chama*) Dagô!

DAGOBERTO
Hein? (*volta o rosto e espeta-o no dedo de Nini,
que ri muito; zangado*) Não me aborreça!

NINI
(*séria*)

Isso é sério? (*Dagoberto não responde*) Você está zangado comigo, de verdade? Por quê?

DAGOBERTO
Interrogue a sua consciência de mulher casada!

NINI
(*ofendida*)

Hein?

DAGOBERTO
Zangou, sinhazinha?

NINI
(*indignada*)

Dagoberto! Acha que não tenho razões para zangar-me?

DAGOBERTO
Tire a saia e pise em cima...

NINI
(*voltando ao tom de blague com que iniciou a cena*)
O.K.!

DAGOBERTO
Quem a senhora pensa que sou? A senhora não para em casa!

NINI
O senhor não queria que eu me dedicasse à medicina? Vou ver meus clientes...

263

DAGOBERTO

E para dedicar-se à medicina é preciso fazer declarações de amor a esse idiota ridículo que não sai daqui?

NINI

Declarações de amor?!

DAGOBERTO
(*imitando-a*)

Doutor Teixeira, que pronúncia linda a sua! O senhor não imagina como gosto do inglês!

NINI

E isso é declaração de amor?

DAGOBERTO

É. Você diz que gosta do inglês porque não pode, na minha presença, dizer que gosta dele!...

NINI

(*com intenção, para lembrar o que Dagoberto lhe disse, na 3.ª Gravura do 1.º Volume*)

Mas isso é inconcebível, dona Pimpinha! (*a um olhar furibundo de Dagoberto*) Dona Pimpinha, sim! Qual o motivo da queixa que você tem contra mim?

DAGOBERTO

Telefonei que não vinha jantar e a senhora saiu sem o meu consentimento.

NINI

Consentimento? O senhor é meu marido ou meu senhor? Sou sua mulher ou sua escrava? E daí? Que aconteceu de mais para você estar se portando como um grosseirão? Cheguei carinhosa, como sempre...

DAGOBERTO

E a sua blusa? E o cheirinho que ficou na sua blusa? O mesmo deste lenço, do piano onde ele pôs as mãos...

NINI

(caricaturando sempre as inflexões de Dagoberto na 3ª Gravura)

Quê? Você anda me cheirando?!

DAGOBERTO

(sem perceber a blague)

Ando!

NINI

Canibal! Cheirando como um canibal!... Não, assim não! Assim, nunca mais você me verá!...

DAGOBERTO

Nini!

NINI

(sem olhá-lo)

Que é?

DAGOBERTO

Você tem coragem de faltar a tudo que me prometeu?

NINI

Eu? O senhor acaba de confessar que chegou até ao cúmulo de me cheirar, como se eu fosse um ovo duvidoso! Prometeu-me liberdade e não quer que eu saia, pretendendo, portanto, cercear-me até a liberdade de locomoção que a constituição me garante! O senhor não jurou ser um companheiro leal e afetuoso? O senhor já viu um companheiro leal e afetuoso andar cheirando o outro?

DAGOBERTO
Não seja vingativa! Isso é uma vingança, uma desforra deselegante, perversa! E numa mulher isto fica tão feio... Você não conhece a vingança da Violeta de Campoamor? Isso é uma vingança, Nini...

NINI
Uma criança e uma violeta...

DAGOBERTO
A criança arrancou a violeta cheia de vida e apertou-a na mãozinha maldosa. Quando a abriu, a violeta estava morta, mas tinha se vingado, deixando a mãozinha assassina impregnada do seu perfume...

NINI
Mas você não é uma criança...

DAGOBERTO
E você não é uma violeta... "Sorri à mão que te fere e não firas ninguém." Depois, a liberdade que você pretende é absurda. Vamos entrar num acordo...

NINI
Não, senhor! A liberdade é como a cruz: inteira, é um símbolo; partida, é um pedaço de madeira como outro qualquer! E, para que o senhor não me julgas-

se egoísta, proclamei-o, há muito, senhor absoluto do seu nariz! Tão bom, como tão bom!

DAGOBERTO

Mas você pensa que o Brasil é a América do Norte (*Nini dá uma gargalhada*) ou outro país onde se admite que a mulher ande, como um homem, por onde quer? Não vê que a maledicência arrasará a sua reputação? (*outra gargalhada de Nini*) Que isso seria a ruína da nossa casa?

NINI

Ora, dona Pimpinha!... (*Dagoberto fulmina-a com o olhar*) E está combinado: Liberdade! E, no fim de algum tempo, se você compreender a vida assim, muito bem! Senão, teremos o paliativo brasileiro do desquite!

DAGOBERTO
(*caindo, desalentado, numa poltrona*)
Que memória prodigiosa!

NINI
(*vingativa*)
Não há nada como um dia depois do outro...

DAGOBERTO
O feitiço da vovó! O feitiço da vovó!

NINI
(*comovida, chegando-se a ele e sentando-se no braço da poltrona*)
Dagoberto! Meu amor! Você acredita que a sua mulherzinha não goste de você?

DAGOBERTO

Acredito!

NINI

João bobo! Vou contar tudo, tudo...

DAGOBERTO

E o embrulhinho?

NINI

Que embrulhinho?

DAGOBERTO

O embrulhinho que você guardou na gaveta da mesa. Que embrulho era aquele?

NINI
(*rindo*)

Era um embrulhinho...

DAGOBERTO

Mas que contém esse embrulhinho?

NINI
(*afastando-se*)

Isso não posso dizer.

DAGOBERTO
(*levantando-se*)

Por quê? (*ouve-se um fonfom de automóvel. Todos ouvem, menos eles*)

NINI

Porque não posso, Dagoberto. É um segredo. Você saberá mais tarde.

DAGOBERTO

Não vou nesse embrulhinho! Ou diz já, ou irei embora!

NINI

Dagoberto!

DAGOBERTO

Diz?

NINI
(*chorosa*)
Não posso dizer! Peça-me tudo! Isso não posso dizer! (*dona Mariquinhas, Pimpinha e Nhonhô surgem ao F.*)

DAGOBERTO
Ah! Então confessa? Confessa! Falsa! Vou levar o necessário para passar esta noite fora de casa! Amanhã mandarei buscar as minhas malas. (*sai pela D.B.*)

NINI
Dagoberto! Eu conto! Eu conto tudo…

MARIQUINHAS
Nini! (*Nini volta-se e atira-se, chorando, aos braços da avó; Pimpinha quer avançar*)

NHONHÔ
(*segurando-lhe o braço*)
Vamos ficar aqui vendo as montanhas adormecidas… (*ela fica, ardendo de curiosidade*)

NINI

Vovó, ele vai embora! Estávamos aqui, quase fazendo as pazes, depois de uma cena de ciúmes...

MARIQUINHAS

Sua?

NINI

Dele.

MARIQUINHAS
(*satisfeita*)

Dele?

NINI

Você acha bom?

MARIQUINHAS

Ótimo! Depois você, como se diz na gíria, "entregou os pontos"...

NINI

Ia entregar...

MARIQUINHAS

Ele percebeu e parou de fugir. E, se eu não chego a tempo, estava tudo perdido. Ele, a estas horas, é quem estava correndo atrás de você...

NINI

Mas ele vai embora...

MARIQUINHAS

Ótimo! Deixe-o ir...

NINI
Mas eu gosto dele!

MARIQUINHAS
(*encaminhando-se, com a neta, para a E.B.*)
Por isso mesmo... é preciso ir até o fim, até curar o doente. (*da porta, depois de fazer Nini entrar*) Nhonhô, venha cá. (*Pimpinha e Nhonhô descem*) Preciso dizer uma coisa a Nhonhô. Você tenha paciência, Pimpinha.

PIMPINHA
Não posso ouvir?

MARIQUINHAS
Depois direi a você...

NHONHÔ
Está com ciúmes de dona Mariquinhas?

PIMPINHA
Era o que faltava!

MARIQUINHAS
(*rindo*)
Deixe estar, sua feia! Está me chamando de velha, não é?

PIMPINHA
Eu?! (*caindo em si*) Esta dona Mariquinhas é do chifre-furado...

NHONHÔ
(*entrando*)

Deixe a chave na porta, que ela vai espiar pelo buraco da fechadura.

PIMPINHA

Sem graça! (*dona Mariquinhas e Nhonhô entram. Pimpinha vai espiar pelo buraco da fechadura*)

NHONHÔ
(*abrindo a porta de repente*)

Não disse?

PIMPINHA

Só porque você falou. (*Nhonhô fecha a porta, Dagoberto entra da D.B. com uma valise, que coloca sobre um móvel para fechar*)

DAGOBERTO

Boa noite!

PIMPINHA

Que é isso, vai viajar?

DAGOBERTO

Vou, sim, senhora.

PIMPINHA

Para onde?

DAGOBERTO
(*num gesto vago*)

Não sei.

PIMPINHA

Ah! Compreendi... Vai separar-se, doutor Dagoberto?

DAGOBERTO

Assim é preciso.

PIMPINHA

Ela continua ciumenta?

DAGOBERTO

Continua.

PIMPINHA

Que coisa alucinante! Então o limão não deu resultado?

DAGOBERTO

O limão? Que limão?

PIMPINHA
(*baixando a voz*)

O senhor não sabe? Não vá me comprometer,
hein, doutor Dagoberto! O feitiço da vovó é um limão. A gente o aperta toda vez que sentir ciúmes, e
reza: "Querer é poder"... (*tira da bolsa um papeli-
nho*) Querer é poder...

DAGOBERTO
(*passando os olhos pelo papel*)

Isso é patacoada!

PIMPINHA

O senhor acha? Pra mim está dando resultado!
Nhonhô anda que só vendo. Um cordeirinho...

DAGOBERTO
(*lendo o papel*)
Então isso…

PIMPINHA
Faz a gente perder o ciúme e amarrar o marido ou a mulher. Eles fazem tudo que a gente quiser, sabe, doutor Dagoberto? Veja, um limão!… Que coisa alucinante!

DAGOBERTO
Isso é patacoada! Admira a senhora, inteligente… Isso é patacoada!

NHONHÔ
(*de dentro*)
Pimpinha, agora já pode entrar.

PIMPINHA
Dá licença? (*da porta*) Acredite!

DAGOBERTO
É patacoada! (*Pimpinha sai. Dagoberto olha na porta do quarto, corre à D.A. e chama*) João, venha cá, depressa!

JOÃO
(*entrando*)
Senhor?

DAGOBERTO
Aí dentro tem um limão?

João

Um cesto cheio.

Dagoberto

Traga-me um, depressa!

João

Limonada? Gelada?

Dagoberto

Um limão!

João

Ah! É pra chupar?...

Dagoberto

É para o diabo que o carregue. Vá buscar o limão!

João

Sim, senhor. (*sai*)

Nhonhô
(*entrando*)

Dagoberto! Diz que você vai embora?

Dagoberto

Não há outro remédio. Não há outro remédio!

Nhonhô

Mas você não acha que chega a ser uma ofensa ter ciúmes de Nini?

Dagoberto
(*revoltado*)

Ciúmes?! Eu, ter ciúmes?!

NHONHÔ

Ela me disse.

DAGOBERTO

Isso é uma infâmia!

NHONHÔ

Então, por que vai embora?

DAGOBERTO

Você acha que eu hei de ficar como um dois-de-paus ante o que se passa? Ela sai sem me dar satisfações. Está aprendendo inglês com um sujeito pelo qual tenho uma antipatia figadal! Volta com embrulhinhos misteriosos e não quer que eu saiba o que contêm!

NHONHÔ
(*rindo*)

E isso não é ciúmes?

DAGOBERTO

Ciúme é o diabo que o carregue!...

NHONHÔ
(*rindo*)

Não é ciúme?

DAGOBERTO

Não é ciúme! É amor-próprio ofendido!

NHONHÔ

Que inveja eu tenho de você! Esse é o tempo mais feliz da vida... (*confidencial*) Vou lhe ensinar o feitiço da vovó...

DAGOBERTO

Já me ensinaram: um limão. Apertar o limão e dizer: "Querer é poder...", etc. Patacoada! Estupidez!

NHONHÔ

Bem se vê que a Pimpinha falou com você... Então, não quer experimentar? No desespero, a gente acredita em tudo!

DAGOBERTO

Você está me debochando? Então eu, inteligente, viajado, vou acreditar em feitiços de limão? Em baboseiras de limão? Em estupidez de limão?

JOÃO
(*entrando, rápido*)
Pronto, o limão, doutor! (*Nhonhô ri à socapa*)

DAGOBERTO
(*atrapalhado*)
Que limão?

JOÃO

O limão que o senhor pediu agora há pouco.

DAGOBERTO

Eu?! Não pedi limão algum.

JOÃO

Então o senhor não pediu? Eu até perguntei se era limonada o que o senhor queria...

DAGOBERTO

Vá embora!

JOÃO

O senhor disse que era inteiro...

NHONHÔ

Quem sabe se era pra chupar?

JOÃO

Foi o que eu disse...

DAGOBERTO

Vá embora. Jogue esse limão fora. (*João sai*)

MARIQUINHAS
(*dentro*)

Nhonhô, venha cá!

NHONHÔ

Com licença. (*sai rápido pela E.B.*)

DAGOBERTO
(*chamando, em voz abafada*)

João, venha cá.

JOÃO
(*entrando*)

Senhor?

DAGOBERTO

O limão!

JOÃO

Ué!

DAGOBERTO

O limão, animal!

JOÃO

Joguei fora, doutor!... O senhor não mandou?

DAGOBERTO

Vá buscar outro, depressa! (*João sai. Ele fica ansioso, na D.A, à espera*)

NHONHÔ
(*saindo do quarto*)

Mas, Dagoberto, venha cá.

DAGOBERTO
(*assusta-se*)

Hein? (*desce*)

NHONHÔ

Você está assustado?

DAGOBERTO

Eu?!

JOÃO
(*entrando*)

Pronto o limão, doutor!

DAGOBERTO

Quem pediu limão, animal?

JOÃO

Ué!... O senhor não pediu agorinha, com pressa?

DAGOBERTO

Vá embora.

NHONHÔ
(*rindo, com a intenção de dar tempo a que
Dagoberto apanhe o limão*)
Estão me chamando... (*entra para o quarto, correndo*)

DAGOBERTO
(*voz abafada*)
João!

JOÃO
(*que ia saindo*)
Senhor?

DAGOBERTO
Dê-me o limão!

JOÃO
(*entregando-lhe*)
Ué!...

DAGOBERTO
Vá-se embora. (*João sai resmungando. Dagoberto olha para todos os lados, aperta o limão e reza,
lendo o papel*) "Querer é poder! Dizendo 'eu quero',
São Francisco de Salles..."

NHONHÔ
(*pondo a cabeça fora da porta*)
Que é isso? Está falando sozinho?

280

DAGOBERTO
(*metendo o limão e o papel no bolso*)
Vou-me embora!

NHONHÔ
Não faça isso…

DAGOBERTO
(*falando alto, para Nini ouvir*)
Vou-me embora! Não aguento mais isto!

NHONHÔ
(*rindo*)
Aperte o limão!

DAGOBERTO
(*fulminando-o*)
Acho que o momento não comporta as suas gracinhas! Adeus! Vou-me embora! (*pega a mala e sai, arrebatado, pelo F.E.*)

NINI
(*dentro do quarto*)
Deixe-me, vovó, deixe-me. (*sai do quarto como uma louca*)

NHONHÔ
(*segurando-a*)
Que é isso, "sua" boba?

MARIQUINHAS
(*acompanhada de Pimpinha, surge com o seu crochê*)
Nini!

NINI

Vovó! (*fica no meio da sala, chorando. Ouve-se o fonfom de um automóvel que parte. Nini corre para a porta*) Dagoberto! (*Pimpinha corre a ampará-la*)

MARIQUINHAS

Foi?

NHONHÔ

Foi.

MARIQUINHAS

É mais cabeçudo do que eu pensava. Tome o seu auto. Acompanhe-o. Veja para que hotel ele vai e telefone para Yvoneta. Ela que ligue depois para cá. Eu ensinarei o que ela deve dizer, com voz disfarçada. (*senta-se, calmamente, numa poltrona, fazendo seu crochê*)

NHONHÔ

Sim, até logo! (*saindo, a Nini*) Que boba! É para seu bem! Pimpinha, já venho.

PIMPINHA

Veja se o convence a voltar. (*descendo abraçada com Nini*) Que coisa estúpida, não é, dona Mariquinhas? Uma separação! Meu Deus! Nem quero me lembrar! Fico toda arrepiada!

NINI

(*atirando-se aos pés da avó*)
Vovó, ele voltará? (*dona Mariquinhas abana a cabeça que sim*) Mas eu estou sofrendo muito, muito! (*afunda a cabeça no regaço da velhinha, soluçando*)

MARIQUINHAS

*(sorrindo, calma, e passando-lhe uma das mãos
pelo cabelo)*

É a primeira vez que, numa operação, vejo a médica-cirurgiã sofrer tanto ou mais do que o operado... Boba!

PIMPINHA

*(tomando cena, murmura abanando a cabeça,
desolada)*

Que coisa alucinante! Alucinante!...

CORTINA

8ª *Gravura*

A mesma cena. Na cortina, o mesmo dia "7 de Janeiro de 1932". O relógio bate dez horas da noite. Depois, ela se abre. A cena está vazia. Lá fora, um luar de prata que penetra a cena através do teto. Apenas um abajur azul aceso. Durante algum tempo só se ouve o tiquetaque compassado da pêndula enorme. Ouve-se o ruído de um motor. Yvoneta sai da E.B., nas pontas dos pés, olhando misteriosamente para todos os lados. Abre a porta. Oscar entra, embuçado numa vasta capa de galã romântico, chapéu desabado sobre os olhos.

YVONETA

(a meia voz)

Entre! Acompanhou?

Oscar

Acompanhou. (*ambos, através de um pequeno vão da porta entreaberta, espiam para fora. Pausa*)

Yvoneta
(*sempre a meia voz*)

É?

Oscar

É. (*Yvoneta corre a entrar na E.B., enquanto Oscar volta à porta para espiar com cuidado. Nini sai da mesma E.B. Casaco de viagem. Uma valise. Um véu preto que lhe cai do chapéu, cobrindo o rosto*)

Nini
(*sussurrando*)

Pronto?

Oscar
(*idem*)

Pronto.

Nini
(*um pouco mais alto*)

Tenho medo!

Oscar

Vamos! (*abre-se a porta do F.E., devagar, e aparece Dagoberto. Está pálido, ofegante, mas faz esforços para conter-se, apertando o limão*) Vamos, eu te farei feliz!

Nini

Tenho medo!... A felicidade... Amas-me sinceramente?

OSCAR

Como um louco! Duvidas?

NINI

Não será um mero capricho?

OSCAR

Serás minha para toda a vida! Vamos!... (*enlaça-a. Ela entrega-se. Dagoberto, que desceu até o interruptor da luz, acende-a de repente. Oscar e Nini afastam-se aterrados*)

NINI

(*reprimindo um grito de surpresa*)
Ah!

DAGOBERTO

Afinal!... (*Oscar, que está perto da D.B., corre, entra e tranca-se por dentro*) Ah! Covarde! (*avança para a porta da D.B.*)

NINI

Não, Dagoberto, não! Pelo amor de Deus!

DAGOBERTO

Deixe-me. (*desvencilha-se da mulher e dirige-se para a porta do quarto, enquanto Nini corre para a porta da D.A. para chamar a avó*) Saia, covardão! Não lhe farei mal, não tenha medo!

NINI

Vovó!

DAGOBERTO
Saia, miserável! Não lhe acontecerá coisa alguma, trapo de homem!

MARIQUINHAS
(*entrando com um livro na mão, tirando os óculos, como quem tivesse interrompido uma leitura*)
Que é isso, minha filha? Que é isso, meus filhos?

DAGOBERTO
Não é nada, minha senhora! De hoje em diante, não sou mais marido de sua neta. O marido dela está aqui. Saia, senhor. Venha assumir, diante desses cabelos brancos, a responsabilidade de seus atos. Não lhe farei nada. Saia.

MARIQUINHAS
Meu Deus! Você está armado, meu filho? (*apalpa-o*)

DAGOBERTO
Não. Não haverá tragédia! Não tem perigo! (*enfia a mão no bolso, tira o limão e aperta-o*) Não há perigo! Saia!

OSCAR
Aqui me tem. Estou às suas ordens!

DAGOBERTO
Esta moça é neta desta pobre senhora! Pertence a uma família honrada. Tem um nome a defender. O senhor vai fazer dela sua esposa, no Uruguai, depois do meu desquite. Vai tratá-la muito bem! Vai ficar com ela para toda a vida, querendo-a como se deve

querer a uma esposa. O dia que a sua fantasia de *conquérant*, que a sua volubilidade de D. Juan Tenório, de conquistador profissional, levarem-no a abandoná-la, resista. No dia em que abandonar esta senhora, será um homem morto. Eu o juro. Morto!

MARIQUINHAS

Mas por que tudo isso, meu filho?

DAGOBERTO

Encontrei Nini pronta para fugir, nos braços deste valdevinos! Casa ou não casa?

OSCAR

Não poderei casar!

DAGOBERTO

É casado?

OSCAR

Quer saber quem sou, senhor?

DAGOBERTO

Quem é? Diga!

OSCAR

Sou… (*desata a rir*)

DAGOBERTO

É o cúmulo! Nini! (*Nini desata a rir*) Vovó! (*dona Mariquinhas desata a rir*) Que significa isto? Enlouqueceram ou enlouqueci? Quem é o senhor, responda!

NINI
(*rindo*)
Dagoberto... É meu irmão Oscar.

DAGOBERTO
(*olhando para dona Mariquinhas*)
O Oscar?

MARIQUINHAS
(*rindo*)
O Oscar.

DAGOBERTO
O meu cunhado?

OSCAR
O.K.!

DAGOBERTO
(*ainda desconfiado*)
E quem denunciou este encontro, no hotel em que eu estava?

YVONETA
(*saindo da E.B.*)
Eu!

DAGOBERTO
Yvoneta?!

YVONETA
Pretendia divorciá-lo, para casar consigo... se meu marido consentisse... (*abraça-se a Oscar*)

OSCAR

"Seu" pirata... esta é a minha mulher.

DAGOBERTO

(*rindo amarelo*)

Muito prazer em conhecê-la. (*todos riem*) Mas isso foi um complô organizado contra mim! E quem sabia o hotel em que eu estava?

NHONHÔ

(*surgindo da D.A. com Pimpinha*)

Eu!

DAGOBERTO

Quê? Você também é do complô?

NHONHÔ

(*rindo*)

Não. Eu sou de Pindamonhangaba... A única que não sabia era a Pimpinha... Ela estragava tudo! Deu um trabalho esconder!... (*riem*)

DAGOBERTO

(*limpando o suor frio que lhe cai pela testa, sem saber se há de zangar-se ou há de rir, caindo sentado numa poltrona*)

Isso não se faz! Mas, afinal, por que toda essa comédia?

MARIQUINHAS

Mordida de cão cura-se com o pelo do mesmo cão, meu filho. É preciso sofrer para compreender a fraqueza dos outros. Você não compreendia a dela.

A felicidade de vocês estava ameaçada. Perderam o respeito mútuo, a compostura... eu precisei intervir com a minha experiência de velha... e, perdoe, filho, tive que fazer você sofrer...

DAGOBERTO
Então, tudo era fingido? Então Nini ainda tem ciúme de mim?

MARIQUINHAS
(*rindo*)
A dose do remédio... do veneno, não!

DAGOBERTO
Mas por quê... (*olha para Oscar e Yvoneta*)

MARIQUINHAS
O acaso me ajudou. Eles chegaram...

OSCAR
(*rindo*)
Como disseram que eu era mais bonito que você, consenti que minha mulher o flertasse...

YVONETA
(*rindo*)
O.K.!

DAGOBERTO
E você fez a mesma coisa com Nini. Por quê?

MARIQUINHAS
Para você ver se era bom...

NHONHÔ
(rindo)
Era?

MARIQUINHAS
Era preciso despertar o amor... que estava ador-
mecido. As crianças ganham um brinquedo, ficam
felizes... Depois jogam o brinquedo para um canto,
não se importam com ele. Mas, se outra criança o vê
e o quer tirar, então, o dono agarra-se a ele de unhas
e dentes. Foi o que eu fiz. Mandei tirar o brinquedo
de você. O egoísmo das crianças não desaparece
nos homens. Até aumenta... E fiz tudo isso, ainda,
para equilibrar as forças de vocês. A felicidade conjugal não é mais que o equilíbrio das forças do casal.
Amor, confiança e respeito mútuos...

DAGOBERTO
Uma espécie de paz armada... *(a Nini)* E você
teve coragem para tudo?

NINI
Ah! Vovó não contou o resto. O feitiço...

MARIQUINHAS
(rindo)
Qual feitiço! Tudo mentira, sugestão, minha bo-
binha, porque senão você não faria o que eu mandasse. Tudo na vida é sugestão... A gente pensa que
vive e não vive... que vale alguma coisa no mundo
e não vale...

PIMPINHA
Então o negócio do limão...

MARIQUINHAS
(*rindo*)
Mentira!

PIMPINHA
Ora! (*joga o limão fora*) E eu que fiz tanto bolo para esse comilão!

DAGOBERTO
Eu até engordei...

NINI
Ah! Vovó! (*faz o mesmo*)

NHONHÔ
(*rindo*)
A Pimpinha acabou com todos os limões do mercado. (*risos*) E você que está rindo, (*a Dagoberto*) "seu" marreco, jogue também o seu limãozinho fora...

DAGOBERTO
Eu? Eu não tenho limão.

NHONHÔ
(*rindo*)
Abra a mão, se for capaz...

DAGOBERTO
(*rindo e abrindo a mão, onde aparece o mencionado fruto*)
Até eu engoli o limão... (*joga-o fora*)

NINI
(*abraçando-o, sentada num dos braços
da poltrona*)
Perdoa? E agora, seremos felizes?

DAGOBERTO
(*rindo, feliz*)
Seremos... (*sério, de repente*) E o embrulhinho?

NINI
(*levantando-se*)
Ah! Isso não.

DAGOBERTO
(*levantando-se*)
Hein?

MARIQUINHAS
(*abrindo a gaveta da mesa com a chavinha
que tira do bolso*)
O embrulhinho está aqui.

NINI
Não, vovó!

MARIQUINHAS
Tome!

DAGOBERTO
Dê-mo. (*abre, sôfrego, e tira dele uma camisinha,
uma touquinha e sapatinhos de criança*) Que é isso?

NHONHÔ
É uma ninhada de cabeçudos que vem por aí...

DAGOBERTO

(*rindo, a Nini, envergonhada, de olhos baixos*)
Isso não fazia parte do contrato.

NINI

Ah! (*abraçam-se. Yvoneta, que se entendeu com
dona Mariquinhas, entrou à E.B., e de lá traz o seu
chapéu e o da velhinha. Dona Mariquinhas corre ao
fundo e faz um sinal para fora, riscando um fósforo*)

DAGOBERTO

Se for homem, há de chamar-se Limão...

NINI

E, se for mulher, terá o nome da vovó... (*riem*) e
agora?

DAGOBERTO

Agora... forças igualadas. Respeito, confiança e,
de vez em quando, um tostãozinho de ciúme pra re-
bater... (*ouve-se, fora, a mesma serenata da 1ª Gravura*) Que é isso?

MARIQUINHAS

A lua-de-mel que vai recomeçar... (*Nini corre a
beijá-la*) E não se queiram com amor... esse é o mal
de todos os casais. Queiram-se com ternura. "O
amor acaba", diz Bataille, "a ternura fica sempre...
sempre..."

DAGOBERTO

E vão embora?

MARIQUINHAS
Amanhã voltaremos...

OSCAR
(*rindo*)
Quando eu olho para este camarada... então o senhor namorou minha mulher, hein?

DAGOBERTO
E o senhor não namorou a minha?

OSCAR
Ela é minha irmã...

DAGOBERTO
E ela é minha cunhada... (*risos. Alegria*)

OSCAR
Let's go, ladies and gentlemen! Good night!

YVONETA
Bye! Bye! Happy days!

NHONHÔ
Também vou entrar com o meu inglês: *Arrivederci! Buena suerte!* (*gargalhadas*)

TODOS
Adeusinho! Felicidade! Chance! (*saem. Os risos morrem aos poucos. Nini e Dagoberto, à porta do F., de mãos dadas, ouvem a serenata longínqua*)

DAGOBERTO
(*descendo*)
E agora? (*enlaça-a*) Minha e feliz para toda a vida?

NINI
Sem o feitiço da vovó?

DAGOBERTO
E sem limão.

NINI
Jura?

DAGOBERTO
O.K.! (*beijam-se longamente. A serenata está mais longe. Cai lentamente o pano*)

FIM

AMOR

Sátira em três atos e trinta e oito quadros

1933

*A Dulcina de Morais, a cujo talento admirável,
na maravilhosa interpretação da figura de Lainha,
devo em grande parte o êxito desta peça,
profunda homenagem.*

O.V.[3]

---

3. Epígrafe da edição da Civilização Brasileira, Rio de Janeiro, 1934.

PERSONAGENS

SOMBRA
BELZEBU
PEDRO
CATÃO
TEMPO
LAINHA
MARIA
MADALENA
ARTUR
CARMELITA
A TELEFONISTA

CHEFE DA OFICINA
JOCELIM
DONO DO CAFÉ
FREGUÊS
FARMACÊUTICO
EMPREGADO
DETETIVE
O OUVINTE
VOZ DO CRIADO
JEOVÁ

PRIMEIRO ATO

A cena é um passe-partout *com cinco platôs, na distribuição da fotografia da página precedente.**

1º Quadro

Ouvem-se dois tiros. A seguir, um grito de mulher. Outro tiro. Abre-se a cortina do platô n.º 1. A parte exterior do vitral de uma casa. Ribalta apagada. Luz interior, de maneira que projete sobre os vidros apenas as sombras das personagens. Vê-se uma delas estirada sobre um divã, outra sentada e de bruços sobre uma mesa, e a terceira, uma mulher, abraçada ao cadáver do mais moço. Entra uma sombra.

SOMBRA
(deparando com o quadro)
Meu Deus! Que tragédia! Estão mortos! Mortos! Telefone para a polícia. Grite por socorro! (*ajoelhan-*

---

* Nesta edição, a fotografia encontra-se na p. 298.

do-se junto do cadáver da jovem) Pobre criatura! Era tão boazinha... (*chora desesperadamente*)

(*Cerra-se a cortina do platô n.º 1 e abre-se a do n.º 3*)

2.º Quadro

Um recanto do cemitério. Fundo negro. Três catacumbas à D., E. e F., metade para a cena, metade nas coxias. Um homem, de longas barbas brancas, elegantemente trajado, tira do bolso, pachorrentamente, uns óculos de tartaruga e coloca-os para ler as inscrições das lápides. É Petrus de Betsaida, o apóstolo que depois de encerrado na prisão Mamertina foi crucificado na colina Vaticana no mesmo dia em que decapitaram São Paulo, e a quem Jesus disse: "Tu és Pedro e sobre esta pedra edificarei a minha igreja." Pedro, remoçado, assobiando despreocupadamente uma canção em voga, curva-se um pouco para proceder à leitura. Nessa ocasião entra um cavalheiro, rigorosamente vestido à última moda, leve como a fumaça do charuto que fuma: é Belzebu, o lugar-tenente do velho Satã.

BELZEBU
(*entra despreocupadamente. Vê Pedro, encaminha-se para o apóstolo, nas pontas dos pés e tapa-lhe os olhos com as mãos*)
Pedro, antes do galo cantar três vezes, quero que adivinhe quem sou.

PEDRO
(*apanhando-lhe as mãos*)
Você me quebra os óculos, Belzebu.

BELZEBU
Belzebu? Tem certeza?

PEDRO
(*com inflexão puramente americana*)
"*Sure...*" É ou não?

BELZEBU
(*rindo e retirando as mãos dos olhos do amigo*)
O.K.

PEDRO
(*voltando-se a rir, camaradamente,
enquanto guarda os óculos*)
Canis, caninam non est... Conheço-lhe a voz às
léguas... (*apertando-lhe a mão*) Como vai?

BELZEBU
Omnia bene...

PEDRO
Sempre a tapar os olhos da humanidade...

BELZEBU
A humanidade é que os tem fechados. Quando
os abre, como você, me conhece logo... (*abraça-o*)
"*Come vá, carino?*"

PEDRO
Così... così... E você?

303

BELZEBU

Vegetando...

PEDRO

E a família? Satanás e todos os demônios?...

BELZEBU

Satanás está velho, coitado...

PEDRO

Já ouvi dizer...

BELZEBU

Está com o miolo completamente mole... É fascista!

PEDRO

Então, está louco...

BELZEBU

Completamente... E os seus?

PEDRO

Vão andando... Os anjinhos é que não têm passado bem... Este ano tem dado muito sarampo, no céu.

BELZEBU

No inferno, gripe... Depois, então, que criamos o ministério da saúde pública, tem sido um deus-nos-acuda...

PEDRO

E os negócios?

BELZEBU

Maus... Muitos desempregados... Estamos tratando agora de uma lei de morte obrigatória e um imposto de entrada. Ninguém poderá mais ir para o inferno de graça, pois mesmo com a propaganda contra que fazemos aqui os candidatos são muito numerosos. Uma lástima! E por lá, como vão as coisas?

PEDRO

De mal a pior. Quebramos o padrão ouro. Acho que vamos fechar o céu...

BELZEBU

Não diga! Pensei que o céu fosse um céu aberto...

PEDRO

Qual! Muita gente...

BELZEBU

Mas as entradas não continuam a ser pagas?

PEDRO

Continuam. Mas os contratos com os nossos agentes foram muito malfeitos. As entradas são pagas aqui na terra pelos parentes dos defuntos. Nós não recebemos um vintém. Se não conseguirmos, pelo menos, a metade dessa renda, o remédio será requerer falência... Em vão temos feito a maior propaganda em torno do mandamento: "Não matarás". Os homens se matam barbaramente. São cadeiras elétricas, guilhotinas, guerras, o diabo! Ora, nós não contávamos com isso. O livre-arbítrio foi uma imensa asneira...

BELZEBU

Mas isso vai ser o diabo, Pedro... Se vocês fecharem o céu e nós votarmos a lei de pagamento para a entrada no inferno, acaba-se a religião. E, se se acabar a religião, a crise do mundo vai agravar-se de maneira assustadora. Quantos milhões de pessoas ficarão desempregadas? Quantas indústrias abrirão falência? Será o princípio do fim do mundo, não acha?

PEDRO
(*acendendo um charuto*)
Mas o fim do mundo, meu caro, está próximo.

BELZEBU

É?

PEDRO

No céu há uma corrente enorme a favor de um novo dilúvio, sem arca, e sem Noé... Acabar de uma vez, irremediavelmente. Você vê que isso não pode continuar assim. Aqui para nós, que ninguém nos ouça, o mundo está muito malfeito... (*ouve-se um galo cantar*) Esse diabo de galo canta sempre que nego a obra do Criador. Mas a verdade manda Deus que se diga. Você sabe quanto sofri. Sabe que fui crucificado de cabeça para baixo na colina Vaticana, no mesmo dia em que cortaram a cabeça do nosso pobre São Paulo. Sou insuspeito para falar. O mundo está errado. Então, dá-se vida e livre-arbítrio a um boneco feito de barro? Barro é lama, meu caro. E o resultado não podia ser outro: um mundo de crapulosos. Hoje a honestidade é burrice e a desonestidade inteligência. O trabalho empobrece e a ociosidade enriquece. Os homens tratam de roubar uns aos outros e, se não tomarmos uma providência séria, em breve ninguém mais se entenderá aqui. Haverá luta como nunca houve. Roubados contra ladrões. Ladrões contra roubados. A mortandade será enorme, e onde nós iremos colocar toda essa gente? Só há um remédio: acabar com o mundo e com o céu, para que o mundo não tome conta do céu, com seu cortejo de misérias.

BELZEBU
Nem tudo está perdido assim. Resta o amor.

PEDRO
(*sorrindo descrente*)
O amor?! Você ainda é desse tempo?

BELZEBU
Não há, então, amor?

PEDRO
Você ficou onde o diabo perdeu as botas, Belzebu. Os homens falsificaram o amor...

BELZEBU
Isso também é demais!

PEDRO
Que é o amor?

CATÃO
(*põe a cabeça para fora da sua sepultura. Está de fraque, chapéu coco, gravata preta e as mãos*

amarradas em cruz sobre o peito. As barbas
grisalhas são longas. Usa óculos. Pela sua palidez
mortal vê-se que é um defunto)

Os cavalheiros podiam fazer a fineza de ir conversar mais para longe? Não há meios de eu poder dormir!...

PEDRO

Queira desculpar!

CATÃO

Quem pede desculpas sou eu. Mas hão de concordar que tenho razão. Esta noite não acaba mais. Diziam-me que aqui era lugar de descanso eterno e, no entanto, nunca tive tanta insônia na minha vida! Despertei, devia ser madrugada aqui fora – com o ruído das carrocinhas de pão. Daí por diante não pude mais dormir. Campainhas de bondes, fonfonar de automóveis, pregões de vendedores ambulantes e até um esquadrão de cavalaria tocando clarim passou aqui por perto. E agora os senhores...

BELZEBU

(*que acaba de soltar uma longa baforada de fumo*
do seu charuto)

Queira perdoar...

CATÃO

(*que acompanhou com olhos esgazeados de volúpia*
a fumaça que se evola pelo ar)

Os senhores podiam fazer-me a fineza de desamarrar minhas mãos? É uma ideia triste, esta: jogamnos neste buraco e ainda por cima amarram as mãos da gente...

PEDRO
(*desamarrando as mão do morto*)
Pois não.

BELZEBU
Tenho nisso o maior prazer.

CATÃO
(*com as mãos livres*)
Muito obrigado! (*enfia as mãos nos bolsos e procura alguma coisa, que não encontra. Aborrecido*)
Que gente descuidada! Esqueceram...

PEDRO
De quê?

CATÃO
De pôr cigarros no meu bolso. E sabiam que não passo sem fumar... Sabem informar-me se aqui por perto há alguma charutaria aberta?

BELZEBU
(*oferecendo-lhe um cigarro*)
Faça o favor.

CATÃO
Oh! Muito obrigado! (*procura fósforos*)

BELZEBU
(*acendendo um fósforo*)
Tem fogo aqui...

CATÃO
Agradecido. (*acende o cigarro*) Os senhores também são defuntos?

PEDRO

Não senhor. Morreu há muito tempo?

CATÃO

Anteontem, se não me falha a memória.

BELZEBU

Então, ainda está fresco...

CATÃO

Acho que estou, não sei. (*cheira a manga do fraque*) Estou. Nunca estive mais fresco. E os senhores quem são? (*a Pedro*) Sua fisionomia não me é estranha. Conheço-o não sei donde.

PEDRO

É possível. Chamo-me Pedro...

CATÃO

Pedro... Pedro... Esse nome não me é estranho... Pedro de quê?

PEDRO

Pedro de Betsaida.

CATÃO

São Pedro?

PEDRO

Um seu criado...

CATÃO
(*estendendo-lhe a mão e saltando para fora da sepultura*)
Oh, quanto prazer em conhecê-lo pessoalmente...

310

PEDRO

Da mesma forma…

CATÃO

Conhecia-o tanto de nome… Como vai seu irmão, André?

PEDRO

Bem, obrigado.

CATÃO

Pois não imagina a alegria que me dá este encontro. O senhor foi incomodar-se e descer de tão alto para receber-me. Isso muito me honra… Não era preciso tamanho trabalho. Eu pretendia subir até lá. Se já não o fiz, foi por não saber o caminho. Qual é o bonde que passa por lá? Paraíso? Onde estão as chaves?

PEDRO

Deixe-me apresentar-lhe este amigo…

CATÃO

É santo, também?

BELZEBU

Não. Sou o diabo. Belzebu, o braço direito de Satã.

CATÃO

Deixe de brincadeira…

BELZEBU

Não acredita?

CATÃO

Os chifres...? O rabo...? (*Belzebu e Pedro riem gostosamente*) Ué!

BELZEBU

Nunca tive chifres, nem rabo. Isso tudo foi inventado para ver se conseguíamos meter medo aos homens...

CATÃO
(*medroso*)
Nesse caso, vou para o inferno.

PEDRO

Sossegue. Como é o seu nome?

CATÃO

Catão.

BELZEBU
(*rindo*)
O censor de Roma?

PEDRO
(*rindo*)
Marcos Porcio Catão?

CATÃO
(*vivamente*)
Não, senhor. Catão Carneiro da Cunha.

PEDRO

Ah!

BELZEBU

Usurário?

CATÃO

Econômico…

PEDRO

Morreu de quê?

CATÃO

De repente.

BELZEBU

Confessou-se?

CATÃO

Não tive tempo.

PEDRO

Automóvel?

CATÃO

Tiro. Fui miseravelmente assassinado.

PEDRO

Por quê?

CATÃO

Vou contar-lhes. Dê-me outro cigarro.

BELZEBU

Fume um charutinho… (*oferece-lho*)

CATÃO

(*sentando-se sobre a própria sepultura*)

Sentem-se. Estamos em casa. (*Pedro e Belzebu sentam-se, cada um numa sepultura*) Foi assim... (*risca um fósforo*) Vamos aos antecedentes: há tempos... em... em... (*começa a acender o charuto*)

(*Fecha-se a cortina do platô n.º 3, ao mesmo tempo que se abre o n.º 2.*)

3º Quadro

Abre-se a cortina do platô n.º 5. Sentado, com sua foice, e suas longas barbas brancas, o Tempo, tendo ao lado um grande calendário, arranca uma página, fazendo aparecer a data, que lê:

TEMPO

(*fala*)

3 de março de 1933.

4º Quadro

Abre-se a cortina do platô n.º 4. Aparecerá ainda o Tempo girando o ponteiro de um grande relógio. Coloca-o nas quatorze horas. Ouvem-se duas badaladas.

5º Quadro

Uma sala de estar. À E., uma porta com uma cortina. Ao F., um vitral. À D., outra porta com cortina, para o interior da casa. Tapete. Uma secretária, pe-

*quena, com telefone numa mesa pequena, ao lado.
Ao F.E., um rádio. Poltronas. Um abajur. Ação em
São Paulo. Ao correr a cortina, Lainha, um jornal
na mão, passeia de um lado para outro, com ares de
quem acaba de ter um grande desastre na vida. Seus
olhos estão vermelhos de chorar. Corre à porta da E.
Espia para fora, bate o pé, com impaciência, recomeça o passeio. Para. Desdobra o jornal amarrotado
entre as mãos. Assoa-se longamente.*

LAINHA

(lendo)

"Um livro encantador sob todos os aspectos.
'Amor', porém, merece ser destacado de toda a saboro-
sa coletânea de versos. Eles fazem lembrar Lamartine,
pelo lirismo; Goethe, pelo traço de gênio; Geraldi, pelo
aroma, ternura freudiana. São doces e vibrantes a um
tempo. Delicados e quentes." "Quentes." (*soluça mais
alto*) "Suaves e ardentes." (*outro soluço*) "São garras fe-
rinas entre pétalas de rosas." (*com esforço enorme para
enxergar o que lê através das lágrimas*) "São versos de
mulher. De mulher que sente." (*soluça longamente*)
"Em cada verso há uma alma, mas há também uma
criatura de carne. Através de 'Amor' desenha-se todo
um retrato psicológico da poetisa." Deve ser uma criatura encantadora, essa maravilhosa Maria do Céu…
(*amarrota o jornal nas mãos crispadas*) É horroroso!
(*atira-se numa poltrona e chora desesperadamente. Pequena pausa. Ouve-se uma voz que denuncia cansaço*)

MARIA

(de dentro)

Dona Lainha? Dona Lainha?

LAINHA

*(levanta-se, rápida, enxuga os olhos e
encaminha-se, ofegante, para a porta)*
Maria, trouxe? Trouxe?

MARIA

*(entrando, a pôr os bofes pela boca,
com ares triunfantes)*
Graças a Deus, dona Lainha. Estão aqui. *(apresenta-lhe um molho de chaves)*

LAINHA

Que coisa horrorosa, criatura! Você está boa para
ir buscar a morte pra gente... Que horror! *(corre à
secretária e, uma pilha de nervos, começa a experimentar as chaves, não encontrando, sequer, uma
que sirva na fechadura. Enquanto isso a criadinha,
visivelmente desapontada, justifica-se)*

MARIA

Meu Deus do céu, dona Lainha! Mais depressa
do que eu fui, só sendo zepelim... O serralheiro
também trabalhou "um pedaço"! Recebeu a enco-
menda ontem à noite... São seis chaves. Não é brincadeira...

LAINHA

Andou tão depressa que fez uma porcaria. Mandou tudo misturado. Chaves de arquivo, com as da
gaveta! *(depois de experimentar a última chave)* E
nenhuma delas serve! *(arremessa-as ao chão, com
força, e começa, nervosamente, a bater com o tacão-
zinho no assoalho, cravando na criadinha atônita
os olhos inquisitoriais)*

MARIA

(*apanhando o molho de chaves, choramingando*)

A culpa não é minha... Tirei os moldes muito direitinho. (*menção de ir tentar abrir a gaveta*)

LAINHA

(*arrebatando-lho*)

Direitinho o seu nariz! (*nervosa como está, não chega a colocar cada uma das chaves na fechadura. Entretanto, vai passando uma a uma, exclamando, de cada vez, e como uma Fúria*) Direitinho o seu nariz! Direitinho o seu nariz! (*chorando de raiva*) Direitinho o seu nariz! Direitinho o seu nariz! (*Maria desata a chorar, também. Joga-se, desesperada, na poltrona. Dueto de soluços. A um soluço mais forte de Maria, enquanto a nossa heroína se assoa, mais uma vez, Lainha, parando de chorar e fitando a empregadinha, abanando a cabeça como a reprová-la*) A coisa que me dá mais raiva, neste mundo, é ver gente derretida! Que coisa horrorosa!

MARIA

Não é, dona Lainha, a senhora ralha com a gente à toa!... Nem experimentou direito as chaves e já foi pondo a culpa pra cima de mim!...

LAINHA

(*saltando da poltrona, como se uma mola a tocasse*)

Não experimentou? Que horror de criatura, meu Deus! Você é capaz de negar a luz do sol! (*apanhando as chaves novamente*) Não experimentei? Faça o favor de tirar o argueiro da vista. Abra bem os olhos. Veja. (*enfia uma chave na fechadura*) Veja bem.

Não está na fechadura? E isto serve? (*dá volta*) E isto serve? (*puxa com força. A fechadura cede. A gaveta abre-se. Ela ri, alegremente*) Serve, Maria, serve. Estupendo, Maria! Você é uma criatura estupenda! Desculpe, Maria!

MARIA
(*rindo*)

Eu sabia que tinha tirado os moldes bem direitinho! Assim tirasse eu a sorte grande...

LAINHA
(*pegando o molho das chaves e entregando-o
à criada*)

Abra o arquivo, Maria, e procure também...

MARIA
(*apanhando-o*)

Sim, senhora.

LAINHA
(*remexendo na gaveta, de onde retira
desordenadamente tudo o que encontra e deposita
sobre a mesa*)

Você telefonou pra dona Carmelita cartomante?

MARIA
(*experimentando as chaves, sem resultado*)

Logo que a senhora mandou.

LAINHA

Depressa, Maria!

MARIA
(*choramingando*)
Virgem Mãe Santíssima!...

LAINHA
E não quero choro! Que horror! Criatura imprestável! Não serve pra nada! (*Maria soluça*) Pra nada! É uma empada!

MARIA
(*conseguindo abrir a gaveta, vitoriosa*)
Esta serviu, dona Lainha!

LAINHA
(*alegre*)
Maravilhoso! Estupendo! Você é um anjo, Maria!

MARIA
(*rindo. Mel na voz*)
Muito obrigada, dona Lainha!

LAINHA
Procure e deixe de prosa! (*Maria começa a retirar cuidadosamente os papéis da gaveta*) Oh, meu Deus, não seja "empada"! Com pressa, criatura, com pressa!

MARIA
(*obedecendo, mas sempre ordenadamente*)
Sim, senhora!

LAINHA
(*que espalhou papéis por toda a parte*)
Que horror, rapariga! Com cuidado! Com método, para arrumar depois tudo, na ordem em que estava!

MARIA

Sim, senhora.

LAINHA

(arranca a gaveta da mesa. Vira-a. Os papéis
espalham-se no chão. Ela ajoelha-se, para
procurar o que pretende. Levanta-se)
Ih! Você é desajeitada. Sai daí! Parece lesma! Que
horror! Vá arrumar a gaveta de lá, que eu procuro aqui.

MARIA

Sim, senhora. *(apanha a gaveta e começa a ar-*
rumar os papéis, enquanto Lainha faz, na outra, o
que já fez na primeira)

LAINHA

Quero isso tudo bem arrumadinho. Não quero
nem por sombras que ele desconfie que andei bulin-
do nos guardados dele!

MARIA

Mas não sei como estava.

LAINHA

Também você não sabe de nada! Coisa horrorosa! *(continua a procurar)* Quantas horas são?

MARIA

Vou ver!

LAINHA

Já devia ter visto! Que horror, meu Deus!

*(Maria entra pela porta da D. Lainha procura
com avidez)*

6º *Quadro*

Abre-se rapidamente a cortina do platô nº 3. Recanto de um quarto do Esplanada Hotel. Uma mesinha com telefone. Madalena termina de folhear a lista telefônica e pede ligação.

MADALENA

Portaria? Faça o favor: central!

MARIA

(*entrando*)

São duas horas.

LAINHA

Duas horas! Que horror. Já faz meia hora que ele saiu. (*conta pelos dedos, como se calculasse*)

MADALENA

(*no telefone*)

4-1614?

LAINHA

Daqui ao ponto dos bondes, três minutos.

MADALENA

Direito.

LAINHA

Com cinco de espera, oito. Doze de trajeto, vinte. Cinco para chegar à redação, vinte e cinco. Já deve estar lá há cinco minutos. Telefone, já, Maria. Depressa!

MARIA

Sim, senhora. (*corre, põe o telefone ao ouvido e vai discar, quando...*)

MADALENA
(*fala*)

Alô?!

MARIA

Ué! Alô!

MADALENA

Quem fala?

MARIA

Quero falar com a central.

MADALENA

É a residência do doutor Artur de Oliveira Júnior?

MARIA

Ué!

LAINHA

Que é?

MARIA
(*tapando o telefone*)

Estão procurando pelo doutor.

322

LAINHA
(*alterada*)
Mulher? (*Maria não responde*) Mulher?

MARIA
É, sim, senhora. Mas acho que é engano...

LAINHA
(*transtornada*)
Deixa-me ver o telefone. (*apanha o telefone e procura imitar voz de homem*) Alô! Quem está falando? Aqui é o Artur.

MADALENA
Quem fala aqui é a Madalena.

LAINHA
(*à criada*)
Madalena, mais uma para a corda do sino!...

MARIA
Nossa Mãe do céu!

LAINHA
(*novamente com voz grossa*)
Como vai você, Madalena?

MADALENA
(*carinhosa*)
Vou bem, meu amor.

LAINHA
(*tapando o telefone com a mão*)
Segura o telefone, Maria, que não posso mais! (*Maria obedece. Ela fica com o telefone no ouvido, amparada também pela criada*)

323

MADALENA

Olhe aqui, meu filhinho...

LAINHA

(*à criada*)

Mato os dois! (*voz grossa, carinhosa também*)
Estou olhando, meu benzinho...

MADALENA

(*rindo*)

Sua mamãe está em casa?

LAINHA

Quem?

MADALENA

Sua mamãe. A vozinha infantil, querendo fingir
de homem, não me engana. (*gesto de desencanto de
Lainha*) Estou falando, forçosamente, com o filhinho
muito querido de Lainha, minha amiguinha de infância. Diga-lhe que é Madalena Torres de Vasconcelos,
que chegou do Rio hoje, descobriu na lista o número de seu telefone e lhe quer falar.

LAINHA

(*num grito triunfante, do íntimo d'alma,
como se revivesse*)

Madalena?... Maravilhoso! Sou eu, Lainha! (*a
Maria*) Larga o telefone.

MARIA

(*obedecendo*)

Graças a Deus! (*vai continuar a arranjar as
gavetas*)

324

MADALENA

Você tem um garotinho adorável!

LAINHA

Não tenho filhos. Depois explico. Sou eu. Onde você está?

MADALENA

No Esplanada. Cheguei hoje. Mas que tem você? Aconteceu alguma coisa?

LAINHA

Uma coisa horrorosa! Venha cá, depressa. Você caiu do céu! Preciso de uma amiga como você, minha querida. Vem?

MADALENA

É claro. (*olhando a lista*) É rua...

LAINHA

Álvaro Ramos, 879. Você toma...

MADALENA

Tomo um táxi.

LAINHA

Maravilhoso! Fico à espera!

MADALENA

Até já, meu amor.

LAINHA

Até já, querida! (*Madalena deixa o telefone e a cortina do platô n.º 3 fecha-se rapidamente*)

LAINHA
(*alegremente*)
Maravilhoso! Uma amiguinha que chega do Rio.
Há oito anos que não nos vemos. Maravilhoso! (*trau-
teia um tango e dança numa alegria infantil*)

MARIA
(*alegre*)
Gosto de ver a senhora alegre assim!...

LAINHA
(*parando, repentinamente, de dançar e tomando
ares ferozes*)
Maria!

MARIA
(*assustada*)
Senhora!

LAINHA
Você não telefonou para a redação, Maria!

MARIA
O telefone estava...

LAINHA
Estava ocupado seu nariz! Pamonha! Coisa hor-
rorosa! (*com pruridos de histérica*) Quantas horas
são? (*Maria corre à porta da D. para ver as horas*)
Quantas horas são, Maria? Não seja mole! Responda!
Leva duas horas!

MARIA
(*de dentro*)
São duas e vinte!

326

LAINHA

Duas e vinte! Quinze minutos. Quanta coisa se pode fazer em quinze minutos! (*corre ao telefone*) Alô! Alô! (*a Maria, que volta e vai continuar sua tarefa*) Você, Maria... (*no telefone, novamente*) 2-4268. Direito! Depressa! Levam duas horas para atender. (*espera impaciente. Bate no gancho*) Alô! Alô! (*como imitando a voz da telefonista*) Está chamando? Não estou ouvindo o barulhinho. Há mais de três horas que pedi essa ligação. Faça o favor. (*pausa. Ouve-se uma campainha de telefone, ao mesmo tempo que corre a cortina do platô n.º 1*)

7.º Quadro

Recanto de uma sala de redação. Ouve-se o ruído de máquinas de escrever. Na parede do fundo, vários jornais de S. Paulo e do Rio presos por porta-jornais. À E., em rompimentos, colunas de cimento armado, dando a impressão de que a sala continua. Encostada à parede da D., uma mesa e cadeiras, cesta de papéis, etc. A mesa está em desordem. Revistas, jornais, livros, tiras de papel. Sentado, Artur de Oliveira Júnior escreve. Assim que ouve retinir a campainha do telefone sobre sua mesa de trabalho, atende.

ARTUR

(*como se tivesse certeza de com quem vai falar*) Alô! Sou eu, Artur.

LAINHA

(*pondo um lenço no bocal do telefone e procurando disfarçar a voz, dando-lhe sotaque inglês*) *I speak with mister* Artur?

ARTUR

Yes, my darling... Tardou muito para telefonar, hoje.

LAINHA
(*a Maria*)

Enfim, peguei. Não conheceu minha voz, o bandido! Vou saber o nome dela! (*no telefone, com muita doçura, imitando uma inglesa a falar o português*) Sabe mesmo com quem está falando?

ARTUR

Sei, minha querida...

LAINHA

Miserável! Está bem disfarçada a voz, não está, Maria?

MARIA

Ninguém conhece.

LAINHA
(*no telefone*)

Então, diga o nome. Como me chamo? Quem sou eu?

ARTUR

É... é...

LAINHA
(*rápida e alegremente a Maria*)

Vai dizer. Caiu, enfim. (*no telefone*) É...?

ARTUR

É Lainha, minha mulher.

LAINHA

Hein?

MARIA

Caiu?

LAINHA
(*tristemente*)

Não…

ARTUR

E pode tirar o lenço do telefone, porque conheço sua voz através de tudo…

LAINHA

Se não conhecesse, diria o nome.

ARTUR

Diria e disse: Lainha.

LAINHA

O nome da outra…

ARTUR

Não há outra. Para mim, no mundo, só há uma mulher: você…

LAINHA

Há quanto tempo chegou à redação?

ARTUR
(*consultando o relógio-pulseira*)
Há dezesseis minutos.

LAINHA
A que horas chegou à cidade?

ARTUR
Às quatorze horas e cinco minutos.

LAINHA
Quem ia no bonde?

ARTUR
(*rindo*)
Passageiros, filha.

LAINHA
E passageiras?

ARTUR
Não reparei.

LAINHA
Leu?

ARTUR
Li as "Memórias" de Humberto de Campos. Vinte e três páginas.

LAINHA
Nem um cumprimento?

Artur
Um.

Lainha
(*vivamente*)
De quem?

Artur
Do condutor.

Lainha
Em que banco viajou?

Artur
No primeiro.

Lainha
De frente para o resto do bonde?

Artur
No primeiro, de frente para as costas do motorneiro.

Lainha
Então no segundo...

Artur
(*com uma ponta de impaciência, que é traduzida por um grande desânimo, maquinalmente*)
No segundo, Lainha...

Lainha
No primeiro, de frente para você, ia alguém?

ARTUR

Ia.

LAINHA

Quem?

ARTUR

Um italiano velho, fumando um toscano horrível... (*Chefe da oficina, metido num macacão, enxugando as mãos molhadas em tiras de papel jornal, entra no platô nº 1, ao mesmo tempo em que se ouve a voz de Carmelita cartomante, no platô nº 2*)

CHEFE DA OFICINA

Dá licença?

CARMELITA
(*de dentro, ao mesmo tempo*)
Dá licença? (*Maria deixa o que está fazendo e sai pela D. Abre para fazer Carmelita entrar*)

ARTUR

Entre.

LAINHA

A quem você está mandando entrar?

ARTUR

Ao chefe da oficina que vem buscar originais, pois estou com o serviço atrasado!

LAINHA

É? E o chefe de oficina tem voz de mulher? Ouvi perfeitamente uma mulher dizer "Dá licença?" e você, muito meloso, responder, "Entre".

ARTUR

Seja tudo pelo amor de Deus! (*ao chefe*) Genaro, diga aí alguma coisa, faça o favor! (*Genaro ri*)

CARMELITA

(*entrando acompanhada por Maria*)
Buenas tardes.

ARTUR

O homem está convencido de que estou doido. Está rindo e não quer falar...

LAINHA

Mas você é cínico! Então ela não disse *buenas tardes*?

ARTUR

Que ela, Lainha?

LAINHA

Essa espanhola, Artur! Ouvi perfeitamente dizer: *Buenas tardes.*

CARMELITA

Buenas tardes.

LAINHA

Está dizendo outra vez: *Buenas tardes.* Negue agora!

ARTUR

Você está doida.

LAINHA

Oh! Artur... (*bate com o telefone na mesa e vai falar a Maria*) Este homem... (*vê Carmelita, que lhe sorri, amavelmente*)

CARMELITA

Buenas tardes... (*Artur, com o telefone ao ouvido, escreve com a mão direita*)

LAINHA

(*tapando o telefone com as mãos*)
É você? Está aí há muito tempo? Foi você que disse *buenas tardes*?

CARMELITA

Pela terceira vez.

LAINHA

E "com licença"?...

CARMELITA

Lá do corredor...

LAINHA

Ah! (*no telefone*) Até logo.

ARTUR

Buenas tardes. (*pequena pausa*)

LAINHA

Não me beija? Está com medo que entre alguma mulher e o surpreenda? (*Artur maquinalmente dá beijos no telefone, enquanto escreve. Ela desliga silenciosamente; a Carmelita*) Trouxe as cartas?

CARMELITA
(sempre com sotaque espanhol)
Las traigo aqui.

LAINHA
Sente-se aqui. *(sentam-se ao redor da mesinha redonda. Carmelita começa a embaralhar as cartas. Abre-se a cortina do platô nº 5)*

8º Quadro

Um setor de ligação da companhia telefônica.

A TELEFONISTA
O número, faça o favor?

ARTUR
Hein? Queira desculpar. *(desliga. A telefonista vai fazendo outras ligações, enquanto a cortina se fecha)*

9º Quadro

Nos platôs nºˢ 1 e 2.

CHEFE DA OFICINA
Tem alguma coisa pronta, doutor?

ARTUR
Leve essas tiras. Termino já. Falta muito?

CHEFE DA OFICINA
*(puxando um barbante com um nó e medindo
num jornal)*
Uma coluna e sete linhas.

ARTUR
Já vai, Genaro, já vai... Esta vida!... *(Genaro sai.
Ele continua escrevendo)*

CARMELITA
Pronto. Parta três vezes...

LAINHA
Com a mão esquerda?

CARMELITA
É... *(começa a distribuir as cartas sobre a mesa,
murmurando coisas em voz baixa. Lainha fica de
joelhos na cadeira, os braços sobre a mesa, e acompanha a operação com grande interesse. Entra, no
platô n.º 1, Jocelim, repórter de polícia. É pequeno,
vivo, irrequieto. Entra como uma bala, arranca o paletó, que coloca nas costas de uma cadeira, ao mesmo
tempo que fala com uma velocidade de máquina)*

JOCELIM
Alô! Como vai essa força indômita? Estou com
uma pressa danada! Está quase na hora do jornal ro-
dar e quero dar umas notícias. Hoje o dia está correndo bem. Em cheio! *(chegando-se à cadeira da
ponta da mesa e sentando-se, ao mesmo tempo que
tira do bolso traseiro da calça notas a lápis em tiras
de papel de jornal)* Com licença. Dê-me um canti-

nho. Vou escrever aqui mesmo. Um dia cheio. Um dia feliz, muito feliz. Dois assassinatos. Um suicídio, um desastre de automóvel! Um dia bonito! (*começa a escrever com uma rapidez incrível*) Está tudo pronto lá na oficina. Só falta o desastre. Foi agora mesmo. Vou dar o "furo" na macacada. Eu tenho uma sorte desgraçada! Outro dia assisti ao assassinato daquele turco; ontem passava bem na hora em que aquele operário caiu do décimo segundo andar do Martinelli, e hoje ia passando pela avenida São João quando, bem na minha frente, um sujeito ficou embaixo de um bonde. Tenho uma sorte desgraçada!

ARTUR

É... uma sorte desgraçada mesmo!

JOCELIM

A "macacada" anda tonta comigo. Ninguém pode com o Jocelim. Sou o rei dos repórteres de polícia. Quando o jornal estiver na rua, eles ainda estarão na delegacia procurando notas. Que "furo", seu compadre! Comigo é na "piririca".

ARTUR

E que você ganha, fazendo mal aos seus colegas? Você ainda é "foca", está novo em jornal. Quando você envelhecer, destilando o cérebro para vender notícias a duzentos réis... vai ver. Nós, como bem diz o nosso grande Humberto de Campos, "nós passamos a vida a insistir no comércio mais idiota deste mundo: vender miolo da cabeça para comprar miolo de pão...". O jornal é o trabalho mais dispersivo do mundo. O povo não sabe o que é a vida do jornalista. Todo o seu trabalho dura o tempo das rosas do poeta. Depois, o jornal, onde tanta inteligência se consome, é papel, apenas. Serve para embrulho e, às vezes, para coisas piores... E nós continuamos pobres, enquanto todos aqueles que se servem de nós para subir enriquecem... Não "fure" os seus colegas, Jocelim...

JOCELIM

Que quer você? É questão de sorte, rapaz. Todo dia se dá um assassinato ou acontece um desastre na minha frente. É questão de sorte.

ARTUR

Então, melhor é você sair de perto de mim... (*Jocelim ri e continua a escrever com uma velocidade incrível. Artur faz o mesmo*)

CARMELITA

(*lendo as cartas colocadas na mesa*)
Pela porta da rua, uma surpresa desagradável. Uma traição... Uma pessoa que finge ser sua amiga, mas não é. Um homem moreno...

LAINHA

É meu marido...

CARMELITA

Está pensando numa mulher loura...

LAINHA

(*alegremente*)
É ela! É ela! Tinha certeza de que ele me enganava. Tinha a certeza... (*a Maria, que continua a arrumar os papéis nas gavetas da mesa*) Viu? Maria, ela é loura! (*a Carmelita*) Continue...

CARMELITA

Uma mulher morena o persegue.

LAINHA

Uma morena? Viu, Maria, é uma loura, outra morena... (*ansiosa, triunfante*) Continue, dona Carmelita, continue...

CARMELITA

Aqui tem outra traição. Outra mulher, esta muito rica...

LAINHA

Morena?

CARMELITA

Loura.

LAINHA

Viu, Maria, outra loura! São duas louras! Que bandido!

CARMELITA

Essa loura procura fazer uma traição. (*a cortina do platô n.º 2 se vai cerrando...*) Mas um homem moreno, velho, de barbas, será protetor e então... (*a cortina fecha-se inteiramente*)

10º Quadro

No platô n.º 1, onde Artur e Jocelim continuam a escrever.

CHEFE DA OFICINA
(entrando a correr)
Tem alguma coisa pronta? *(tanto Artur como Jocelim lhe entregam várias tiras de papel)* O secretário manda dizer pra não escreverem muito. Há pouco espaço. Já vamos fechar. Falta muito?

ARTUR
Estou no fim.

JOCELIM
Eu também. *(Chefe da oficina sai. Há uma pequena pausa. Os dois escrevem vertiginosamente. Surge da E. o nosso conhecido Catão Carneiro da Cunha, vivinho da Silva... Tem, no entanto, o mesmo aspecto de defunto. É um desses muitos cadáveres que andam pela vida. Pálido, magro, barba longa, chapéu duro, guarda-chuva e o indefectível fraque preto. Faz a sua entrada solenemente)*

CATÃO
Boa tarde.

JOCELIM
(sem levantar os olhos do papel)
Boa tarde.

ARTUR
(levantando-se e apertando a mão do recém-chegado)
Boa tarde, doutor Catão. Dê-me licença. É um finalzinho só.

CATÃO

Pois não... (*Artur senta-se e vai começar a escrever, quando Catão, depois de enfiar a mão em todos os bolsos, exclama*) Esqueceram...

ARTUR

Doutor?

CATÃO

Esqueceram em casa de colocar os cigarros nos meus bolsos...

ARTUR

Tem um aqui. (*dá-lhe*)

CATÃO

Obrigado. (*procura*) Quer ver que nem os fósforos puseram?

ARTUR

Tem aqui. (*dá-lhe uma caixa e recomeça a escrever. Catão acende o cigarro e guarda a caixa. Depois coloca um* pince-nez *para reforçar os óculos já acavalados no nariz e, por cima dos ombros de Jocelim, começa a ler o que o rapaz escreve*)

CATÃO

Oh! Oh! "E as rodas passaram por cima dela." Horrível, horrível!

JOCELIM

Foi um desastre horrível!

CATÃO

Não falo do desastre. Esse ela é com dois ll...

JOCELIM

Pela ortografia da Academia, não é!

CATÃO

Mas a ortografia acadêmica não tem base, menino. Não podemos desprezar a língua *mater*: o latim. Ora...

JOCELIM

(*muito depressa, com a velocidade com que está escrevendo*)
Mas o jornal adota a ortografia acadêmica, doutor.

CATÃO

Mas não devia adotar.

JOCELIM

Não devia, mas adota. (*rapidamente coloca a tira em que acaba de escrever para um lado e recomeça outra lauda*)

CATÃO

Espere aí, espere aí. (*apanha a tira*)

JOCELIM

Que foi, doutor?

CATÃO

Aqui falta uma vírgula...

JOCELIM

(no papel que Catão pousou na sua frente,
põe a vírgula, vigorosa, num traço enorme,
que bem denuncia a sua contrariedade)
Pronto! *(joga a tira para o lado, novamente, e*
dispõe-se a recomeçar o trabalho, quando o velho o
interrompe outra vez, pondo-lhe novamente a lauda
diante dos olhos)

CATÃO

Espere aí, menino! Este pronome está mal colocado.

JOCELIM

Eu também estou, doutor, e não me queixo... *(tenta tirar a lauda)*

CATÃO
(impedindo-o)
"E o motorneiro que viu-se obrigado a moderar a marcha do carro." O pronome relativo "que" atrai o reflexivo "se" que deve ser colocado antes do verbo. O motorneiro que...

JOCELIM

"Se viu"... Obrigado... Obrigado, doutor. *(vai tirar a lauda)*

CATÃO

Um momento! Em frente a uma leiteria, não, menino! O sufixo é "aria". Você diz cavalaria, infantaria, artilharia, sapataria, padaria, tem que dizer leitaria. Taria!

343

JOCELIM
(*indignado*)
Muito obrigado. Se o senhor não me ensinasse, eu nunca "aprendaria"...

ARTUR
Pronto. Terminei.

JOCELIM
Vou acabar de escrever lá embaixo e levo o seu original para a oficina. Me dá aqui.

CATÃO
Dê-me aqui, menino. Nunca se começa uma frase com variação pronominal.

JOCELIM
Por quê?

CATÃO
Porque é regra.

JOCELIM
E por que é regra?

CATÃO
Recorramos ao latim. Vamos a Roma...

JOCELIM
Agora não posso, é muito longe... Vou à oficina, que é melhor... (*sai como uma bala, a rir*)

CATÃO
(*com superioridade, para disfarçar a indignação*)
Ignorância *in anima vili*...

ARTUR

É uma criança...

CATÃO

Aboliram a palmatória das escolas... A ignorância e o atrevimento desse tipinho são o símbolo de uma época. Bem, não gastemos cera. Sabe o que vim fazer aqui? Recebi uma carta de seu tio. Ele, como tem conhecimento, está doente e não pode deixar a fazenda. Soube, por intermédio de sua prima, que você se queixava de Lainha ao marido dela, e chegou a lamentar que no Brasil não houvesse divórcio. É verdade?

ARTUR

Doutor Catão...

CATÃO

É verdade?

ARTUR

Lainha tem um temperamento...

CATÃO

Por que casou? O casamento é intangível, como a vida. O divórcio é tão abominável como o suicídio! (*Artur baixa a cabeça*) Sabe que fui o melhor amigo de seus pais, e dos dela. Ambos pertencem a famílias de reputação inatacável. Seu bisavô chegou mesmo a ser o chefe das cavalariças de Dom João VI. Seu avô foi conselheiro do Império. Seu pai foi amigo pessoal de Pedro II. Com um divórcio, você iria manchar o esplendor de todo esse passado e comprometer a reputação de toda uma família! Uma vergonha de consequências fatais, para seu velho tio, já tão doente...

ARTUR

Mas eu não declarei que ia divorciar-me. Queixei-me um pouco da vida que Lainha me dá, e disse que o divórcio poderia ser uma solução no caso...

CATÃO

Em caso algum!

ARTUR

Mas o sofrimento...

CATÃO

Na vida também se sofre e um homem de bem não se suicida...

ARTUR

Mas procura viver feliz, muda de ambiente, procura...

CATÃO

Deus é que determina a felicidade do homem. Não devemos pensar no nosso "eu" individual. Pensemos na coletividade. Se a coletividade é feliz...

ARTUR

Mas então porque a coletividade goza saúde não se deve pensar em curar os enfermos? Quando alguém, numa praia de banhos, está para morrer afogado, os banhistas todos devem resolver o caso, dizendo: "Nós não estamos correndo perigo algum, portanto não nos devemos incomodar por causa de um... Afogue-se, amigo!"

CATÃO

Isso é outro caso. E depois, de que se queixa você? Sua senhora é honesta, é dedicada, tem-lhe amor... amor...

ARTUR

Amor? Amor, que me restringe a liberdade de viver feliz, amor, que me tortura; amor, que me tolhe os movimentos na luta pela vida e me fará, fatalmente, fracassar...

CATÃO

Fracassar? É horrível! Horrível!

ARTUR

Ah! Concorda então...

CATÃO

Absolutamente. Fracassar é um galicismo e não exprime absolutamente o que você quer dizer. Nesse caso deve ser falir. Que me fará falir na vida. É verdade que somente Rui Barbosa e eu não escrevemos fracassar. Todos os que escrevem, no Brasil e mesmo em Portugal, têm empregado a palavra "fracassar" sem propriedade. (*senta-se. Artur, desanimado, encosta-se à mesa*) Fracassar é quebrar, partir-se em vários pedaços. (*a cortina do platô n.º 1 começa a cerrar*) É isto que o francês chama "fracassar". É verbo. Presente do indicativo: *Je fracasse, tu fracas-*

347

ses, il fracasse, nous fracassons, vous... (a cortina fecha-se de todo, enquanto se abre a do platô nº 2)

11º Quadro

Lainha está na mesma posição. Maria, superior à mesa, presta também grande atenção. Carmelita continua a ler as cartas.

CARMELITA

Um senhor de posição virá em seu auxílio. Uma surpresa dentro de uma carta. Desgosto. Pela porta da rua entrará uma... (*campainha*)

LAINHA
(*a Maria*)
Vá ver quem é! (*Maria sai pela D.A.*) Continue.

CARMELITA

Pela porta da rua entrará uma mulher morena, que é muito sua amiga, mas...

MADALENA
(*entrando*)
Pode-se entrar?

LAINHA
(*correndo-lhe ao encontro e abraçando-a*)
Madalena! (*ficam nos braços uma da outra. Beijam-se. Maria corre para junto de Carmelita*) Como vai?

MARIA

Guarde as cartas. (*ambas começam a recolher as cartas*)

MADALENA

Estou muito mudada?

LAINHA

Está mais magra. Está casada?

MADALENA

Estou viúva.

LAINHA

É?! Meus pêsames...

MADALENA

Já faz dois anos. Você está mais magra.

LAINHA

(*com intenção*)

Estou casada...

MADALENA

Parabéns...

LAINHA

Quem me dera ser viúva!...

MADALENA

Oh! Sempre a mesma, nervosa, exagerada, briguenta... Pois eu...

LAINHA

Quer casar-se outra vez...

MADALENA

Não encontro com quem...

LAINHA

Sim...

MADALENA

Agora estou exigente. Saberia escolher...

LAINHA

Há tantos...

MADALENA

Tantos que não queremos. Os que queremos não nos querem...

LAINHA
(*sorrindo*)
Paixão mal correspondida?

MADALENA

Não... Talvez despeito. Há um rapaz aqui em São Paulo diferente dos outros...

LAINHA

Com uma estrela de ouro na testa?

MADALENA

Não... Sério.

LAINHA

Oh! Sério? Aqui em São Paulo? Acho quase impossível... Quem é esse fenômeno?

MADALENA

Não sei. Não conheço. Sei que aqui não se pode andar pelas ruas sem que todos os olhos masculinos nos devorem. Esse rapaz é o contrário: encontrei-o três ou quatro vezes em exposições de pintura... Achei-o interessante. Fitei-o até com certa audácia.

LAINHA

E ele...

MADALENA

Nem me viu...

LAINHA

E você, por isso, se apaixonou...

MADALENA

Paixão, não digo; mas confesso que senti um despeitozinho, um não sei quê inexplicável... Acho que raiva. Vontade de subjugá-lo. De vingar-me.

LAINHA

Vaidosa...

CARMELITA

Bueno, hasta mañana.

LAINHA

Espere, Carmelita.

CARMELITA

*Tengo que ir a casa de otras freguesas que me es-
ton esperando,* senhora. *Volveré mas tarde.*

LAINHA

Está bem.

CARMELITA

Hasta luego. (a Madalena) Adiós, senhora.

LAINHA

Maria, acompanhe a madama. (*Maria sai para
acompanhar Carmelita pela E.A.; a Madalena*) Entre
para cá. Venha tirar o chapéu e conversaremos. (*tra-
vando-lhe o braço e levando-a para a E.A., por onde
saem*) Meu marido engana-me sem dó nem piedade.
Você imagine que descobri... (*e a sua voz se perde
no interior da casa. Abre-se a cortina do platô nº 1*)

12º Quadro

*Ouve-se o ruído da máquina de imprimir, que
roda. Artur está na mesma posição, desabado. Catão, rodeado de dicionários, grita ainda coisas sobre
a impropriedade do emprego de "fracassar".*

CATÃO

(*logo que a cortina começa a correr, folheando
ainda um dicionário*)

De maneira que não é correto dizer fracassar em
português. Não tem o significado do *fracassare* italiano. Vimos que o visconde de Weldic diz que "fra-

cassar" – língua no céu da boca – em espanhol é *romper, hacer en pedazos*. O inglês diz *crash, disaster*, que não é a mesma coisa. (*encontrando o que procura*) Aqui está no nosso amigo João de Deus: Fracasso, substantivo masculino, ruído de coisas que se quebram, de prédios que desmoronam. Desastre. Veja que coincide com a opinião abalizada de Ainé de Pous: *Fracas, grand bruit; fracture violent e bruyante*. Vamos agora consultar Cândido de Figueiredo, Seguier...

ARTUR

Não é preciso. Estou convencido. Nunca mais direi "fracasso". Direi falência.

JOCELIM

(*entrando, alegremente, com vários jornais na mão*)
A primeira edição está rodando. Tome. (*dá um jornal a Artur e outro a Catão*) Doutor? (*indo vestir o casaco*) Vamos aproveitar a folguinha para tomar café?

ARTUR

(*louco para se ver livre de Catão*)
Vamos. Com licença. (*apanha o telefone e disca*)

JOCELIM

Os clichês da minha reportagem não saíram bem. Foi um fracasso! (*Artur treme no telefone*)

CATÃO

(*depois de um ligeiro tremor*)
Menino, fracasso é galicismo, não se diz.

353

ARTUR

Deve dizer-se falência. A reportagem faliu. Foi uma falência.

JOCELIM

Isso é para os trouxas... (*o telefone toca no platô n.º 2. Maria entra da E.A.*)

CATÃO

Faça o favor. Fracasso, em francês, quer dizer...

MARIA

Alô!

CATÃO

Grand bruit...

ARTUR

Dá licença um momento? (*ao telefone*) É a Maria?

MARIA

Sim, senhor.

LAINHA
(*surgindo da D.A.*)

Quem é?

MARIA

O doutor. (*ao telefone*) Dona Lainha já vai falar.

LAINHA
(*apanhando o telefone, a Madalena, que entra pela D.A.*)

354

O hipócrita vem avisar que vai tomar café. Sente. (*ao telefone*) Alô, Lainha. (*Maria sai a correr pela D.A.*)

ARTUR

Vou tomar café.

LAINHA

Sim. Até loguinho. Você está em mangas de camisa?

ARTUR

Não. Até já. (*desliga*) Vamos?

CATÃO

Ora, fracassar, portanto... (*a cortina do platô n.º 1 fecha-se*)

13.º Quadro

MARIA

(*que entra pela D.A., trazendo um casaco*)
Pronto?

LAINHA

Não vista. Ele não está em mangas de camisa. Só o chapéu. (*Maria finge que apanha um chapéu e coloca-o hipoteticamente na cabeça*)

MARIA

Pronto. Já pus o chapéu.

LAINHA

Pode descer a escada. (*Maria finge que desce uma escada, contando os degraus*)

MADALENA

Que é isso?

LAINHA

Da redação à rua, há uma escada com vinte degraus.

MADALENA
(*rindo*)

Lainha!...

MARIA

Vinte. Desci a escada.

LAINHA

Vá embora. Quinhentos e três passos. (*Maria, displicente, começa a andar pela casa, contando os passos*)

MADALENA

Mas isso contado não se acredita.

LAINHA

Quando ela terminar quinhentos e três passos, ele deve entrar no café.

MARIA

Dezoito, dezenove...

LAINHA

Vá mandar a cozinheira preparar o café.

MARIA

(faz com a cabeça que sim e sai para a D.,
cantarolando baixinho)
Vinte e oito, vinte e nove, trinta, trinta e um, trinta e dois...

MADALENA

Mas isso não é vida, criatura!

LAINHA

Você não conhece meu marido...

MADALENA

Mas, afinal, ele destacou, na crítica que fez, a poesia "Amor", que lhe era dedicada pela poetisa Maria do Céu?

LAINHA

E escondeu o livro. Já procurei em todos os seus guardados. Não foi, portanto, o artista que falou, como você me disse. Tem culpa no cartório. *(chorando)* Ele gosta de Maria do Céu. Está apaixonado por Maria do Céu. Não imagina como tenho sofrido. Tenho chorado lágrimas de sangue.

MADALENA

E ele...

LAINHA

Ela não sabe que eu sei. Tenho feito das tripas coração, desde o dia em que soube que ele recebeu o tal livro com a tal poesia dedicada a ele. Quero pegá-lo em flagrante...

MADALENA

E você conhece essa Maria do Céu, autora do livro e da tal poesia?

LAINHA
(*soluçando e limpando o nariz*)
Conheço.

MADALENA

Quem é?

LAINHA

Sou eu...

MADALENA
(*levanta*)
Você?!

LAINHA

Eu.

MADALENA

Mas como?

LAINHA

Havia muito tempo que andava desconfiada do Artur. Então...

MARIA
(*entrando com uma bandeja com duas xícaras, açucareiro e uma cafeteira, sempre no mesmo passo ritmado e medido*)
498, 499, 500.

LAINHA
(*correndo ao telefone*)
Alô! Alô!

MADALENA
(*rindo*)
Meu Deus do Céu! (*abre-se a cortina do platô n.º 3*)

14.º **Quadro**

Um pequenino café expresso. À D., um balcão com uma máquina, xícaras, açucareiros e pratos com bolinhos. Um telefone que toca. Dois ou três fregueses que tomam café. Dois numa pequena mesa à E.B., um no balcão.

DONO DO CAFÉ
(*atendendo ao telefone*)
Alô! (*está atrás do balcão*)

LAINHA
Quem fala?

DONO DO CAFÉ
Sou eu, dona Lainha. O doutor... (*Artur surge na porta, E.A.*) Está aqui.

ARTUR
(*apanhando o telefone*)
Artur.

LAINHA
Lainha.

ARTUR
Ahn.

LAINHA
Até logo.

ARTUR
Até logo. (*deixam os telefones. Para o dono do café*) Três cafés. (*o dono começa a preparar os cafés*)

LAINHA
(*sentando-se à mesa, a Madalena*)
Você está rindo? Não sabe o que é ter um marido pirata...

MADALENA
Mas afinal já agora estou curiosa para saber o resto.

LAINHA
Vamos tomar café, primeiro. (*como se falasse consigo própria*) Pôs o café. Abriu aquele negocinho. (*imitando o ruído das máquinas de café expresso*) Chiii... Pronto, Maria! O café está pronto. Encha a primeira xícara.

MARIA
Sim, senhora.

LAINHA
Quando acabarmos de tomar café, ele também terá terminado.

MADALENA

Mas é incrível, criatura!

LAINHA

Vamos ficar silenciosas. Ele, no café, não fala. Pode falar com uma mulher... (*ficam silenciosas. Madalena ri. Maria serve o café para as duas. Elas tomam em pequeninos goles. O café expresso, de fato, está pronto. Artur empunha a sua xícara, sopra-a para esfriar o seu conteúdo, depois de ter queimado a língua, olhando ansioso para a porta de entrada. Afinal chegam Catão e Jocelim pelo F.*)

CATÃO

(*entrando*)
... portanto não se deve dizer fracassar...

JOCELIM

Nunca mais na minha vida!

ARTUR

Depressa! O café esfria.

JOCELIM

Você sumiu...

ARTUR

(*sempre engolindo o café*)
Vocês vinham muito devagar. Pronto. Vou embora.

JOCELIM

Que é isso? Vai tirar o pai da forca?

ARTUR

Tenho muito que fazer. Até logo. Até logo, doutor.

CATÃO

Até logo. À noite vou fazer-lhe uma visitinha.

ARTUR

Sim, senhor. (*sai. Nessa altura as duas xícaras já estão na bandeja, e Maria inicia novamente a contagem, saindo pela E.A.*)

LAINHA
(*entregando a bandeja*)

Pronto, Maria.

MARIA

Um, dois, três, quatro, cinco... (*no platô n.º 3, entram e saem fregueses. Um deles, vendedor de jornais, faz prodígios com um ioiô. Catão e Jocelim tomam café*)

MADALENA
(*rindo*)

Você desculpe, Lainha...

LAINHA

Pode rir. E queira Deus que nunca aconteça a você o que está me sucedendo.

MADALENA

Mas afinal a história de Maria do Céu...

LAINHA

Sempre desconfiei que Artur era capaz de me trair, embora ele me jurasse a maior fidelidade. Nas críticas do jornal, quando se tratava de mulheres, era apenas o poeta, o escritor, o artista que falava, diziame ele. Queria a prova: escrevi, então, às escondidas, um pequeno volume de versos, mandei imprimir com o pseudônimo de Maria do Céu e lhe dediquei uma poesia chamada "Amor", uma declaração em regra. E tirei a prova – prova dolorosa! Ele recebeu o livro e nada me disse. Escreveu uma crítica como nunca o fez. Destacou a poesia "Amor". Em suma, tenho a certeza de que ele está apaixonado pela Maria do Céu, que ele me trai miseravelmente, Madalena!

MADALENA
Uma traição espiritual, apenas...

LAINHA
Espiritual, não. Se Maria do Céu lhe aparecesse em carne e osso, você ia ver a espiritualidade... E isso dói, Madalena! Dói muito! Não imagina quanto sofro! Ele entra por aquela porta e põe os olhos em mim, mas adivinho que ele desejaria ver aqui, à sua espera, essa maldita Maria do Céu! Janta comigo, mas a sua vontade seria jantar com Maria do Céu! E quando ele me beija, então? Coisa horrorosa! Tenho vontade de esganá-lo! (*chorando copiosamente*) Tenho certeza, Madalena, de que ele me beija pensando em Maria do Céu... pensando na outra... Um martírio!

MADALENA
Quer dizer que você conseguiu um meio de ter ciúmes de você mesma.

LAINHA

De mim mesma, não. De Maria do Céu.

MADALENA

Mas, criatura de Deus, Maria do Céu não é você mesma? Você não sabe disso?

LAINHA

Sei. Mas ele não sabe. Ele pensa que é outra! (*um soluço comprido*)

MADALENA

Francamente, acho isso tudo tão infantil... Somos quase da mesma idade e penso de modo tão diverso... Quantos anos tem você?

MARIA

(*entrando, antes de Lainha poder responder*)
Quinhentos e três.

LAINHA

Um momento. (*como a subir os hipotéticos vinte degraus da redação, contando baixinho. Madalena olha, intrigada*)

MARIA

(*amável*)
Deixe, que eu subo a escada.

LAINHA

Você está cansada. Eu subo... Oito, nove... (*continua a contar em voz baixa. Maria, maquinalmente, "sobe a escada" também. Madalena sorri, abanando a cabeça. Enquanto isso, Jocelim diz qualquer coisa ao ouvido do dono do café, que curva a cabeça em sinal de assentimento)*

DONO DO CAFÉ
(*a Catão*)
Então, doutor, a conferência de Londres foi um fracasso, não?

CATÃO
(*indignado*)
Fracasso? Não se diz fracasso!

JOCELIM
(*rindo*)
A conferência de Londres foi uma falência!

CATÃO
Isso!

JOCELIM
Até logo. (*sai a correr. Abre-se a cortina do platô n.º 1*)

15.º Quadro

O mesmo recanto da redação. Artur, sentado à sua mesa de trabalho, acaba de discar ao telefone, ao mesmo tempo que Lainha vai telefonar-lhe.

ARTUR
Alô!

LAINHA
(*que está com o auscultador no ouvido*)
Alô! Quem fala?

ARTUR
Sou eu. Acabava de pedir ligação. Já cheguei. Até logo.

LAINHA
Até logo. (*deixa o telefone e fica pensativa, como a amadurecer qualquer plano. Artur começa a escrever*)

CATÃO
(*que durante o diálogo do casal tirou do bolso papel de jornal e lápis*)
Fracassar é erro grave e vejo que está muito generalizado. Vou escrever meu artigo de amanhã sobre isso. É de utilidade. (*dirige-se para a mesa, já desocupada*)

DONO DO CAFÉ
Outro café, doutor? (*Catão não responde. Entram novos fregueses*)

MADALENA
(*a um olhar significativo de Lainha*)
Que é?

LAINHA
Você viu que bandido? Foi mais depressa para a redação e, em vez de aguardar a minha telefonada, telefonou-me ele próprio. Quer maior prova do que essa?

MADALENA

Mas, Lainha, você está louca!

LAINHA

Não estou, mas acabarei ficando! Quero ter a certeza. Não sossegarei enquanto não desmascarar o jesuíta! Ele é fino, mas eu sou mais! Venha cá, Madalena. (*tira o auscultador e disca*)

MADALENA
(*aproximando-se*)

Que é?

LAINHA

Você vai falar com esse tartufo.

MADALENA

Mas, minha filha, ele não me conhece.

LAINHA

Por isso mesmo. (*o telefone toca no platô n.º 1*)

MADALENA

Não! Isso não!

ARTUR
(*atendendo*)

Alô!

LAINHA
(*tapando com a mão direita o telefone e com a esquerda colocando-o na boca da amiga*)
Por tudo que você mais queira no mundo!

367

ARTUR

Alô!

MADALENA

Mas falar o quê, criatura?

LAINHA

Responda! (*baixinho*) Quem fala?

MADALENA
(*vencida, abanando a cabeça como quem reprova*)
Quem fala?

ARTUR

Jornal de S. Paulo.

LAINHA
(*baixinho e rápida*)
O doutor Artur de Oliveira Júnior está?

MADALENA

O doutor Artur de Oliveira Júnior está?

ARTUR

Sou eu mesmo. Quem fala?

LAINHA

Adivinhe...

MADALENA

Adivinhe...

ARTUR

Isso não pega. Tire o lenço do telefone, Lainha.

LAINHA

Lenço? Lainha? Não entendo...

MADALENA

Lenço? Lainha? Não entendo...

ARTUR

Como? Faça o favor de falar mais alto.

LAINHA

(*ajudando, com gestos de advertência*)
Fale alto. Lenço, Lainha, não entendo...

MADALENA

Lenço? Lainha? Não entendo...

ARTUR

Faça o favor de dizer o nome ou desligo.

LAINHA

Não, peço-lhe...

MADALENA

Não, peço-lhe...

LAINHA

Quero agradecer as suas palavras bonitas sobre
o meu livro.

MADALENA

Quero agradecer as suas palavras bonitas sobre o meu livro.

ARTUR
(*interessado*)
Mas quem está falando?

LAINHA
(*destacando as sílabas*)
Maria do Céu...

MADALENA
(*depois de ligeira hesitação*)
Maria do Céu...

ARTUR
(*satisfeito*)
Ah! Tenho imenso prazer...

LAINHA
Bandido!

MADALENA
Band...

LAINHA
(*tapando-lhe a boca*)
Não!

ARTUR
Ia dizer?...

LAINHA
Estou comovida com a sua gentileza...

MADALENA

Estou comovida com a sua gentileza...

ARTUR

Os seus versos são divinos!

LAINHA

(*depois de estremecer e crispar as mãos*)
Acha? E a autora dos versos?

ARTUR

Não tenho o prazer imenso de conhecê-la pessoalmente...

LAINHA

(*tapando o telefone com as mãos*)
Miserável!

ARTUR

(*muito sorridente*)
Mas, através do seu delicioso livro, e, principalmente, de "Amor", a fulgurante poesia que me dedicou... (*Lainha ruge*) vejo a autora...

LAINHA

(*tirando a mão do telefone*)
Loura?

MADALENA

Loura?

ARTUR

Loura ou morena, não sei, mas bela, vitoriosamente bela, vibrantemente bela!

LAINHA
(*tapando o telefone*)
Monstro!

ARTUR
Uma nova rainha das Amazonas, a última encarnação da Antíope, de Tebas, cuja beleza imortal fez de Júpiter um sátiro...

LAINHA
Bandido!

ARTUR
Eis como a vejo através do encanto de seus versos e da doçura de sua voz...

LAINHA
E não teria vontade de verificar se está dizendo a verdade?

MADALENA
E não queria verificar se não está dizendo a verdade?

LAINHA
Hoje?

MADALENA
Hoje...

ARTUR
(*alegre*)
Hoje!... (*caindo na triste realidade da vida*) Hoje impossível... Vou sair agora.

LAINHA

Mas amanhã...

MADALENA

Mas amanhã...

ARTUR

Amanhã... (*hesita*) Amanhã, telefone...

LAINHA

A estas mesmas horas...?

MADALENA

A estas mesmas horas...

ARTUR

A estas mesmas horas...

LAINHA

Até amanhã, Artur...

MADALENA

Até amanhã, Artur...

ARTUR

Até amanhã, Maria do Céu... (*Lainha tira o telefone da mão da amiga, dá um beijo e desliga. Artur estremece. Acaricia o telefone. Deixa-o depois, vagarosamente, sorrindo, enlevado. Começa a escrever*)

LAINHA
(*a Madalena*)

Ouviu?

MADALENA

Não. Você ficou com o auscultador no ouvido...

LAINHA

(*triunfante com a sua vitória*)

Caiu. Afinal, caiu! Agora tenho a certeza. Ele vai me trair! Amanhã à mesma hora, vamos telefonar-lhe. Até ao encontro. Quero pegá-lo em sua casa, a seus pés!

MADALENA

Lainha!...

LAINHA

Se você é minha amiga, tem que me ajudar! Finalmente! Agora estou satisfeita! Tenho a certeza. Ele me trai!

MADALENA

(*enquanto Artur, doutro lado, começa despreocupadamente, feliz, a cantarolar uma cançoneta amorosa, parando a pena sobre o papel*)

Mas, criatura de Deus, você está com ares triunfantes! Dir-se-ia que tem um grande prazer no próprio sofrimento!

LAINHA

Ah! Você não imagina o prazer que a gente tem em saber que é enganada por um bandido desses! Desmascarar o canalha! (*começa a rir, e a rir nervosamente, enquanto Madalena e Maria a fitam admiradas, sem saber se esse riso é pranto, pranto autên-*

tico de histérica. Afinal socorrem-na, amparando-a.
Do outro lado, Artur canta. No café, Catão escreve)

CATÃO

Fracassar, tanto no latim, como no francês, no italiano e no espanhol... significa...

O PANO CAI. FIM DO 1º ATO

SEGUNDO ATO

16º Quadro

Abre-se o platô n.º 5 e o Tempo reaparece, substituindo a data precedente por:

> 1933
> JUNHO
> 3
> Sexta-feira

O TEMPO
3 de junho de 1933. (*fecha-se a cortina do platô n.º 5, abrindo-se imediatamente a do n.º 1*)

17º Quadro

Um recanto da biblioteca do conspícuo doutor Catão Carneiro da Cunha. Uma secretária. Estantes, móveis antigos. Na parede, ao fundo, entre inúmeros diplomas de sociedades beneficentes, emoldurados, o seu retrato a óleo. Há uma única porta, à E.A. Catão está escrevendo na secretária, onde há vários livros abertos, que ele consulta repetidas vezes. Tem os pés metidos numas chinelas velhas e um gorro de borla dourada à cabeça. Veste fraque, como sempre. Pequena pausa. Ouve-se a voz de Artur, do lado de fora, à E.

ARTUR

Dá licença?

CATÃO

(*sem levantar os olhos e a pena do papel*)
Tenha a bondade de entrar. (*a porta abre-se; Artur entra. Tem o aspecto desolado de um vencido. Está pálido, olheiras fundas, roupa malcuidada, sapatos por engraxar, barba por fazer*)

ARTUR

Com licença.

CATÃO

(*sem levantar os olhos, escrevendo sempre*)
Deixe-me acabar de escrever este período. É o meu manifesto. Os amigos querem fazer-me deputado à Constituinte. Serei uma voz da razão dentro da Câmara. Sente-se! (*Artur procura uma cadeira para sentar-se. Elas são poucas e estão todas cheias de livros abertos. Pequena pausa. Artur passeia com ares impacientes*) Não ande assim, menino; sente-se! (*Artur corre novamente os olhos pelas cadeiras e permanece em pé. Outra pausa. Catão termina de escrever. Volta-se na cadeira*) Por que não se assentou?

378

ARTUR

As cadeiras estão ocupadas.

CATÃO

Oh! Senhor!... (*menção de levantar-se*)

ARTUR

Não se incomode. (*apanhando um livro de uma das cadeiras*) Posso tirar?

CATÃO

É claro. (*Artur vai colocá-lo noutra cadeira*) Não feche. Não misture com os outros! Está tudo marcadinho para a exposição das minhas ideias no manifesto que estou escrevendo... (*Artur, com todo o cuidado, torna a colocar o livro na cadeira de onde o tirou*) Sente-se.

ARTUR

Obrigado. Estou bem.

CATÃO

"O que é de gosto, regala a vida..."

ARTUR

Recebi o seu recado.

CATÃO

Ah! Sim... O negócio está arranjado. Entrou-me um dinheirinho – juros das apólices da dívida pública. E posso emprestar-lhe os vinte contos.

ARTUR

Oh, doutor, muito obrigado...

CATÃO

Não há de quê! O amigo verdadeiro reconhece-se na adversidade. *Amicus certus in re incerta cernitur.* Eu sou um amigo certo. Já o fui de seu pai; ainda o sou de seu tio... empresto-lhe os vinte contos. Para garantia, basta-me a sua palavra...

ARTUR

Obrigado, doutor...

CATÃO

... e a hipoteca de sua casa.

ARTUR

(*sorrindo com uma pontinha de ironia*)
Minha casa vale cem contos...

CATÃO

E sua palavra vale mais ainda! É uma questão, apenas, de formalidades. (*Artur faz menção de sentar-se*) Não sente em cima do João de Deus.

ARTUR

Está bem, doutor. E os juros?

CATÃO

Ah, isso entre amigos não se discute, menino.

ARTUR

Obrigado, doutor...

CATÃO

Você pagar-me-á, apenas, os juros estipulados pela lei: dez per cento.

ARTUR

Muito bem. Dez por cento.

CATÃO

Dez por cento, não, menino!

ARTUR

O senhor disse.

CATÃO

Eu não seria capaz de dizer semelhante coisa!

ARTUR

Então ouvi mal, doutor. Quanto, então?

CATÃO

Dez per cento.

ARTUR

É isso. Dez por cento.

CATÃO

Não! Não é dez por cento!

ARTUR

Perdão, doutor...

CATÃO

Dez per cento... Per... Per... Dez por cento é asneira. Não se deve dizer porcentagem. É errado. Deve dizer-se percentagem. Rui Barbosa e eu nunca escrevemos porcentagem. Cândido de Figueiredo manda dizer percentagem. Vamos consultar os dicionários e acabar com a discussão? (*ameaça abrir livros*)

ARTUR

Não é preciso, doutor. Basta-me a sua autoridade, que respeito profundamente. Estou de acordo. Os juros da lei. Dez per cento...

CATÃO

Isso... Apenas dez per cento.

ARTUR

Obrigado, doutor.

CATÃO

E uma comissão de cinco contos por fora...

ARTUR

Comissão por fora?

CATÃO

Não é para mim. É para as minhas obras de caridade.

ARTUR

Ah!... cinco contos... por fora cinco contos...

CATÃO

Sem sentir, sem desembolsar essa quantia. Dou o dinheiro aos pobres e você não tira do bolso.

ARTUR

Não estou entendendo bem, doutor...

CATÃO

É simples. Você recebe seus vinte contos intactos...

ARTUR

Muito bem...

CATÃO

E na ocasião de pagar, além dos dez per cento de juros, entrará com vinte e cinco. Quer dizer que lhe dou vinte contos, mas a hipoteca será de vinte e cinco. Você não mexerá no seu dinheiro e os necessitados ganharão cinco contos. Contribuo para tudo que é obra de caridade. Sou irmão benfeitor de tudo quanto é irmandade... (*mostrando os diplomas*) Olhe quantos diplomas. Sou sócio benemérito de uma porção de sociedades... Que se há de fazer? Quando se chega a uma certa posição social, não se pode fugir a determinadas obrigações de altruísmo para com o próximo. Depois, já o disse alguém: "A caridade é um belo sentimento." Não posso fugir ao dever de auxiliar os necessitados. Então estabeleço essas pequenas comissões nos negócios que realizo. É nobre, não é?

ARTUR

É nobre, doutor. E quando poderemos fazer o negócio? Mandei tirar uma certidão negativa no registro de hipotecas para provar que a casa não está onerada. (*gesto de tirar o documento do bolso*)

CATÃO

Oh! Pelo amor de Deus! Entre nós nada disso é necessário!

ARTUR
(*desmanchando o gesto*)
Ah! Muito obrigado, doutor...

CATÃO

Não há de quê. (*pausa*) Tem aí a certidão?

ARTUR

(*tirando o documento do bolso*)
Sim, senhor. Quer ficar com ela?

CATÃO

(*apanhando o documento*)
Simplesmente por uma questão de formalidade.
(*examina o documento*) Pura formalidade... (*lê*) Para
mim bastava a sua palavra. (*lê atentamente, enquanto murmura*) Nada disso era necessário... apenas a
sua palavra... A nossa amizade vale muito mais que
dinheiro... Muito bem... Está conforme... Agora é
necessário – é mera formalidade... – que sua senhora
compareça ao tabelião para assinar, também.

ARTUR

É necessário?

CATÃO

É da lei. Para mim, apenas uma questão de formalidade...

ARTUR

Ainda bem. Talvez não consiga a assinatura dela...

CATÃO

Mas é da lei, menino. Um homem da minha têm-
pera não pode fugir ao cumprimento da lei, mesmo
que, como no caso presente, tenha vontade de fazê-lo.
Dura lex sed lex.

ARTUR
(*desanimado*)
Então...

CATÃO
Sua senhora é, porventura, contra esse negócio?

ARTUR
Ela é contra tudo o de que eu sou a favor.

CATÃO
Não diga isso, menino! Isso não se diz.

ARTUR
Custa-me a fazê-lo, mas é a verdade, doutor.

CATÃO
Não diga isso!

ARTUR
Ultimamente, então... não sei o que ela tem, não me diz, mas...

CATÃO
A sua consciência não o acusa?

ARTUR
De quê?

CATÃO
(*irônico*)
Eu não sei... vocês, homens modernos, casam e querem continuar a fazer das suas...

ARTUR

Mas eu nunca, até hoje...

CATÃO

E por que deixou o jornal? Não se viu forçado a fazê-lo?

ARTUR

Uma carta anônima, uma infâmia! Conversei com a mulher do diretor – aliás, senhora muito honesta – uma única vez! No dia seguinte, a carta ao marido. Houve escândalo...

CATÃO
(*sorrindo incrédulo*)

Carta anônima... Mas quem a escreveu teria uma base...

ARTUR

Que base? Um caluniador, um bandido que se eu conseguisse descobrir... Em três meses tem me feito coisas! Estou passando por um Lovelace. Os amigos casados fogem de mim como se eu fora um "Lampião". Encontro-me com uma senhora na rua ou no bonde, cumprimento, apenas, no dia seguinte o marido recebe uma carta anônima! É fantástico!

CATÃO

E suspeita de alguém?

ARTUR

Alguém me acompanha, é claro. E alguém que não conheço, porque o procuro. Ando pela rua assombrado, como um condenado fugido da polícia. Desconfio de tudo e de todos. Não vejo ninguém. Só a minha sombra. Às vezes chego a pensar que tudo isso seja obra da própria Lainha!

CATÃO

Oh! É pecado levantar falsos testemunhos.

ARTUR

Mas ela está em casa. A sua perseguição é pelo telefone... Não pode acompanhar-me. Já pensei que fosse despeito de outra...

CATÃO

Está vendo? Depois, você diz que sua senhora não tem razão... Há outra.

ARTUR

Outra que não conheço. Uma poetisa, que me dedicou uma poesia. Maria do Céu, a quem uma vez caí na asneira de dizer um galanteio pelo telefone. Depois disso, persegue-me também, com telefonadas...

CATÃO

Sua senhora sabe disso?

ARTUR

Deus me livre! Já pensei que fosse, por despeito, a tal Maria do Céu, a quem não conheço. Disse-lhe um galanteio, pelo telefone, confesso, mas depois me arrependi. Ela insiste num encontro. A princípio fui amável; depois categórico; ultimamente, brutal... E a bandida insiste! Mas essa também não pode ser.

Também descobre todos os telefones dos lugares que frequento. Em suma, perdi o emprego, não tenho amigos...

CATÃO

Amigos casados...

ARTUR

Nem solteiros. Os solteiros fogem de mim também, com medo dos interrogatórios que sofrem quando vão à minha casa, às vezes, a chamado de Lainha. Ela os interroga como Torquemada aos ímpios, no tempo da Inquisição.

CATÃO

Basta! Basta! Desgosta-me essa atitude. Você devia levantar as mãos para o céu! É raro uma mulher assim...

ARTUR

Raríssimo...

CATÃO

Queria que sua senhora fosse igual a essas bonecas de hoje, fúteis e desamorosas? O que ela faz é para o seu bem. Você é um homem feliz, menino.

ARTUR

Feliz? Não! Amor? Mas o senhor acha então que o amor é este inferno em que vivo? Amor é o que me impede de progredir na vida? Que me fez fracassar?

CATÃO

Fracassar, não, menino! Falir...

ARTUR

Como queira, doutor…

CATÃO

Como queira, não. Os franceses…

ARTUR

Sei, doutor. Foi um engano meu.

CATÃO

Ah!

ARTUR

E tudo sem razão. Sou um marido fiel como um cão de fila.

CATÃO

Isso dizem todos… Vamos até lá. Convencê-la-ei a assinar a hipoteca. Ela cederá. Tudo que faz é pelo grande amor que lhe tem. *Omnia vincit amor, et nos cedimus amori.* Vamos entrar. Enquanto calço as botas, explicar-lhe-ei porque se diz percentagem e não porcentagem. Vamos levar uns dicionários. (*procura-os*)

ARTUR

(*levantando-se*)

Sinto não poder ouvi-lo, doutor. Vou fazer a barba. Voltarei para vir buscá-lo.

CATÃO

Está bem. Então, no caminho, conversaremos sobre o assunto. (*trava-lhe o braço e vai levando-o*)

Nunca mais diga porcentagem, nem por cento. É percentagem e per cento. Rui Barbosa e eu nunca escrevemos porcentagem ou por cento. Cândido de Figueiredo aconselha que... (*e a cortina fecha-se, enquanto se abre a do platô n.º 2*)

18º *Quadro*

A mesma sala de estar da casa do doutor Artur de Oliveira Júnior.

LAINHA
(*ditando uma carta à criada, que está sentada à secretária*)
Assim, vírgula, meu caro senhor, vírgula, pode estar certo...

MARIA
(*escrevendo*)
Pode estar certo... (*a Lainha*) Certo é com s?

LAINHA
Com s é seu nariz! Que coisa horrorosa!

MARIA
É com c cedilhado?

LAINHA
Oh! Maria!

MARIA
Ah! Desculpe. Não sei onde estou com a cabeça. É com x. (*vai escrever*)

LAINHA

Oh! Criatura! É com c, sem cedilha.

MARIA

Ah! (*terminando de escrever*) Cer... to...

LAINHA

(*relendo o período para apanhar-lhe o fio*)
Assim, meu caro senhor, pode estar certo...
(*continua a ditar*) de que o negócio...

MARIA

... de que... o... nego... (*perguntando novamente*) Negócio é com dois ss?

LAINHA

Que coisa horrorosa!

MARIA

Ah! Desculpe. Pergunto cada asneira! É com um
s só! (*vai escrever*)

LAINHA

É com c, Maria! Com c!

MARIA

(*escrevendo*)
... cio... que o negócio...

LAINHA

Da edição do tal romance... Edição com um c
cedilhado e romance com c sem cedilha...

391

MARIA

Do... tal... romance...

LAINHA

Não passa de um pretexto... Passa com dois ss; pretexto, com x.

MARIA

Pretexto...

LAINHA

Para o doutor Artur frequentar a sua casa e, vírgula...

MARIA

E, vírgula...

LAINHA

Como é seu costume, vírgula...

MARIA

Seu... costume, vírgula...

LAINHA

Fazer declarações com um c cedilhado...

MARIA

Declarações com um c cedilhado...

LAINHA

À sua esposa, dona Helena, com h e com um l só...

MARIA

... Dona Helena, com h e um l só...

LAINHA

Ponto. Quem o avisa, vírgula...

MARIA

... avisa, vírgula...

LAINHA

... conhece as intenções com um c cedilhado...

MARIA

... intenções com c cedilhado...

LAINHA

... desse sátiro...

MARIA
(*rápida*)

Com ípsilon.

LAINHA

Sem ípsilon!

MARIA
(*terminando de escrever*)
Desse... sátiro, sem ípsilon.

LAINHA

Tome precaução, com c cedilhado.

MARIA

... tome... precaução... com c cedilhado.

LAINHA

"Argus" com A grande.

MARIA

Argus com A grande. Ponto.

LAINHA

Muito bem. Um envelope, depressa! (*Maria abre uma das gavetas da secretária e procura um envelope, enquanto a nossa heroína relê a carta rapidamente*) Meu caro senhor, pode estar certo de que o negócio da edição do tal romance não passa de um pretexto para o doutor Artur frequentar a sua casa, e, como é seu costume, fazer declarações de amor a sua esposa, dona Helena. Quem avisa conhece as intenções desse sátiro. Tome precaução. Argus. Estupendo, Maria! Maravilhoso! Que é do envelope? (*indo buscar a lista telefônica*)

MARIA

Está aqui, dona Lainha.

LAINHA

(*procurando na lista*)
Sente-se aí. Copie o endereço daqui. (*procura*)

19º Quadro

Abre-se a cortina do platô nº 3. É um laboratório de farmácia. Uma porta à D. Ao F., uma prateleira cheia de drogas. Por trás de um pequeno balcão, o farmacêutico, dentro do seu avental branco, despeja drogas num copo de grau, aviando uma receita que consulta, atentamente, ajeitando os óculos. Carmelita vai para perto do telefone, abre a sua bolsa, no intuito de procurar o número do telefone da casa de Lainha, para onde pretende telefonar. Nessa ocasião entra um freguês.

FREGUÊS
(entrando, familiarmente)
Dá licença, seu Antônio?

FARMACÊUTICO
(sempre manipulando)
Pois não. *(o freguês assobia, displicente; dirige-se para o aparelho. Nessa ocasião Carmelita acha o papelzinho que procura)*

CARMELITA
(lendo o papelzinho que procura)
4-1614. *(vai dirigir-se ao telefone. Nessa ocasião, o freguês tira o telefone do gancho e pede)*   .

FREGUÊS
(discando)
5-6141? *(Carmelita fecha a bolsa, com força, dando mostras de contrariedade)*

LAINHA
Está aqui. Copie o endereço. *(aproxima-se de Maria e lhe dá o endereço para copiar)*

FREGUÊS
Alô? É a Pipinela? Aqui é o Dodô. Por que você não me telefonou ontem? Oh! "Sua" ingrata!... *(come-*

ça a ouvir, derretido. Carmelita está impacientíssima)
Sim, daquela moda!... Sim... Sim... Sim... (*e este sim se vai repetindo por intervalos, indefinidamente...*)

LAINHA
(apanhando o envelope e lendo)
Ilustríssimo Sr. J. B. Camargo, diretor da casa Editora Paulista. Rua 15, 26, 10º andar. Nesta. Estupendo! Maravilhoso! (*põe a carta no envelope*)

FREGUÊS
(como quem vai deixar o aparelho)
Bem, então, adeusinho... (*Carmelita corre para junto do telefone*) Hein? Diga. (*encosta-se novamente. Carmelita tem um gesto de raiva*)

MARIA
Quer que eu mesma passe pelo correio?

LAINHA
Prefiro que você passe a língua aqui.

MARIA
(rindo)
Sim, senhora. (*põe a língua para fora. Lainha, muito divertida, passa a parte gomada da sobrecarta na língua da empregadinha*)

FREGUÊS
Adeusinho... (*Carmelita prepara-se para falar*) Hein? Conte... (*Carmelita joga o chapéu para a nuca e bufa*)

LAINHA
(*terminada a operação*)
Maravilhoso! Estupendo! Você é um anjo, Maria!

MARIA
E agora?

LAINHA
Agora... Espere... Um mensageiro, não convém.
O correio é longe...

MARIA
Não quer que ponha na caixa da esquina?

LAINHA
E o selo?

MARIA
Arranjo na venda.

LAINHA
Estupendo! Maravilhoso! Você é um anjo. (*Maria sai. Ela acompanha-a até a porta da E.*) Não demore. (*espreguiça-se. Desce lentamente*)

FREGUÊS
Está bem. No República, esta noite. *Ciao.* (*desliga e já saindo*) Obrigado, seu Antônio. (*sai*)

CARMELITA
(*murmura*)
Gracias. (*corre para o aparelho e vai discar. Não se lembra do número. Abre a carteira. Tira o papel-*

*zinho. Lê. Vai discar. Tem as mãos ocupadas. Corre
então para colocar a carteira no balcãozinho. Volta.
Quando põe o dedo no disco, ouve-se a campainha
da casa de Lainha a tocar, ao mesmo tempo que se
abre a cortina do platô nº 4)*

20º *Quadro*

Guichê de um chalet *de loterias. Bilhetes na tela
de arame. Do lado de dentro um empregado, de pre-
ferência italiano, que fala com sotaque napolitano, e
está em mangas de camisa. Do lado de fora, um rapaz de chapéu desabado sobre os olhos, empunhando um telefone apoiado na platibanda da armação.
O fio do aparelho vem da parte de dentro, pela abertura do guichê. Percebe-se que o telefone foi cedido
por obséquio a um estranho à casa. O rapaz de chapéu desabado nos olhos é um detetive particular. Lainha, que está no fundo da cena, desce para atender
o telefone. Carmelita disca apressada, enquanto o
empregado da casa de loterias, batendo com uma régua no balcãozinho do guichê, apregoa:*

EMPREGADO
Os últimos de hoje! Finais do burro e do camelo!
(*afasta-se do guichê e vai arranjar os bilhetes no
mostruário da tela de arame*)

LAINHA
(*no telefone*)
Alô! (*Carmelita, desanimada, deixa o telefone*)

DETETIVE

Quem fala?

LAINHA

4-1614. Quem fala?

DETETIVE
(*com voz confidencial*)
Aqui fala...

EMPREGADO
(*batendo, novamente, com a régua
no balcão, berra*)
É o camelo! É o camelo!

LAINHA

Hein? Quem fala? (*antes que o detetive responda,
o empregado grita*)

EMPREGADO
É o burro! É o burro!

LAINHA

Alô! Alô!

DETETIVE
(*ao empregado*)
Faça o favor um momento!

EMPREGADO
À vontade. (*vai de novo arranjar os bilhetes.
Carmelita torna a discar, impaciente*)

DETETIVE

Aqui quem fala é o detetive particular.

LAINHA

Ah! (*Carmelita deixa o telefone, desanimada, e vai, a correr, espiar à porta*)

DETETIVE

Estou acompanhando.

LAINHA

Sim.

DETETIVE

Agora está no barbeiro aqui na avenida São João. (*Carmelita volta a correr, e torna a discar*)

LAINHA

Falou com alguma mulher?

DETETIVE

Não, senhora. Até logo. Ele pode sair. (*Carmelita larga o telefone*)

LAINHA

Até logo. Telefone à noitinha.

DETETIVE

Sim, senhora. (*deixa o telefone. Lainha esfrega as mãos e vai para a porta da E., sempre cantarolando, a esperar a criada. Carmelita disca novamente. Detetive agradece ao empregado*) Muito obrigado.

EMPREGADO

Não há de quê! (*batendo com a régua*) Burro! Camelo! Camelo! Burro! (*e a cortina do platô n.º 4 fecha-se*)

21.º *Quadro*

A campainha do telefone do platô n.º 2 toca novamente. Lainha corre para atender. O farmacêutico começa a bater a poção que prepara, com um tubinho de vidro maciço.

LAINHA

Alô!

CARMELITA

Gracias a Dios! Es la señora Lainha? Soy Carmelita. El doctor está...

LAINHA

... num barbeiro da avenida São João. Já sei.

CARMELITA

Por Dios, señora! Usted lo sabe todo...

LAINHA

(*rindo*)

Você demora tanto para descobrir as coisas...

CARMELITA

No, señora. O telefone de *su* casa estava ocupado. *No habló con ninguna mujer.*

LAINHA

Também já sei. Acompanhe-o e venha procurar-me depois do jantar. Entre pelos fundos. A Maria esperará, à noitinha. E seja mais esperta!

CARMELITA

Por Dios, señora! Más, no lo puedo ser. Estoy con las piernas inchadas, de tanto correr...

LAINHA

Até logo, Carmelita.

CARMELITA

Adios, señora. (desliga. Ouve-se à E., do lado de fora, a voz de)

MARIA

Pode entrar.

LAINHA

Quem é, Maria?

MARIA

É uma surpresa. (*Lainha sobe, enquanto Carmelita resmungando* que mala suerte tengo, *apanha sua bolsa e sai, agradecendo ao farmacêutico*)

CARMELITA
(*saindo*)
Muchas gracias.

FARMACÊUTICO
(*sempre batendo a sua poção*)
Nada. (*a cortina do platô n.º 3 fecha-se*)

22º Quadro

LAINHA

(*encontrando-se ao F. com Madalena*)
Oh! Madalena!

MADALENA

(*a sua elegância está requintadíssima. Traz um
lindo casaco, muito moderno, sapatos, chapéu,
luvas e bolsa da cor do casaco*)
Lainha, como vai? (*beijam-se*) Aqui estou, pontual como um inglês.

LAINHA

Espere um pouquinho. (*a Maria*) Pôs a carta?

MARIA

Sim, senhora.

LAINHA

Pode ir para dentro. (*Maria murmura um "sim,
senhora" e sai pela E.*)

MADALENA

Outra carta anônima a um marido?

LAINHA

Para o editor do seu romance. Ah, se Deus quiser,
o romance não sairá!

MADALENA

Por quê, Jesus?

LAINHA

Um romance de Artur de Oliveira Júnior. Evidência. As mulheres vão ler. Coisa horrorosa! Não, Madalena, não! Ele faz todo o possível para conseguir aparecer.

MADALENA

Mas, meu bem...

LAINHA

Romance de amor. A protagonista é uma mulher que ele descreve com tais cores... Um sem-vergonha! Não! Não faz assim de mim gato-sapato, não! E, afinal, com você...?

MADALENA

Comigo, não. Com Maria do Céu...

LAINHA

Com Maria do Céu. Então?

MADALENA

Nada. Não há meio!

LAINHA
(*contrariada, retorcendo as mãos*)
Não é possível! Não é possível! Isso fica até feio para você, para o seu amor-próprio. Você fala com meiguice, põe açúcar na voz?

MADALENA

Todo o açúcar que tenho...

404

LAINHA

Fala com bastante sedução, revira os olhos, morde os lábios?

MADALENA

Pelo telefone ele não pode ver nada disso. Mas falo com toda a meiguice.

LAINHA

E ele?

MADALENA

Como sempre. Como já lhe disse, ainda hoje, pelo telefone, responde-me até com maus modos...

LAINHA

Grosseirão! Veja só que grosseiro!

MADALENA

Mas, afinal, por que você me pediu que viesse aqui em toalete de jantar às seis horas da tarde?

LAINHA

Porque você vai jantar comigo.

MADALENA

Está louca?

LAINHA

Nunca tive tanto juízo. Tire o casaco, quero ver o vestido.

MADALENA
(*desabotoando o casaco*)
Seja tudo pelo amor de Deus... Você tem cada uma...

LAINHA
Bem decotado?

MADALENA
Veja.

LAINHA
(*que a ajuda a tirar o casaco, decepcionada*)
Ora, eu pedi um decote bem grande...

MADALENA
Para uma toalete de jantar não podia ser maior. Ainda se fosse de baile...

LAINHA
Qual o quê! A moda, agora, permite os maiores exageros. Li numa revista inglesa que nos jantares de Hollywood as damas comparecem tão decotadas, que é necessário espiar-se por baixo da mesa para ver se elas estão vestidas... (*ri*)

MADALENA
Oh! Que exagero! (*riem ambas*) Mas, afinal, qual é o seu plano?

LAINHA
Quero, hoje, tirar a prova real. Ele engana-me ou não?

406

MADALENA

Oh! Criatura! Você é difícil de convencer-se.

LAINHA

Ao contrário. Estou mais que convencida.

MADALENA

Convencida de quê?

LAINHA

De que ele me trai.

MADALENA

Como? Mas as provas não têm sido negativas?

LAINHA

Positivas, absolutamente positivas. Maria do Céu lhe dedica uma poesia inflamada com o título provocante de "Amor", num livro de versos; depois lhe telefona, ele diz-lhe um galanteio. Ela pede um encontro, ele dá uma desculpa. Ela insiste, ele a maltrata. Quer prova mais positiva do que essa?

MADALENA

Mas como, criatura? Prova de quê?

LAINHA

De que ele me engana! De que ele tem uma amante!

MADALENA

Mas, Lainha...

LAINHA

Se ele não liga a você, é porque tem outra. Isto é claro como a luz do sol!

MADALENA

Mas você tem certeza de que não sofre da bola?

LAINHA

Hoje vamos pôr tudo em pratos limpos. Vou apresentar você como uma velha amiga de colégio, chegada do Rio há meses e que hoje, por fim, conseguiu saber onde eu morava.

MADALENA
(*sorrindo*)
A verdade. Muito bem...

LAINHA

Maria do Céu.

MADALENA
(*levanta-se vivamente*)
Não!

LAINHA

Maria do Céu!

MADALENA

Mas, Lainha...

LAINHA

É o último favor que lhe peço. É a prova final. Você mesma o disse, pelo telefone falta o poder de sedução de uns olhos como os seus...

408

MADALENA

Mas a minha situação, Lainha... O que quer que lhe faça?

LAINHA

Que o provoque até a declaração.

MADALENA

E se ele se declarar, o que não acredito...

LAINHA
(*exaltada*)

Eu o mato ou me suicido! Ou talvez o mate e me suicide depois... Não sei...

MADALENA

E se ele não se declarar...

LAINHA

Então tenho a certeza de que ele tem uma outra...

MADALENA

Então o melhor é pegar num revólver e matá-lo logo de uma vez... Preso por ter cão e preso por não o ter...

LAINHA

E daí, quem sabe? Talvez não o mate nem me suicide. Talvez o despreze, me desquite, me veja livre de um monstro, que me tortura desse modo...

MADALENA
(*chegando-se para a amiga, a rir*)

Você precisa consultar um especialista...

LAINHA

Hein?

MADALENA

Especialista de moléstias nervosas...

LAINHA

Você, daqui a pouco, exclamará também, como
ele: "Histérica!" É isso que quer dizer?

MADALENA
(*sinceramente*)

Mas, Lainha. Fui casada com um homem também ciumento, não tanto como você, mas o suficiente para me tornar infeliz durante a nossa vida conjugal. Você não imagina como isso é horrível! Como
um homem ou uma mulher se diminui à vista do outro cônjuge e como torna em verdadeiro martírio os
dias que deveriam ser de felicidade. Tenha confiança
em seu marido. Distraia o espírito. Seja boa companheira. Passeie. Viaje... (*Lainha cai numa cadeira,
chorando*) Que é isso? Temos manhas? (*acaricia-a*)
Sua boba...

LAINHA
(*soluçando como uma criança*)

Você não é minha amiga...

MADALENA
(*rindo*)

Coitada da nenezinha... (*séria*) Deixe de ser
criança, Lainha... Não lhe dei provas de amizade? Já
não a ajudei a representar essa farsa, nem sei mesmo

por quê? E acha, agora, que devo contribuir para que sua vida continue um inferno... A sua e a dele?...

LAINHA
(*levantando a cabeça e parando subitamente de chorar, quase sentenciosamente*)
Nossa vida não tem mais conserto, Madalena!

MADALENA
Por quê?

LAINHA
(*passeando de um lado para outro*)
Porque... porque não tem. Já alguém disse que o homem é a metade de uma laranja. A mulher é a outra. Só são felizes os casais que formam uma laranja perfeita. Quando as duas metades são da mesma laranja...

MADALENA
E seu marido não é a metade da sua laranja?...

LAINHA
(*categórica*)
Não. Não é. Acho mesmo que ele nem é laranja: é limão, limão-galego, azedo, muito azedo. Essa é a verdade. E é por isso que vivemos neste inferno! (*filosofando*) E talvez a razão esteja comigo e com ele, ao lado de ambos. Talvez a outra metade de minha laranja, como a metade do limão que devia pertencer-lhe, sofram, também, como nós...

411

MADALENA

Ah! Isso é outro caso. Se você, convencida de uma verdade, procura um pretexto, apenas, para ser metade de uma laranja, que anseia por encontrar a outra metade, dando liberdade à metade de um limão torturado, à procura, também de seu pedaço...

LAINHA

E se fosse assim? Se eu quisesse recuperar a felicidade que não encontrei no casamento com Artur?

MADALENA

Nesse caso estaria às suas ordens. Acharia, apenas, que os meios deveriam ser outros. Franqueza. Nada de artifícios. Nesse ponto, sou radicalmente moderna. (*começa a escurecer*)

LAINHA

Mas o ambiente em que vivemos não o é. Posso, então, contar com você?

MADALENA

Tudo o que disse é sincero?

LAINHA

Pela luz que nos alumia!

MADALENA
(*rindo*)
Quem sabe... E que tenho a fazer, então?

LAINHA

Você sabe melhor do que eu! Insinue-se, seduza-o...

412

MADALENA

E se ele resistir? (*sorrindo*) Sou mulher, Lainha, tenho a minha dosezinha de vaidade... Ele, ao menos, é bonito?

LAINHA

É um macaco, um urso, um hipopótamo!

MADALENA
(*rindo*)

É um jardim zoológico completo...

MARIA
(*entrando*)

Dona Lainha, dá licença?

LAINHA

Que há?

MARIA

O doutor vem aí. Vi da janela da copa. Vem com o doutor Catão.

LAINHA

Desligue a extensão do telefone, no escritório.

MARIA

Sim, senhora. (*sai pela D.A.*)

LAINHA

Dê-me o seu casaco. Está nervosa?

MADALENA

Agora, não. Até aqui diverti-me; de agora em diante e depois do que você me disse, vou pôr um pouco de alma nos serviços que lhe presto. Daqui por diante haverá uma causa a defender. Uma mulher que, como um pássaro, quer abrir uma porta de saída na gaiola do casamento infeliz. A metade da laranja que está ligada a um pedaço de limão e quer procurar, livremente, a metade da laranja que lhe falta, não é isso?

MARIA
(*entrando da D.A.*)

Pronto, dona Lainha.

LAINHA

Guarde esse casaco e esse chapéu, lá dentro.

MARIA

Sim, senhora. (*vai sair*)

LAINHA

E espie para ver quando Carmelita chega.

MARIA

Sim, senhora. (*vai sair*)

LAINHA
(*num grito*)

Espere, rapariga! Pode trazer os coquetéis que mandei preparar.

MARIA

Sim, senhora. (*sai*)

LAINHA
(*a Madalena*)
Coquetéis bem fortes, para ajudar. Eu tocarei
piano, na sala. Sente-se aí. Assim. Está "um pedaço"!
(*chorando*) Aposto que ele não resiste...

MADALENA
Hein?

LAINHA
(*caindo em si, risonha e alegre*)
Aposto que ele não resiste! Bem bom! Convido o
doutor Catão para ouvir música e deixo vocês dois
aqui...

MADALENA
Mas está escurecendo... Acenda a luz...

LAINHA
Não. Este "escurinho" ajuda...

MADALENA
Vou acender os abajures...

LAINHA
Ajudam... (*à vista dos abajures acesos*) Maravilhoso!

MARIA
(*entrando com uma bandeja com copinhos para
coquetéis e um batedor completamente cheio*)
Pronto, dona Lainha.

LAINHA

Dê-me aqui. (*apanha a bandeja e põe em cima da mesa*) Pode ir.

MARIA

Sim, senhora. (*sai*)

LAINHA

Estupendo! Maravilhoso! (*despejando coquetel num copinho*) Quer beber?

MADALENA
(*sempre rindo*)

É cedo...

LAINHA

Para dar coragem...

MADALENA

É melhor que ele beba sozinho, senão o feitiço poderá virar contra a feiticeira. Sou fraca...

LAINHA

Um só não faz mal. Beba.

MADALENA
(*rindo*)

Por sua conta. (*toma um gole*)

LAINHA

Que tal?

MADALENA

Good! (*toma outro gole mais longo*)

LAINHA

(*que encheu outro copo, provando*)
Está bom! À nossa!...

MADALENA

Pela sua felicidade... (*tocam os copos e bebem*) E
se ele se tornar inconveniente? Sim, se ele, com a
música sentimental, a luz fraca dos abajures e o espírito forte dos coquetéis...

LAINHA

Cair aos seus pés?...

MADALENA

Não digo tanto... Já hoje, na sua própria casa,
seria demasiado...

LAINHA

Ele é um devasso!

MADALENA

Você me assusta...

LAINHA

Se ele quiser abusar... não se dê por achada...

MADALENA

Hein?

LAINHA

Até ele cair de uma vez. Então você... você...
deixa tombar o copinho do coquetel no chão. Será o
sinal para a minha entrada... E então...

ARTUR
(*do lado de fora*)
Pode entrar, doutor.

LAINHA
(*baixando a voz*)
Ele...

CATÃO
(*fora*)
Mas está convencido de que o certo é percentagem e não porcentagem?

ARTUR
(*ainda de dentro*)
Dê-me seu guarda-chuva e seu chapéu.

CATÃO
Oh! Muito obrigado.

LAINHA
Beba outro.

MADALENA
(*como querendo recusar*)
Lainha!...

LAINHA
Só mais um. (*ela bebe. Lainha corre para o F. Espia. Volta*) Sente-se. (*leva-a a sentar-se*) Assim. (*endireita-lhe o vestido*) Sorria. Isso! (*levanta-lhe um pouco a saia*)

MADALENA

Que é isso?

LAINHA

Ele é doido por pernas bonitas...

MADALENA

Lisonjeira...

ARTUR
(*de dentro*)

Lainha?

LAINHA

Uh! Uh!

ARTUR

O doutor Catão está aqui.

LAINHA
(*rápida, a Madalena*)

Só quero ver a cara do miserável ao ser apresentado... (*correndo ao fundo*) Faça o favor de entrar.

ARTUR
(*de dentro*)

Faça o favor.

CATÃO
(*idem*)

Não, senhor. Faça o favor.

ARTUR

Tenha paciência!

CATÃO

Oh! Pelo amor de Deus! (*enquanto isso, Madalena esvazia o segundo coquetel*)

LAINHA
(*na porta da D.A.*)
Assim, nenhum dos dois entra. Faça o favor, doutor Catão.

CATÃO

Oh! Muito obrigado! (*entra*) Então, como vai essa flor?

LAINHA
Bem. Entre. Boa tarde, Artur.

ARTUR
(*entrando*)
Boa tarde. (*Madalena, ao ver Artur, tem um imperceptível "Oh!" de admiração*)

LAINHA
Quero apresentar-lhe a uma amiga dos tempos do colégio, do Rio. Está aqui há meses e só hoje conseguiu descobrir-me.

ARTUR
(*amável*)
Oh! Muito prazer.

LAINHA
Meu marido.

MADALENA
(*estendendo-lhe a mão*)
Muito prazer.

LAINHA
O doutor Catão da Cunha, um velho amigo nosso, político, professor, jornalista...

CATÃO
(*numa curvatura do tempo do Império,
a Madalena, que se levanta e corresponde
ao cumprimento*)
Excelentíssima...

LAINHA
(*completando a apresentação*)
Madalena Torres de Vasconcelos.

MADALENA
Muito prazer.

LAINHA
Sente-se.

CATÃO
Minha demora é pouca. Vim, especialmente, para dizer-lhe duas palavras...

LAINHA
Pois não... Estava doida para receber sua visita. Precisava de alguém que tivesse o senso da música como o senhor. Sabe que estou estudando Liszt? E quero a sua opinião...

CATÃO
Com o maior prazer...

LAINHA
Então, vamos passar para a outra sala... Entre.
(*aponta a D.A.*)

CATÃO
Faça o favor...

LAINHA
Não, senhor...

CATÃO
(*a Madalena, num gesto amável*)
Excelentíssima...

LAINHA
Ela vai ficar...

CATÃO
(*mesmo gesto, para dar passagem a Artur*)
Artur...

LAINHA
Ele também vai ficar. Minha amiga precisa falar-
lhe. Madalena enviuvou e está disposta a viver de sua
pena. Quer ouvir Artur...

CATÃO
Ah! A excelentíssima é escritora?

LAINHA
E notável. Publicou, há pouco, um livro de versos
que alcançou formidável sucesso.

MADALENA
(*modesta*)

Oh! Lainha...

LAINHA

Deixe-se de modéstia. A época é dos cabotinos. Não conheço o livro. Ela não mo trouxe, porque a edição está esgotada. Imaginem que êxito!

CATÃO

Como se chama o livro de Vossa Excelência?

LAINHA

"Amor". (*olha, disfarçadamente, para Artur, que estremece*) Você o conhece?

ARTUR

Não... (*Lainha crispa as mãos e morde os lábios*)

LAINHA

Que pena!

CATÃO

O nome de Vossa Excelência é mesmo?...

MADALENA

Madalena Torres de Vasconcelos...

LAINHA

Mas ela escreve com pseudônimo.

CATÃO

E qual é o pseudônimo de Vossa Excelência?

LAINHA

Maria do Céu. (*Artur senta-se, para não cair*)

CATÃO

(*olhando para Artur*)

Maria do Céu?

LAINHA

Conhece?

CATÃO

Já ouvi falar nesse nome... Quem me falou nele? (*lembrando-se*) Ah!

ARTUR

Eu não fui.

CATÃO

(*emendando a asneira*)

É... não foi você...

LAINHA

(*como quem vai explodir*)

Ah!... (*contendo-se, amável, a Catão*) Vamos entrar. (*a Madalena*) Artur tem editor, que lhe vai publicar um romance. Talvez esse possa tirar uma segunda edição de "Amor"... Entre, doutor... Depois de conversarem, entrem... Até já. (*indica a porta a Catão, que sai com os olhos fixos em Artur, que está boquiaberto. Catão sai. Lainha, da porta*) Tomem um coquetel... (*a Madalena*) Segure o seu copinho. (*a Artur*) Vá servi-la, Artur... (*sai. Pequena pausa*)

MADALENA
(*risonha, apanha o copo, a sorrir, envolvendo o galã
num olhar de Laís…*)
Prefere que o sirva?

ARTUR
(*levantando-se, com amabilidade, convencional
mas friamente*)
Obrigado. (*serve-a*)

MADALENA
E o senhor?

ARTUR
Não bebo.

MADALENA
Por princípio?

ARTUR
E por fim…

MADALENA
É abstêmio?

ARTUR
Sou casado.

MADALENA
(*sorrindo*)
E a bebida…

ARTUR

(*também sorrindo, para disfarçar a aspereza
da resposta*)

É mulher…

MADALENA

Coquetel não é… (*sedutora*) Experimente…

ARTUR

(*olhando para a porta por onde saiu Lainha*)
Obrigado.

MADALENA

Não gosta mesmo de álcool?

ARTUR

O álcool é que não gosta de mim…

MADALENA

É…?

ARTUR

Faz-me mal.

MADALENA

Sofre do fígado?

ARTUR

Não tenho fígado…

MADALENA

O gato comeu?

ARTUR

Não tenho gato…

MADALENA

Apenas gata…

ARTUR

Apenas gata… (*olha, novamente, para a porta*)

MADALENA
(*depois de beber um longo trago*)
Pois a mim o álcool faz bem…

ARTUR

Estimo…

MADALENA

Cura os desgostos…

ARTUR

Ah!

MADALENA

Beba!

ARTUR

Obrigado.

MADALENA

É feliz?

ARTUR

Não sou infeliz.

MADALENA

(*com um suspiro*)

Eu sou... viúva...

ARTUR

Eu sou casado... (*começa a ouvir-se uma página sentimental de Liszt. Madalena bebe, de um trago, o resto do coquetel*)

MADALENA

Sabe o que vim fazer aqui?

ARTUR

Talvez...

MADALENA

Gosta de piano?

ARTUR

Gosto.

MADALENA

(*irônica*)

Principalmente agora... Prefere que nós, daqui, ouçamos a voz do piano ou que eles, de lá, ouçam a nossa voz?...

ARTUR

Pelo amor de Deus...

MADALENA

Quer um coquetel?

ARTUR

Faça o favor. (*ela enche o copo e lhe dá. Ele bebe de um trago*)

MADALENA
(*enche o próprio copo*)

Não me esperou?

ARTUR

Queira desculpar...

MADALENA

Quer outro?

ARTUR

Quero, sim, senhora.

MADALENA
(*enchendo-lhe o copo*)

Já não lhe faz mal?

ARTUR

Obedeço-a.

MADALENA

É medroso?

ARTUR
(*sorrindo amarelo*)

Sou casado.

MADALENA
(*feminina, aproximando-se-lhe*)

Eu sou viúva...

ARTUR
(*olhando para a porta*)
Pelo amor de Deus...

MADALENA
Por que judia de mim...?

ARTUR
Peço-lhe.

MADALENA
Abrace-me.

ARTUR
Amanhã, noutro lugar... esperá-la-ei...

MADALENA
Não. Aqui. Já, senão conto à sua mulher o que me disse pelo telefone, uma vez...

ARTUR
(*enlaça-a. Ela abandona-se no seu braço.*
Ele olha para a porta)
Pelo amor de Deus!...

MADALENA
(*levanta o copo, sorrindo maldosamente.*
Vai deixá-lo cair...)
Artur... Perdoe-me... (*o piano cessa de tocar.*
Ela, como que arrependida do que ia fazer, afasta-se
dele. Põe o copo sobre a mesa. Joga-se numa cadeira,
enquanto ele faz a mesma coisa. Ela afasta o copo,
como quem pretende não beber mais. Passa a mão
pela testa, como para recuperar o juízo que lhe foge)

LAINHA

(*espiando pela porta. Só se lhe vê a cabeça*)
Madalena?

MADALENA

Meu bem?

LAINHA

O copo caiu?

MADALENA

Não...

LAINHA

Pareceu-me ouvir um barulhinho de copo caído...

MADALENA

(*sorrindo*)
Por enquanto, não...

LAINHA

Conversem... Até já. (*sai. Pausa. Ouve-se novamente o piano*)

ARTUR

(*abafando a voz*)
Agora compreendo tudo. Isto é uma farsa combinada entre as duas!

MADALENA

Como?

ARTUR

Lainha sabe de tudo?

MADALENA

De tudo, não...

ARTUR

Sabe do livro, da poesia, da crítica, do telefone?

MADALENA

Sabe...

ARTUR

Então, o que lhe resta saber?

MADALENA

O que eu própria não sabia...

ARTUR

O quê?

MADALENA

(*como quem vai revelar*)

Que... (*pequena pausa*) Desculpe-me. Estou um pouco tonta... É muito forte... Não estou habituada a beber... Pode estar certo de que não me prestarei à farsa. Também sofri tanto... Um dia saberá que não tive culpa... (*sorri*) Se eu lhe contasse a minha vida... (*chora*)

ARTUR

Quer tomar um pouco de café com limão? Vou buscar. Procurá-la-ei depois. Irei à sua casa. Vai contar-me tudo... (*sai nas pontas dos pés para a D.A. Há uma pausa. Ouve-se o piano*)

MADALENA

(*semiembriagada, fica imóvel, os olhos fechados.
Depois, sorri tristemente*)

Ele!... Que pena eu ser amiga de Lainha!...
(*cortina*)

23º Quadro

Abre-se a cortina do platô nº 5 e novamente aparece o Tempo.

TEMPO

Um dia... (*vira uma página do calendário*) Dois...
três... quatro... cinco... (*volta cinco páginas de uma
só vez*) 10... 20... 25... 28 de junho de 1933. (*fecha-
se a cortina do platô nº 5; abre-se ao mesmo tempo a
do nº 2*)

(*A mesma sala de estar. É noite. O lustre e os
abajures acesos. Lainha, pronta para sair, passeia,
impaciente, de um lado para outro, como um tigre
numa jaula.*)

MARIA

(*entrando da E.A., apressada*)
Pronto. O táxi está aí.

LAINHA

Quero esperar a Carmelita.

MARIA

Ela telefonou?

LAINHA

Telefonou.

MARIA

E...

LAINHA

O detetive não estava em casa. Não sei onde se meteu, que não consegui falar-lhe depois da hora do jantar.

MARIA

Depois de comer tanto dinheiro da senhora...

LAINHA
(*passeando*)

Ah! Parece que eu estava adivinhando! Quando cismo uma coisa, dá sempre certo. Sou incapaz de uma desconfiança infundada!...

MARIA

O doutor nunca fez isso!

LAINHA

Ah! Mas desta vez ele vai ver. Acabaram-se as contemplações. Estou cansada de ser boa! Onde se viu um descaramento desses? Coisa horrorosa! Não vir jantar!

CARMELITA
(*entrando, esbaforida*)

Pronto, senhora.

LAINHA

Então?

CARMELITA

No hubo medio de encontrar o granuja. Dejé recado en su casa para que beniesse en seguida que llegara.

LAINHA

Faça-o esperar por mim, Maria. (*a Carmelita*) Vamos.

CARMELITA

Onde, *señora?*

LAINHA

Ao palacete Campinas, procurar Madalena. O seu telefone não atende. Depois da noite em que devia fazer a prova e bebeu daquela maneira, só me apareceu aqui uma vez, para declarar que meu marido era um santo... Vamos, Carmelita.

CARMELITA

Vamos, *señora.*

LAINHA

Se, por acaso, ele chegar, diga-lhe onde fui e que já volto... (*sai*)

MARIA

(*acompanhando-a*)

Sim, senhora. (*a cortina fecha-se e abre-se imediatamente a do platô n? 5*)

435

24º Quadro

Cabina do "Cruzeiro do Sul". Ao F., um leito. À E., uma janela. À D., uma porta. Madalena, em pijama, está recostada no leito, lendo uma revista. Ouve-se um ligeiro ruído de trem em marcha e sente-se que a cabina balança levemente. Batem à porta.

MADALENA
(sentando-se, rápida, e vestindo uma gabardine)
Quem é? *(abre a porta e aparece Artur)* Artur! Você?!

ARTUR
(fechando a porta)
Eu... Madalena. Perdoe...

MADALENA
(sentando-se no leito)
Mas que loucura, meu Deus!

ARTUR
(sentando-se ao seu lado)
Não foi possível resistir. Quis ser nobre como tu. Concordei em que devíamos separar-nos, fugir um do outro, deixar que a felicidade, tão difícil de encontrar, nos abandonasse para sempre... Mas não pude. Senti um vazio na minha vida... Vou contigo. Seremos felizes... Nascemos um para o outro... Nada há que nos separe, Madalena.

MADALENA
Mas não pode ser! Seremos dois criminosos. Sobre mim, principalmente, cairá a revolta do mundo.

Serei apontada como uma mulher perdida. As minhas amigas fechar-me-ão suas portas. Não, Artur...

ARTUR

Madalena, vivamos a nossa vida e deixemos o resto do mundo! Afrontemos o desprezo dos hipócritas, em nome do verdadeiro amor... vou contigo, Madalena... Sim?

MADALENA
(*meio vencida*)
Artur... Ninguém te viu entrar aqui? Na cabina pegada vai gente conhecida. Vai deitar-te. Amanhã nos encontraremos no Rio. Vai-te...

ARTUR

Minha Madalena!

MADALENA
Vai. Amo-te muito! Vai. Amanhã, telefona-me. Vê na lista o nome de meu pai. Até amanhã...

ARTUR
Até amanhã. (*beijam-se; ele sai vagarosamente. Da porta*) Até amanhã, Madalena...

MADALENA
Até amanhã... (*abre-se o platô n.º 2*)

25º Quadro

Sala de estar da casa de Lainha. O detetive passeia de um lado para outro, vagarosamente, as mãos nas costas. Maria, à porta da E.A., olha para fora.

*Madalena está sentada ainda no leito, o rosto apoia-
do nas mãos, os cotovelos fincados na perna direita
cruzada sobre a esquerda. Afinal, levanta-se e começa a desabotoar, molemente, a gabardine, o olhar
parado, como se seu pensamento estivesse longe dali.
Durante a cena que vai seguir-se ela despirá a gabardine, abrirá uma valise, tirará um "Abdulla" e
acendê-lo-á. Depois, apagará a lâmpada azul. Dei-
tar-se-á, o olhar acompanhando a fumaça da cigarrilha. No platô n° 2, logo depois de Artur sair da cabina, ouve-se um ruído de trinco.*

MARIA
(voltando-se)

Ela vem aí.

DETETIVE

Ainda bem.

LAINHA
(vindo de dentro)

Maria, ela embarcou para o Rio! (*entra, acompanhada por Carmelita. Vê o detetive. Dirige-se para
ele*) Que há? Por que não se comunicou comigo?

DETETIVE

Não foi possível. Se o abandonasse, teria perdido
a pista, como vem acontecendo. Ele é muito esperto.

LAINHA

E então?

DETETIVE
(lançando um olhar para Maria)

Mas...

LAINHA

Pode falar. Não tenho segredos... Onde está ele?

DETETIVE

Embarcou para o Rio.

LAINHA

Para o Rio? Com ela?

DETETIVE

Ia só.

LAINHA

(*furiosa, a boca cheia de espuma*)

Não, foi com ela! Foi com ela, o miserável. Miseráveis! Ah! Mas isso não fica assim, não fica assim... (*começa a rir. É o princípio de seu ataque histérico. Cai, estrebuchando, no chão. Carmelita e o detetive vão segurá-la, enquanto Maria sai a correr para a D.A. a gritar*)

MARIA

Éter! Éter!

CARMELITA

Por Dios, señora! Por Dios! (*Lainha rilha os dentes. Eles conseguem levantá-la e pô-la numa poltrona*)

MARIA

(*entrando a correr*)

Aqui está o éter. (*e, enquanto Carmelita e o detetive procuram reanimá-la com palmadinhas nas* mãos, Maria dá-lhe o éter para cheirar. Lainha está retesada, as mãos crispadas, os dentes cerrados. Abre-se o platô n.º 1)

26º Quadro

Biblioteca da casa do doutor Catão. Ele, com suas chinelas, seu fraque e seu gorro de borla, à luz de uma pantalha verde, lê a um amigo, de mentalidade igual à sua, e também barbado e de fraque, um trecho do seu manifesto político.

CATÃO
(como continuando a leitura de uma peça longa)
... e assim, terão em mim, na câmara, uma voz altaneira e vigorosa que se alevantará, sem desfalecimento, em defesa da sociedade dos nossos ancestrais e contra os maus patriotas que pretendem conspurcar a soberania da Pátria com ideias estrangeiras, em detrimento da honra do nosso povo, da dignidade da nossa família, da felicidade da nossa gente.

O OUVINTE
Muito bem! *(Catão, ao chegar ao fim da página, coloca-a sobre a secretária; enquanto isso...)*

MADALENA
(arremessando o cigarro ao chão, volta-se no leito e sufoca o seu desespero na almofada, exclamando em pranto)
Não é possível! Não é possível! *(soluça)*

Catão

(*continuando*)

Assim, serei intransigente na defesa da indissolubilidade do casamento a vínculo, sentinela avançada das tradições da família brasileira. E, meus senhores, enquanto tiver forças, a minha voz será, na câmara... (*não se ouvirá o resto, porque o pano, num justo movimento de revolta, cairá pesadamente, abafando o resto do discurso*)

FIM DO 2º ATO

TERCEIRO ATO

27º *Quadro*

Abrir-se-á, novamente, o platô n.º 5 para o Tempo. O calendário marcará oito dias depois dos últimos acontecimentos.

TEMPO
Passaram-se oito dias. (*fecha-se o platô n.º 5. Abre-se o n.º 3*)

28º *Quadro*

Uma saleta de hotel modesto, no Rio, contígua ao quarto de dormir. Uma mesa, duas cadeiras. Ao fundo, uma janela por onde entra uma réstia de sol carioca. Artur, que se acha aí hospedado, veste um casaco de pijama. Está sentado, junto à mesa, onde há um serviço completo de café. É de manhã. Ele morde um pedaço de pão e, quando vai levar a xícara à boca, batem à porta. Ele se assusta.

VOZ DO CRIADO
Doutor, está aqui uma senho...

LAINHA
Não precisa anunciar. Já disse que sou a senhora dele. (*entra. Artur larga a xícara na bandeja e levanta-se, pálido. Lainha passa a chave na porta, rapidamente, e derrama sobre o marido um olhar de Madalena arrependida. Há uma pequena pausa. Afinal, ela, dentro sempre da sua propensão para o exagero, exclama melodramaticamente*) Artur!... (*e, ato contínuo, joga-se de joelhos aos seus pés, abraça-se às suas pernas e chora copiosamente. Artur permanece imóvel. Ela soluça até cansar. Depois fica abraçada às pernas de sua vítima por alguns instantes... Afinal Artur procura, delicadamente, desvencilhar-se da carpideira. Ela então recomeça a soluçar, apertando com força as pernas do marido. Por duas ou três vezes mais, para de chorar e ele trata de libertar-se. Os soluços recomeçam e os seus braços se apertam com mais força. Afinal*)

ARTUR
(*fala*)
Faça o favor, Lainha...

LAINHA
Perdoe-me, Artur! Perdoe-me!

ARTUR
(*apoiando-se à mesa*)
Você me derruba.

LAINHA

Então diga que me perdoa!

ARTUR

Mas, Lainha...

LAINHA

Perdoe-me!

ARTUR

Levante-se.

LAINHA

Diga que me perdoa...

ARTUR

(*para ver-se livre*)

Perdoo!

LAINHA

Não quero assim. Quero que me perdoes de verdade, de coração, do fundo da alma. Quero que esse perdão saia espontaneamente de teus lábios como a primeira vez que me disseste: "Amo-te". Tu tens razão, Artur! Fiz de tua vida um martírio! Reconheço toda a minha culpa e aqui estou, humilhada a teus pés. Tenho sido uma louca, porque te amo muito, muito! Mas daqui por diante serei outra mulher! Perdoa-me?

ARTUR

Não posso, Lainha...

LAINHA
(*largando as pernas do marido, assentando-se sobre
as suas, num gesto de completo desânimo*)
Não gostas mais de mim?...

ARTUR
(*conseguindo, enfim, sentar-se*)
É que não é a primeira vez que reconheces a tua
culpa...

LAINHA
Mas desta vez estou arrependida!

ARTUR
Das outras vezes também...

LAINHA
Mas prometo...

ARTUR
(*interrompendo-a*)
Das outras vezes também prometeste!

LAINHA
Mas juro!

ARTUR
Também já tens jurado tanto...

LAINHA
Mas nunca com esta sinceridade, Artur!... (*pondo os dedos em cruz, com inflexão de São Tomé*) Juro
por esta luz, por Deus que está no céu, por tudo que

é mais sagrado, como te farei o mais feliz dos homens, como nunca mais duvidarei de ti, jamais terei um gesto de revolta! Serei a mais submissa de todas as mulheres! Perdoa-me?

ARTUR
(*emocionando-se, quase vencido*)
Não é possível, Lainha...

LAINHA
(*levantando-se, rápida*)
Ah! É assim? É assim? (*tira da carteira um pequeno revólver, que leva ao ouvido*)

ARTUR
Lainha!

LAINHA
Perdoa-me?

ARTUR
(*a contragosto*)
Perdoo-te.

LAINHA
(*sempre com o revólver no ouvido*)
Espontaneamente? Sem constrangimento?

ARTUR
Espontaneamente... sem constrangimento...

LAINHA
Jura?

ARTUR

Juro...

LAINHA

(*larga o revólver e a bolsa sobre uma cadeira, e,
como se nada houvesse acontecido, risonha e feliz,
atira-se aos braços do marido, toma-lhe a cabeça
entre as mãos e beija-lhe o cabelo, os olhos e por fim
a boca, repetindo entre beijos*)

Meu Artur!... Meu Artur!... Meu Artur!... Por que
você é tão mau para a sua mulherzinha? Por quê?
Por quê? Por quê? (*cai numa cadeira e desata em
pranto*)

ARTUR
(*comovido*)

Vamos, Lainha... (*toma-lhe as mãos, que estão
sobre o rosto*) Não chores!

LAINHA
(*beijando-lhe as mãos*)

Eu te amo tanto!... (*encosta o rosto em uma das
mãos do marido e soluça. Silêncio. De repente ela sorri e pergunta, cheia de lágrimas*) Artur?... Não será
possível dar um jeitinho?

ARTUR

Que jeitinho?

LAINHA

Eu não posso viver sem você, Artur!... Não seria
possível a sua volta para São Paulo, para a nossa casinha, onde éramos tão felizes?

ARTUR

Felizes?!

LAINHA

(*levantando-se e enlaçando-o*)

Mas agora seremos. Juro! Terei a maior confiança em você. Não o mandarei seguir uma única vez. Você entrará e sairá a hora que quiser, trabalhará sossegado, escreverá críticas ou romances, terá a evidência que merece. Nada de indagações e inquirições quando chegar a casa. Nada de saber onde você esteve, e que fez ou o que não fez. Nem telefone terei em casa. E seremos felizes como dois pombinhos. Começaremos a vida de novo. Faremos de conta que nos casamos hoje... Quer... Quer?

ARTUR

Se isso tudo fosse verdade...

LAINHA

(*animada*)

É. Juro!

ARTUR

Não, Lainha. Quando não havia um só motivo que justificasse as suas cenas, você me martirizava tanto...

LAINHA

E agora há?

ARTUR

Não há, mas...

LAINHA

Pode dizer tudo o que há. Diga!

ARTUR

Não há nada. Você sabe tudo o que houve e me vê aqui, sozinho, num quarto de hotel...

LAINHA
(*incrédula*)
Mas não houve nada mesmo?

ARTUR

Vai começar?

LAINHA
(*sorrindo*)
Não. Perguntei apenas para dar uma prova de como estou mudada. Se você quisesse me contar alguma coisa, não o deixaria. Nada tenho com o que se passou. Casamo-nos hoje. Conhecemo-nos agora... (*encosta-lhe a cabeça no ombro*) Está vendo? Serei assim toda a vida...

ARTUR
(*quase vencido*)
Se isso fosse verdade...

LAINHA

É. Juro! Muito boazinha... (*afinando a voz*) Muito boazinha!... Para sermos inteiramente felizes faltaria, somente, uma coisa... (*marcando com o polegar no indicador esquerdo*) Deste tamanhinho. Digo? Que você gostasse um pouquinho de mim. Um quase nada. (*marcando com o polegar no indicador, nova-mente*) Um tiquinho assim... assinzinho... Gosta? (*Artur sorri*) Riu? Gosta! (*abraça-o com força. Ele, vencido, aos poucos passa-lhe as mãos pelos cabelos, sorri e por fim proclama a verdade da teoria de Freud, beijando com fogo a boca que se lhe oferece*) Gosta! Gosta! Gosta!

ARTUR

Daria tudo na vida para ser feliz com você. O homem precisa de uma companheira, Lainha...

LAINHA

Já jurei.

ARTUR

Olhe lá!

LAINHA

Nunca mais! Nunca mais! E iremos hoje mesmo para São Paulo?

ARTUR
(*contrafeito*)

Hoje mesmo?

LAINHA
(*num início de fúria*)

Está contrariado? Por quê? Precisa, naturalmente, prevenir a Madalena...

ARTUR

Lainha!

LAINHA

(*numa transição inconcebível, risonha e amável*)
... o que é muito justo, muito direito, muito elegante... (*carinhosa*) Está aborrecido?

ARTUR
Você prometeu não tocar nesse assunto.

LAINHA
Mas não estou fazendo uma recriminação. Estou lembrando um dever... Afinal, vocês foram...

ARTUR
Lainha!

LAINHA
Pronto. Não se fala mais nisso. Acabou. Morreu. Pois é... Ela costuma vir aqui?

ARTUR
Ai! Ai! Ai!

LAINHA
Perguntei por perguntar. Se ela por acaso viesse, queria que você visse o meu comportamento. Absolutamente elegante. Como se nada houvesse ocorrido entre vocês...

ARTUR
Mas nada ocorreu...

LAINHA
(*incrédula*)
Sim...

ARTUR
Hein?

LAINHA
(*com inflexão sincera de quem acredita*)
Sim.

ARTUR
Ela é amiga sincera de você.

LAINHA
(*irônica*)
Sim... (*a um olhar severo de Artur*) Sim.

ARTUR
A culpada de tudo foi você.

LAINHA
(*como das outras vezes*)
Sim... (*olhar de Artur*) Sim.

ARTUR
Você me deixou louco... Precisava, noutro amor, esquecer o nosso amor. (*Lainha transfigura-se, como se fosse explodir, mas contém-se*) Ela, porém, chamou-me à realidade. E eis tudo. E, agora, acabou-se. Não se fala mais nisso.

LAINHA
Não se fala mais nisso. (*muito naturalmente*) Está fazendo calor, aqui no Rio, apesar de inverno. São Paulo está frio... (*depois de ligeira pausa*) Pois é... Mas não houve nada, nada entre vocês? (*um*

olhar de Artur) Estou perguntando, rindo. Só para saber... Nem um beijo?...

ARTUR
(*contrariado*)

Ai! Ai! Ai!...

LAINHA

Pronto. Acabou. Morreu. Conhecemo-nos hoje! (*para mudar de assunto*) Pois é... Você não acabou de tomar café...

ARTUR

Não faz mal...

LAINHA

Bandejinha engraçada... Trazem o café aqui no quarto?

ARTUR

Trazem.

LAINHA

Ah! (*pequena pausa*) Xicrinha bonitinha... Quando entrei, encontrei um criado no corredor... Neste hotel não há criadas?

ARTUR

Há.

LAINHA

Mas quem traz o café é o criado ou a criada?

ARTUR

É a criada.

LAINHA
(já transtornada)
Ela é moça? É bonita? (*Artur não responde. Lainha sente que está faltando ao juramento muito antes do que era natural que o fizesse, e continua dissimulando o melhor bom humor do mundo*) Porque esses hotéis, às vezes, arranjam cada cara horrível... Deve ser muito desagradável, não é? (*pequena pausa*) Pois é... (*curiosa, novamente*) Mas, afinal, por que você se recusa a embarcar hoje para São Paulo? (*procurando a melhor maneira de disfarçar o que deseja saber, para fazer a pergunta*) Algum compromisso sério? (*a um olhar de Artur*) Sim, você pode ter um negócio...

ARTUR
Não tenho!...

LAINHA
Ah! Então... você disse aquele "hoje mesmo" por dizer?

ARTUR
Não posso embarcar hoje, porque não tenho dinheiro e o jornal...

LAINHA
(triunfante)
Eu tenho. (*como criança que fez uma peraltice*) Você vai ficar muito zangado comigo, vai? Quanto custou o nosso piano?

ARTUR

Oito contos.

LAINHA

Ah! Pensei que havia feito uma asneira muito grande... Vendi o piano.

ARTUR

Ora, Lainha...

LAINHA

Mas não fiz mau negócio...

ARTUR

Por quanto o vendeu?

LAINHA

Por um conto e quinhentos.

ARTUR

Ora, Lainha!

LAINHA

Mas à vista. Ele custou oito a prestação. E eu precisava vir ver você, senão morria...

ARTUR

Por que você não empenhou o meu anel de grau?

LAINHA

Empenhei no dia seguinte ao da sua saída, para comprar o revólver. Ia me matar. Empenhei o anel, o alfinete de pérola e o rádio...

ARTUR

Quanto custou o revólver?

LAINHA

Eu não queria morrer sem pagar o detetive e a Carmelita, que seguiam você... Está zangado? Dê-me um beijinho. Pronto. De agora em diante, vida nova! Vamos ser felizes, felizes... Vamos embora hoje?

ARTUR

Vamos...

LAINHA

Numa cabininha do "Cruzeiro do Sul", nós dois sozinhos?

ARTUR

É.

LAINHA

No "Cruzeiro do Sul"... Pois é... Quando você veio para cá, viajou no "Cruzeiro do Sul", não viajou?

ARTUR

Viajei...

LAINHA

Numa cabininha...?

ARTUR

Numa cabininha...

LAINHA

Os... os dois?

ARTUR

Qual, Lainha! Isso não tem mais jeito!

LAINHA

Artur, pelo amor de Deus! Juro que é a última vez. Acabou. Morreu. Casamo-nos hoje. Conhecemo-nos agora. Juro! (*beija-o*) Vamos os dois numa cabininha?

ARTUR

Se houver…

LAINHA
(*amorosa*)

Haverá… não?

ARTUR

Só telefonando…

LAINHA

Tem telefone aqui no quarto?

ARTUR

Não. Telefono aí de fora. (*menção de sair*)

LAINHA
(*vivamente*)

Não!

ARTUR

Hein?

LAINHA

Não se incomode…

ARTUR

O telefone é aí ao lado, no corredor.

LAINHA

Ah! Eu ouço daqui você falar?

ARTUR

Por quê?

LAINHA

Não quero separar-me de você... Quero ao menos ficar ouvindo a sua voz...

ARTUR

Ai...

LAINHA

Então fico cantando para não ouvir, pronto!

ARTUR

Boba!... Até já!

LAINHA

Até já. (*atirando-lhe beijos*) Até já... Tu... Tu... Tu... (*ele sai. Ela começa a cantar. Corre a passar uma revista em regra nos bolsos do casaco do marido que está no cabide. Cheira-lhe a manga, o peito. Nada encontra do que procura. Corre para a mesa. Abre a gaveta. Remexe. Dá com um maço de cartas. Abre uma e lê*) Ah! (*canta mais alto, com raiva. Corre à porta. Volta como uma bala, tira um brunidor de unhas, senta-se e cruza as pernas. Guarda as cartas na bolsa. Depois, brunindo as unhas, como se não houvesse feito outra coisa durante a ausência de Artur, cantarola, sorrindo, até que ele entre)*

ARTUR
Está encomendada a cabina. (*ela fulmina-o com um olhar*) Que tem?

LAINHA
(desmanchando a indignação num sorriso e num olhar capazes de tentar um santo)
Tenho saudades de ti. (*enlaça-o*) De ti! Beija a tua mulherzinha que, de agora em diante, vai viver somente para fazer-te feliz, muito feliz! (*ele beija-a longamente. Ela entrega-lhe a boca e envolve-o voluptuosamente nas serpentes de seus braços...*)

(E a cortina do platô nº 3 fecha-se, discretamente.)

29º Quadro

Abre-se o platô nº 4 e o relógio, cujo ponteiro está nas dez horas da manhã, é passado, pelo Tempo, para as quinze horas. Ouvem-se as três badaladas. Terminadas essas, no platô nº 1 ouve-se uma súplica de Madalena, ainda com a cortina fechada.

MADALENA
Mas não compreendo o que você quer. Já lhe contei tudo, já lhe disse tudo. Nada mais tenho a dizer... (*abre-se então, a cortina do platô nº 1*)

30.º Quadro

Um gabinete da casa de Madalena, no Rio. Duas poltronas, um abajur. Lainha está sentada defronte a amiga, encarando-a com raiva e batendo com o tacão do sapato no assoalho.

MADALENA
Nada mais tenho a dizer...

LAINHA
Mentira!

MADALENA
Juro!

LAINHA
(*exaltada*)
Não acredito em juramentos.

MADALENA
(*medrosa*)
Pelo amor de Deus, não grite!

LAINHA
Grito!

MADALENA
Meu pai pode ouvir.

LAINHA
Pois é para ele ouvir...

MADALENA

Pelo amor de Deus!

LAINHA

Coisa horrorosa! Então conte a verdade.

MADALENA

Já contei. Naquela noite, um pouco atordoada pela bebida, confessei que era sua cúmplice. No dia seguinte, ele procurou-me para saber as minúcias do plano. O que ele disse, comoveu-me...

LAINHA

E depois?

MADALENA

E depois...

LAINHA
(*muito alto*)

Diga!

MADALENA

Não sei como... não sei por quê...

LAINHA
(*nervosa*)

Coisa horrorosa! Conte o resto!

MADALENA

Sentimo-nos atraídos. Não sei o que nos atraía...

LAINHA

Eu sei. A pouca-vergonha...

MADALENA

Não, Lainha...

LAINHA

(*ansiosa*)

Então o que era?... Conte tudo, senão faço escândalo já!

MADALENA

Mas que prazer sádico que você tem de se martirizar, martirizando os outros!

LAINHA

Isso é poesia. A verdade! Então o que era? Era amor?

MADALENA

Lainha!

LAINHA

Era amor?

MADALENA

Não grite!

LAINHA

Se você disser a verdade, falo baixinho e nada acontecerá. (*baixo*) Era amor?

MADALENA

(*depois de ligeira hesitação*)

Era...

LAINHA
(*triunfante*)
Ah! Enganaram-me!

MADALENA
(*vivamente*)
Não!...

LAINHA
(*como se houvesse tido uma grande desilusão*)
Não?

MADALENA
Não. A razão falou mais alto.

LAINHA
(*irônica*)
E o que disse a razão?

MADALENA
Aconselhou-nos a renunciar.

LAINHA
(*contendo a cólera*)
Então chegou a haver uma declaração de amor?

MADALENA
Foi um instante de atordoamento. Um eclipse da razão.

LAINHA
Ah! Então houve um atordoamento, houve um eclipse? E durante o eclipse?

> MADALENA

Confessamo-nos que nos amávamos!

> LAINHA

E então...?

> MADALENA

E então decidi voltar para o Rio e ele concordou...

> LAINHA

Mas durante o eclipse naturalmente se beijaram...?

> MADALENA

Não, Lainha...

> LAINHA

E afinal...?

> MADALENA

Embarquei...

> LAINHA

Ele também embarcou. No "Cruzeiro do Sul", não foi?

> MADALENA

No "Cruzeiro". Fiquei surpreendida quando o vi entrar na cabina...

> LAINHA

Na sua cabininha...?

> MADALENA

Então...

LAINHA

Houve outro eclipse na cabininha...

MADALENA

Nunca a razão foi mais luminosa. Consenti, apenas, que me telefonasse... Você disse que ele lhe havia contado tudo... Não podia ter dito mais do que isso. Acho que agora está satisfeita...

LAINHA

E estas cartas? (*abre a carteira*)

MADALENA
(*perturbada*)

Essas cartas...

LAINHA

Foi ele quem mas deu!

MADALENA

Escrevi-as, confesso.

LAINHA

Li-as todas. São cartas de amor! Coisa horrorosa!

MADALENA

São desabafos. Por aí você vê que não nos víamos... Cartas de namorados platônicos...

LAINHA

Em que você confessa que o ama. (*Madalena vai falar*) Já sei: "uma correspondência literária"... está bem. Dê-me as cartas dele.

466

MADALENA
Mas, Lainha, não recebi...

LAINHA
(*alterando a voz*)
Dê-mas ou entrego estas cartas ao seu pai, já!

MADALENA
Pelo amor de Deus! (*abre a gaveta de um móvel e entrega um maço de cartas à... inimiga*) Está aqui. E agora?

LAINHA
(*triunfante*)
Agora... você nem queira saber o que vou fazer com estas cartas...

MADALENA
(*atônita*)
Lainha!

LAINHA
(*as mãos crispadas, a boca espumando, o rosto congestionado*)
Enfim, tenho aqui as provas!

MADALENA
Mas você não disse que haviam feito as pazes, que embarcavam hoje para São Paulo?

LAINHA
Disse. Fiz as pazes. Embarcamos para São Paulo, mas não humildemente como ele pretende. Não! Ele irá comigo, mas para ser como era, como quero que

seja, meu, submisso, humilde, dócil, inferior, vivendo exclusivamente para mim, não pensando senão em mim! E, se não quiser sujeitar-se, estão aqui as provas para um processo ruidoso de adultério, dentro das leis do nosso código penal. Escândalo. Jornais. As suas cartas e as dele... E agora só quero ver a cara do miserável. Deixou-me no hotel para ir despedir-se do jornal e buscar as passagens. Quando voltar, mostrar-lhe-ei as cartas, e...

MADALENA
(*aterrorizada*)
Mas, Lainha, você não disse que veio buscá-lo porque não podia viver sem ele?

LAINHA
Vim. Julguei que ele não me queria mais e senti um desespero que não se pode descrever. Mas ele gosta de mim, o miserável. Gosta mais de mim que de você. Tenho a certeza! E então... fiquei gostando muito menos dele. Renasci! Há de voltar como eu quero e não como ele quer. Senão, que não volte... Tenho muito quem me queira! Não sou, como você e ele julgaram, um trapo que se despreza. Até um dia, Madalena...

MADALENA
Lainha, não publique essas cartas, não se sirva delas para desmoralizar-me. Será matar-me. Peço-lhe!

LAINHA
(*saindo*)
Isso depende dele... Até um dia, "minha amiga"... E reze para que eu não seja obrigada a tirar-

lhe a máscara de santa, para o bem da sociedade que você, vilmente, enodoa! Até um dia! (*sai. Madalena cai, chorando, na poltrona. Cortina*)

31.º Quadro

Abre-se a cortina do platô n.º 2. Sente-se, na sala, um ar de desleixo, de abandono. São oito horas da manhã.

MARIA
Faça o favor de entrar.

CATÃO
(*afobado, sobraçando livros e um jornal da manhã, entra*)
Chame a senhora.

MARIA
Ela não está.

CATÃO
Saiu tão cedo? Ainda não são oito horas...

MARIA
Quando acordei, às seis, ela já estava de pé. Acho que foi procurar seu Jocelim, no jornal.

CATÃO
Ah!

MARIA
O senhor viu a barulhada que ele está fazendo nos jornais daqui e do Rio? Ontem publicaram o

retrato do doutor e da tal sujeitinha. A notícia está engraçada...

CATÃO
(*sentencioso*)
Quem não quer ser lobo não lhe veste a pele. É doloroso, mas necessário como saneamento social...

MARIA
(*sem entender*)
Senhor? Ela não deve demorar... Sente-se.

CATÃO
(*sentando-se*)
Muito obrigado. Pobre senhora! Quanto tem sofrido!

MARIA
Nem me fale!

CATÃO
Nervosa, como é...

MARIA
E não é pra menos. Até eu, que não tenho nada com o peixe, ando "que nem sei"... A toda hora estou esperando uma notícia má... O senhor tocou a campainha, eu fiquei com as mãos frias "que nem" dois pedaços de gelo...

CATÃO
(*emendando*)
Como dois pedaços de gelo...

MARIA

"Me deu" um arrepio...

CATÃO

(*idem*)

Deu-me um arrepio!

MARIA

No senhor também? Não sabia que o senhor era tão nervoso assim. Eu sou. Olhe como está minha pele. (*levanta as mangas da blusa*) Toda arrepiadinha... Minhas pernas, então... Também estou sem meias. Estava lavando a banheira...

CATÃO

(*devorando com os olhos as pernas da rapariga*)

Está sem meias? (*coloca um pince-nez para auxílio dos óculos*) Não tem medo de um reumatismo?

MARIA

Estou acostumada...

CATÃO

Você está sozinha?

MARIA

Estou. A cozinheira foi ao mercado.

CATÃO

Ah! Chegue-se para cá. Deixe-me ver a pele. (*Maria com a maior ingenuidade deste mundo, chegando-se para perto do tartufo*) Olhe aí... Toda arrepiadinha... toda arrepiadinha... E a mãozinha ainda está muito fria?

MARIA
(*verificando*)
Nem fale!

CATÃO
Deixe-me ver. (*toma-lhe as mãos*) Estão geladas.
Isso é mau.

MARIA
(*ingenuamente*)
É?

CATÃO
É. Ponha aqui para esquentá-las. (*entreabre as
suas e põe uma das mãos de Maria entre as dele. Catão faz uma fricção*) Vamos esquentar a mãozinha...
Assim... E o bracinho ainda está arrepiadinho? (*apal-
pa-lhe*) Está. Todo arrepiadinho... Deixe-me ver o
outro... (*começa a apalpar o outro, aproveitando o
pretexto para abraçar a rapariga*) Está também arrepiadinho. (*levantando-lhe mais a manga da blusa*)
Aqui para cima então está que parece uma pombinha
depenada... (*aperta-a. Ouve-se a campainha*)

MARIA
(*assusta-se. Já meio desconfiada das amabilidades
do velho, aproveita o ensejo para sair*)
Estão batendo. (*sai a correr, pela E.A. Catão
acompanha-a com os olhos libidinosos. Depois senta-
se, a cofiar as bastas barbas, sorrindo. Maria, de dentro*) Oh! Seu Jocelim! (*Catão tem um gesto de contrariedade, retomando, em seguida, a sua gravidade
habitual*) Dona Lainha não está. Acho que foi procurar o senhor.

JOCELIM

Eu espero. (*com melado na voz*) Ficarei gozando a sua amável companhia. Você está sozinha, coração? (*Maria aponta Catão, Jocelim não esconde o seu aborrecimento ao ver o velho hipócrita. Mais hipócrita que Catão, porém, abre os braços e a boca, num gesto e numa frase de imenso prazer*) Oh! Doutor ilustre, bons olhos o vejam! Como vai essa força indômita? (*Maria sai*)

CATÃO

Como vai, menino?

JOCELIM

Cavando sempre novidades sensacionais para satisfazer a curiosidade de todo o mundo.

CATÃO

De todo o mundo, não; de toda a gente.

JOCELIM

É a mesma coisa.

CATÃO

Não é. Todo o mundo fere a pureza do idioma. É um francesismo desnecessário. Vem de "tout le monde". Ora, os clássicos...

JOCELIM

Ah! Os clássicos não dizem todo o mundo? Não direi mais, doutor. A curiosidade de toda a gente.

CATÃO

É isso. E "cavando" também...

JOCELIM

Também não digo mais. Viu a minha reportagem sobre o processo de adultério de que o senhor é advogado? Batuta, não?

CATÃO

Oh, menino! Notável...

JOCELIM

Bem cavado... Artur é meu amigo, mas amigos, amigos, negócios à parte. Em primeiro lugar, a minha probidade profissional.

CATÃO

Em primeiro lugar, a defesa da sociedade. *Abissus abissum invocat.*

JOCELIM

É isso mesmo.

CATÃO

Entendeu o latim?

JOCELIM
(*rindo*)
Não senhor, mas não faz mal.

CATÃO

O abismo atrai o abismo. No caso é o mesmo que dizer: "Para grandes males, grandes remédios." Não sou, apenas, o advogado dessa infeliz senhora abandonada; sou o anjo do Senhor que, com a espada de fogo da lei, guardo a árvore da moral cristã! Acho que o argumento é... é...

JOCELIM
(*sinceramente*)
Batatal!

CATÃO
Pelo amor de Deus, menino!

JOCELIM
É irrespondível, doutor.

CATÃO
É irrespondível.

JOCELIM
E eu continuo com uma sorte "baita", furando a "macacada"...

CATÃO
Menino...

JOCELIM
Seja meu advogado junto aos clássicos, doutor, mas eu só sei falar assim. Não é uma grosseria de minha parte.

CATÃO
Grosseria, não, menino; grossaria! O sufixo é aria. Não fira assim a pureza do idioma...

JOCELIM
O código penal não previu esse crime, doutor, e o idioma não tem dinheiro para processar a gente...

CATÃO
Mas não posso consentir...

JOCELIM
(*rindo*)
Então eu firo o camarada e o senhor vai pondo o seu esparadrapozinho no ferimento do paciente, mas deixe-me falar, que estou com uma pressa desgraçada.

CATÃO
(*rápido*)
Com muita pressa...

JOCELIM
É furo daqui, furo dali. Chego sempre na hora da "encrenca". (*Catão estremece e murmura um "Oh"*) Esse caso do processo de adultério, então, está sensacional. Sorte do degas! Sorte pra cachorro! Vim colher notas novas. O doutor vai continuar dando em cima do bicho até o fim, não?

CATÃO
Você me deixa nervoso com tanta asneira! Sou incapaz de perseguir alguém. O caso é o seguinte: (*Jocelim puxa lápis e papel e começa a escrever*) O marido soube que ela fora à casa da concubina "teúda e manteúda", para dizer-lhe o que a desavergonhada merecia ouvir. Justo. Humano. E teve o desplante não só de reprovar o procedimento da esposa legítima, como o de recusar-se a voltar ao lar. Então, para bem dela e dele próprio, iniciei o processo de adultério, baseado na lei, que pune com pena de prisão celular por um a três anos ao marido que tiver

concubina teúda e manteúda e a própria concubina, artigo 1 do parágrafo primeiro, do capítulo quarto do título oitavo do nosso código penal, decretado sob o número 847, em 11 de outubro de 1890.

JOCELIM

Que complicação! Isso para dizer assim, de um empurrão, deve ser um "buraco"... Não sei como o doutor não fica entupigaitado.

CATÃO

Se me falar nesses termos, nada mais lhe direi.

JOCELIM

Desculpe.

LAINHA

(*de dentro, como uma Fúria*)
Maria? Maria? (*entra. Vê Jocelim e Catão e dirige-se a eles sem lhes dar tempo de responderem*) Ah! Bom dia, doutor. Foi bom encontrá-lo, Jocelim. Vim da redação, onde fui procurá-lo. (*chama*) Maria? Que coisa horrorosa! (*a Jocelim*) Magnífico tudo o que publicou! Quer mais notas, não é? Volte depois.

MARIA

Senhora?

LAINHA

(*entregando-lhe o chapéu e a bolsa*)
Guarde isso lá dentro. Não houve novidade? Alguém me telefonou? Responda! Que diabo! Coisa horrorosa! Vá guardar tudo, depressa! Vá! Não me

olhe com essa cara de palerma! (*Maria sai, para a E.A.; a Jocelim*) Volte depois e, conforme for, terá outros detalhes do processo.

CATÃO
(*rápido*)

Minúcias...

LAINHA
(*continuando a falar como uma máquina*)

Estou contente como um rato! Parece que vencemos. Sim, conforme o senhor me disse (*a Catão*), o processo criava mais o escândalo que outra coisa e pelo escândalo venceríamos. Li no "Estado de S. Paulo", na lista de passageiros. Ele vem aí. Já deve ter chegado. Vitória! (*atira-se, enfim, numa poltrona, estica ambas as pernas, batendo palmas*)

JOCELIM

E o Artur?

LAINHA

O Artur? Veio. Volta. Venceu-o o medo do artigo 1, parágrafo 1º, capítulo 4º, título 8º do nosso código penal...

CATÃO
(*num fôlego*)

... aprovado pelo decreto número 847, de 11 de outubro de 1890.

JOCELIM
(*completamente tonto*)
Que "giringonça" desgraçada!...

LAINHA

Ah! Ele estava brincando comigo! Julgou que não seria capaz!

CATÃO

(*repetindo o lugar comum*)
"Para grandes males, grandes remédios!"

LAINHA

(*a Jocelim*)
E, agora, se tem que fazer, vá e volte daqui a pouquinho...

JOCELIM

Como amigo, o meu desejo é que haja acordo e paz. Como repórter, a minha torcida é contra...

LAINHA

Mau!

JOCELIM

É o dever profissional. No caso, as pazes, para mim, serão um fracasso. (*Catão ruge. Jocelim, saindo, a correr*) Vou-me embora, senão o doutor Catão me come vivo. *Ciao*.

LAINHA

Até já.

CATÃO

Ignorante!

LAINHA

E agora, doutor?

CATÃO

Agora é aguardar os acontecimentos com ânimo sereno.

LAINHA

Mas o senhor julga...

CATÃO

Falar-lhe-ei em nome da linha da conduta irreprochável que sempre mantive em todos os atos da minha vida pública e particular. Far-lhe-ei sentir que se afastou do caminho da dignidade e que o único meio de fazê-lo voltar à trilha abandonada era o que eu, como seu amigo... (*campainha*)

LAINHA
(*num frenesi, tapando histericamente os ouvidos*)
Ele!... (*pequena pausa*)

MARIA
(*entrando*)
Tocaram. (*menção de ir abrir*)

LAINHA
(*receosa*)
Espere!...

CATÃO

Vá abrir... (*Maria sai*)

LAINHA

E agora?...

CATÃO

Sente-se e espere calmamente... Ele pedir-lhe-á perdão. (*sentam-se ambos. Esperam. Com ares de aparente indiferença. Artur surge à porta. Está transfigurado. Sente-se que uma ideia fixa o conduz. Fisionomia dura. Mãos nos bolsos. Entra. Para no fundo da sala e contempla com fria ferocidade os dois patifes. Maria, medrosa, passa-lhe pela retaguarda, nas pontas dos pés e sai pela E. Catão, sem saber o que o espera, cofia a barba, sorrindo. Prolonga-se o silêncio. O tartufo, então, resolve voltar-se, sempre sorrindo, certo de que vai deparar com sua vítima cheia de humildade. Ao encarar Artur, tem uma transição brusca. Tem medo, e pode murmurar, apenas, com voz sumida*) Artur... (*Artur não responde. Fulmina-o com um olhar. Catão continua esforçando-se para parecer calmo e impor a sua autoridade*) Finalmente vejo-o de novo em sua casa, de onde nunca deveria ter saído. Quero explicar por que, como amigo, agi da forma que você conhece... Primeiramente, peça perdão à sua esposa... (*Lainha volta-se, ligeira*)

ARTUR
(*com uma calma terrível, a que se mistura uma ironia glacial*)
Meus amigos...

CATÃO
(*levantando-se*)
Ah! Reconhece a nobreza do nosso gesto...

ARTUR
Meus amigos, reconheço todo o bem que me fizeram: ao senhor, a nobreza do amigo que age em

nome da lei e da moral; a você, a constância de um amor capaz de tudo. Já pedi perdão. Agora chegou a vez de ambos o pedirem.

CATÃO

Pedir perdão?

LAINHA

A você?

ARTUR
(*friamente*)

A Deus...

CATÃO
(*amedrontado*)

Como?

LAINHA

Artur!

ARTUR

Vocês fizeram de mim um cadáver. Mataram, com o escândalo, uma pobre mulher apegada aos preconceitos sociais. Agora é justo que morram. (*saca um revólver*)

LAINHA
(*apavorada*)

Doutor Catão. (*procura a proteção do tartufo*)

CATÃO

Um momento. Peço licença para retirar-me. Não quero meter-me em briga de marido e mulher...

ARTUR

(*notando que eles procuram a porta*)
Podem sair. Fechei a porta a chave. (*Lainha e Catão dão um grito e precipitam-se para a porta*) Agora é tarde! (*vai-lhes ao encalço, de revólver em punho. Maria surge, apavorada, as mãos postas, a evocar os santos protetores*)

MARIA

Minha Nossa Senhora! Meu Senhor Bom Jesus de Pirapora! (*ouve-se uma exclamação de Catão*)

CATÃO

Pelo amor de Deus! (*ouve-se um tiro. A cortina fecha-se, ao mesmo tempo que se abre a do platô n.º 1*)

32º Quadro

O mesmo transparente luminoso com que se abre a peça. Vê-se uma sombra cambaleante (contra a figura de Catão) que entra ferida, senta-se na cadeira junto a uma secretária e cai, de borco, sobre ela. Outro tiro. Um grito de mulher, e Lainha, ferida, vem cair sobre um divã. Artur surge à porta.

ARTUR

Miseráveis! (*e desfecha um tiro no ouvido. Fecha-se a cortina do platô n.º 1, ao mesmo tempo que se abre a do n.º 3*)

483

33º Quadro

O cemitério. Catão, as pernas cruzadas, o charuto em meio, ladeado ainda por Pedro e Belzebu, muito interessados na narrativa, continua a falar.

CATÃO

... e depois disso, meus amigos, de toda essa tragédia, me trouxeram para aqui e me jogaram neste buraco, de mãos amarradas e sem cigarros... Não sei quem foi que disse que não basta saber viver; é preciso também, saber morrer. Acho que eu soube morrer. Morri como um apóstolo da moral e da lei. (*Belzebu e Pedro que levaram a mão à boca para não rir, não podem mais conter-se. Catão, admirado*) Mas o que acabo de lhes contar não é motivo para riso...

PEDRO
(*levantando-se, morto de riso*)
Meu caro doutor Catão, sua vida e sua morte foram um fracasso!

CATÃO
(*levantando-se*)
Hein?

PEDRO
Você fracassou. Você foi um fracassado.

BELZEBU
(*rindo perdidamente*)
Não posso mais! Estou entupigaitado! Este homem é do outro mundo, Pedro!

484

PEDRO

Só mesmo ferindo o idioma... É um bicho, é um batuta!

CATÃO

Mas então a lei...

PEDRO

Que lei, caboclo? Vocês dão às coisas os nomes que lhes parecem. Lei é a divina, que vocês não cumprem. Lei é a da natureza, que vocês contrariam. Onde está o homem que pode fazer a lei? Quem pode "jogar a primeira pedra"? A lei é uma convenção que, como a cor, se transforma conforme a luz, à claridade do dia ou às sombras da noite... A lei humana também se transfigura diante dos poderosos e dos humildes. Até hoje vocês não conseguiram, ao menos, definir o que chamam crime... Um homem é assassino quando mata um outro, e herói quando dizima um exército! É ladrão quando rouba uma moeda, e patriota quando requisita as moedas de uma nação inteira! É degenerado quando bebe, e respeitado quando fabrica bebida! É repelente quando explora a miséria das sarjetas, e bom pai quando obriga uma filha a casar com um marido rico. A lei de vocês é uma ficção a serviço de preconceitos. Persegue a desgraçada que se vende e admite o casamento de conveniência; condena o assalto a mão armada e admite a guerra! Foi essa a lei que você defendeu? Ora, vá pentear macaco!

CATÃO

Pensei que, depois de defunto, não mais seria insultado.

PEDRO

E quando você não foi defunto?

CATÃO

Quando vivia.

PEDRO

Você nunca viveu. Você nasceu defunto. A humanidade nunca viveu, porque ainda não compreendeu a vida.

CATÃO

Está vendo, seu diabo? E para isso vivi como um santo...

BELZEBU

Menos quando pretendeu esquentar as mãos frias da criadinha...

CATÃO

Nunca se deve dizer a verdade. Os senhores me condenam por isso? Foi uma fraqueza momentânea, a que eu soube resistir...

PEDRO

Porque chegou alguém que atrapalhou a sua cavação...

CATÃO

No entanto a minha virtude ficou intacta.

PEDRO

Há no mundo muitas virtudes nessas condições. Não tiveram tempo de não o ser...

CATÃO

Se eu não lhes contasse...

PEDRO

E há outros também que o são, porque ninguém sabe que eles não são...

CATÃO

Que homenzinho impossível!

BELZEBU

E os seus companheiros de tragédia? Onde estão?

ARTUR
(*levantando-se da sepultura, carrancudo*)
Estou aqui!

CATÃO

Segurem esse maluco! Vejam se ele não está armado!

PEDRO

Está com medo de morrer outra vez?

LAINHA
(*pondo a cabeça para fora da sepultura*)
Artur, você me perdoa? Não faço mais. Vida nova. Conhecemo-nos hoje...

ARTUR

Se essa mulher continuar a perseguir-me, torno a suicidar-me!

LAINHA

(*a Belzebu, que a segura*)

Deixe-me! Quero só espiar para ver se ele está sozinho na sepultura.

CATÃO

Mas, afinal, para onde vamos? Para o céu ou para o inferno?

PEDRO

Vocês não vão para o céu, nem para o inferno...

LAINHA, CATÃO *e* ARTUR

Por quê?

BELZEBU

Vocês não morreram...

PEDRO

E também não viveram...

BELZEBU

Não morreram, porque os Catões e as Lainhas continuam a viver...

PEDRO

E não viveram porque, enquanto tiveram vida, não conseguiram senão estar mortos...

CATÃO

Confesso que não sou forte na decifração de charadas...

PEDRO

A vida, no mundo, continua inatingida... Só viverá a vida o que tiver coragem de transpor a muralha dos preconceitos...

CATÃO

Eu não rompi porque...

PEDRO

É estúpido...

LAINHA

E eu...

PEDRO

Porque é egoísta...

ARTUR

Mas eu...

PEDRO

Você é um covarde...

ARTUR

Perdão! Reagi...

PEDRO

Alvejou um Catão e uma Lainha e, com um tiro no ouvido, pretendeu, covardemente, fugir de si mesmo!... Mas não fugiu, desgraçado! Você não é você. É apenas uma sombra de você, que lá ficou sofrendo entre outros Catões e outras Lainhas que as balas do seu revólver egoísta não atingiram. Reagir não é matar um homem para defesa de um caso pessoal. Reagir é exterminar um princípio falso, impor um ideal que aproveite, senão a todos, pelo menos à maioria...

ARTUR

É verdade. Se fosse possível reencarnar-me, eu saberia como agir...

PEDRO

Possível é...

BELZEBU

Pedro... É melhor deixá-los vagando como almas penadas...

PEDRO

Quem sabe ele cumprirá o que promete?

ARTUR

Juro!

CATÃO

Eu também quero reencarnar-me!

BELZEBU
(*rindo*)

Você...?

CATÃO

Ajudarei o Artur...

PEDRO

Qual...

LAINHA

Eu também quero! Dou-lhe uma vela do seu tamanho, São Pedro...

CATÃO

Eu subirei a ladeira da Penha de joelhos e lambendo o chão...

PEDRO

Vá lamber sabão! Nada disso me interessa... Mas, quem sabe, Belzebu?

BELZEBU

Pedro...

LAINHA

O meu crime foi amar, apenas...

PEDRO

Você não amou. Foi uma vaidosa. Amou os encantos que julgava ter e sofria com a ideia da existência de encantos maiores que os seus próprios. Isso não é amor. É egoísmo... Mas, quem sabe, Belzebu... Uma última experiência...

BELZEBU

Pedro...

ARTUR

Pode confiar em mim. Saberei reagir...

PEDRO

Está bem. Reencarnarão. Aproveitem a experiência e voltem ao mundo para ensinar a humanidade a ser feliz. Conformes?

ARTUR, CATÃO e LAINHA

Juramos!

PEDRO
(*ameaçador*)

Mas, se não cumprirem a promessa... (*calmo*) Recolham-se. Vão para o buraco... Vamos, Belzebu. (*saindo*) *Ciao*.

BELZEBU

Que ingenuidade... Vamos... (*saem*)

CATÃO

Foram-se. Muito boa noite e até por lá. (*deita-se*)

ARTUR

Boa noite, Lainha...

LAINHA

Boa noite, Artur... Aí não tem um lugarzinho para mim, não?

ARTUR

Lainha, cuidado!...

LAINHA

Então, boa noite... (*joga-lhe um beijo*)

ARTUR

Boa noite... (*atira-lhe, também, um beijo e começam a deitar-se. A cortina do platô n° 3 corre e abre-se a do n° 5*)

492

34.º *Quadro*

TEMPO
(*folheando o calendário com muita rapidez*)
E os anos rolaram, uns após outros... (*fecha-se a cortina do platô n.º 5 e abre-se a do n.º 1*)

35.º *Quadro*

Um recanto do céu. Uma pequena mesa azul e duas banquetas da mesma cor. Ao longe, um coro suavíssimo de anjos e sons sentidos de violinos. Jeová, vestido simplesmente de brim, joga truque com Belzebu.

JEOVÁ
Truco, papudo! (*separa três grãos de milho*)

BELZEBU
(*juntando seis grãos aos três que Jeová apostou*)
Tome seis, que três é pouco!

JEOVÁ
Este diabo está mandando em falso. Nove, papudo! (*ouve-se lá dentro a voz indignada de Pedro*)

PEDRO
Não pode ser! Não é possível! Isso não pode continuar!

JEOVÁ
Que é isso, Pedro?

PEDRO

(*entrando, com um grande óculo de alcance*)

Estou desolado! O mundo continua na mesma e os meus emissários me traíram! As Lainhas e os Catões e os covardes multiplicaram-se...

JEOVÁ

(*rindo*)

Não te disse? Fizeste asneira, Pedro! Senta-te aí, manda o mundo às favas...

PEDRO

Não. É preciso... O livre-arbítrio é a causa de todos os males. Enquanto houver livre-arbítrio, não haverá liberdade...

JEOVÁ

Isso é um paradoxo, Pedro...

PEDRO

É que, enquanto houver liberdade de arbítrio, cada poderoso da terra se arvorará num pequeno deus para oprimir seu semelhante... É necessário que haja unicamente um poder, Senhor, e que todos se sujeitem a uma única lei: a da Verdade. E qual o homem capaz de encarnar a Verdade?

JEOVÁ

Tenho lhes ensinado. Dei ao homem o livro da Verdade, que é a natureza... É profundo e belo. Orgulho-me dele...

PEDRO

Mas eles não leem, Senhor. É preciso obrigá-los...

JEOVÁ

Não, Pedro. Prefiro rasgar a obra de minha criação do que ser um verdugo reacionário. Que cada um faça o que quiser...

PEDRO

(*veemente*)

Mas então rasguemos a obra da criação. Acabemos o mundo, para que o mundo não comprometa a obra do Criador.

JEOVÁ

Não me toques nos animais, Pedro! Deixe os pássaros e as feras em paz!

PEDRO

Acabemos com o Homem, Senhor! Ele é a maior vergonha da obra divina... Até do Amor, Senhor, ele fez comércio e um meio de tortura aos que não têm dinheiro para fugir. Até do Amor, apesar das asas que o céu deu a Cupido. Acabemos com o homem, Senhor!

JEOVÁ

Isso, sim. Já tenho pensado em tal... Mas vai dar trabalho, Pedro... Os homens não merecem nem o trabalho de extingui-los. Afinal, pensando bem, eles só fazem mal a si próprios...

PEDRO

Mas há os que sofrem... A maioria...

JEOVÁ

Se é a maioria que sofre, é porque quer... Senta-te aí, Pedro. Entra no nosso truco...

PEDRO

Não, Senhor. Não posso mais! Até o Amor, que é puramente divino, eles codificaram! Posso, então, ordenar ao Dragão de sete cabeças, cuja cauda arrasta a terça parte das estrelas do céu, que as arroje sobre a terra?

JEOVÁ

Não me estragues as estrelas do céu, Pedro!

PEDRO

Posso ordenar ao Anjo Forte que cavalgue o seu cavalo branco e, empunhando a espada de dois gumes, "o princípio e o fim de todas as coisas", desça à terra e...

JEOVÁ

Não faças isso, Pedro! Eles comprariam o cavalo para corridas; a espada para as guerras, e até o anjo para acompanhar as procissões...

PEDRO

Então, Senhor...

JEOVÁ

Acabe com o que quiser! Lavo as mãos, como Pilatos. Mas não me jogues nada à terra. Sobretudo o que tenha valor e possa ser empenhado...

PEDRO

Vento... Trovões...

JEOVÁ

Isso, Pedro... Faz o que eles fazem. Destrói tudo de longe, com trovões 420 e vento a dois mil quilômetros por minuto... Mas cuidado com os animais, sobretudo com os cachorrinhos, que são tão nobres, tão leais...

PEDRO

Será feita a Sua vontade! (*sai a gritar*) Cavaleiros do Apocalipse, a postos! Vamos acabar com o mundo! Vamos acabar para sempre com os vestígios do maior erro da criação! A postos! (*cessa o coro*)

JEOVÁ

Esse Pedro é muito bom rapaz. De fato, confesso que errei. (*voltando ao jogo*) Truco, papudo!

36.º Quadro

Abre-se o platô n.º 2. A mesma sala.

LAINHA

(*a Artur, jogando o que encontra ao chão*)
Ah! Miserável! (*tem o seu clássico ataque. A cena estará cheia de "Lainhas" e "Arturs" (máscaras em figurantes), os quais repetirão as palavras dos personagens*)

37.º Quadro

Abre-se o platô n.º 3. Catão, na sua biblioteca, lê ao seu amigo a sua plataforma política. Muitos "Catões" em cena.

Todos os Catões

... em defesa da sociedade dos nossos ancestrais!

38.º *Quadro*

Abre-se o platô n.º 4 e ao mesmo tempo o n.º 5.

Pedro

(*no platô n.º 4, que é todo azul*)

E que se acabe o mundo, que envergonha o Senhor!

Tempo

Amém! (*trovões formidáveis. Relâmpagos. Todos ficam estáticos*)

Pedro

Despejai fogo sobre o mundo! Fogo! Fogo! (*trovões formidáveis, vermelhidão de incêndio, gritos de desespero de todos*)

Jeová

Tome quinze, que doze é pouco!

Pedro

Despejem tudo! (*estrondos*) E que caia sobre o mundo a mortalha que o esconda para sempre dos nossos olhos! (*gritos, orações. O truque vai cada vez mais animado. E Pedro, grande, gigantesco, formidavelmente justo, continua a gritar com todas as forças dos seus pulmões, enquanto se ouvem estrondos e toques de trombeta)* Que se acabe tudo, tudo! (*até o pano cair...*)

FIM

* * *

Nota: Em substituição ao quadro precedente, no Rio de Janeiro, por deficiência de palco, o autor escreveu o que se segue, com o qual passou a terminar a peça, durante a temporada do Rival-Teatro.

O encenador poderá escolher o que mais lhe convier, de conformidade com os recursos do palco que disponha.

34º Quadro

TEMPO
(*folheando o calendário com muita rapidez*)
E os anos rolaram uns após outros... (*fecha-se a cortina do platô nº 5 e abre-se a do nº 1)*[4]

35º Quadro

Um recanto do céu. Uma pequena mesa azul e duas banquetas da mesma cor. Ao longe, um coro suavíssimo de anjos e sons sentidos de violinos.

---

4. Quadro repetido na íntegra, talvez para um melhor encadeamento da leitura do novo final. Numa montagem com apenas três platôs, evidentemente, a indicação para as cortinas seria outra.

JEOVÁ
(*está sentado, escrevendo à máquina.*
Termina uma lauda de papel, sorri
e chama)
Pedro! Pedro!

PEDRO
(*entrando*)
Aqui estou, Senhor.

JEOVÁ
Terminei, afinal, meu novo livro e muito me serviram as tuas sugestões.

PEDRO
Tudo novo?

JEOVÁ
Não. Vesti roupa nova nas minhas ideias velhas. Encontrei forma moderna para tornar a dizer o que já dizia, sem conseguir que me entendessem... Esclareci aquilo que há tantos séculos apregoo em vão. Repara se não está claro. (*procurando nas laudas*) Olha. (*Pedro aproxima-se*) Vê se não está bem claro: (*lendo*) A justiça deve ser gratuita. Paga, ela própria lutará desesperadamente para que o crime não se acabe, como o peixe para não secarem as águas em que vive. O criminoso deve depender do juiz e não o juiz do criminoso. Não está claro?

PEDRO
Claríssimo, Senhor!

JEOVÁ
(*procurando outra lauda*)
Para que o médico viva, é preciso doença.

PEDRO
(*ri*)
É boa!

JEOVÁ
"Havendo saúde, o médico morre de fome. Que o médico não ganhe pelas consultas que dá, para ter interesse em curar a humanidade." Que tal?

PEDRO
Formidável, Senhor!

JEOVÁ
(*lendo*)
Dou terra a todos para que todos nela e dela vivam. A moeda corrente deve ser o trabalho de cada dia. Estás satisfeito?

PEDRO
(*entusiasmado*)
Maravilhoso, Senhor!

JEOVÁ
A razão estava contigo. Eu precisava reformar a minha literatura. E agora sobe ao teu púlpito e manda que se espalhe pela terra a minha última proclamação sobre o que mais te interessa.

PEDRO
O Amor?

JEOVÁ

O Amor... Que os teus Catões e as tuas Lainhas tomem conhecimento das minhas disposições.

PEDRO

Será feita a Sua vontade, Senhor. (*saindo*) Mensageiros do Céu, a postos! (*ouve-se uma trombeta*)

Abre-se o platô n.º 2. A mesma sala. Estão em cena Lainha e Artur. Madalena entra pelo F., quando Pedro começa a ler a proclamação de Jeová.

Abre-se o platô n.º 3. Catão, na sua biblioteca de trabalho, lê ao amigo a sua plataforma política.

CATÃO

E assim, terão em mim, na câmara, uma voz altaneira e vigorosa, em defesa da sociedade dos nossos ancestrais...

PEDRO
(*do púlpito*)

Mundo, ouvi a minha voz! Jeová abençoa o verdadeiro amor. Que se rasguem todas as leis hipócritas da humanidade infeliz. Que se rompam todos os preconceitos sobre os quais se assentam as bases falsas de uma sociedade de tartufos! Que os Catões arranquem as velhas barbas de papão. Jeová receberá os que amam com sinceridade, com pureza, com verdade. Essa é a lei verdadeira. Amor! Que o casamento não seja um negócio comercial abençoado pela Igreja, e os que vivem infelizes procurem, na sinceri-

502

dade de um amor verdadeiro, a felicidade a que têm direito os que nascem, e crescem e vivem!...

TEMPO

Amém!

Os Catões arrancam as barbas. Lainha, Artur e Madalena sorriem. Cai o pano.

Fone: (11) 6522-6368